高等职业教育新能源汽车"1+X"岗课赛证融通系列教材

新能源汽车
网关控制娱乐系统技术

XINNENGYUAN QICHE

WANGGUAN KONGZHI YULE XITONG JISHU

主　编	黄晓鹏　田介春
副主编	代新雷　彭小红
参　编	邱官升　王露峰　黄珊珊　程　瑶　赵转转
主　审	李富香

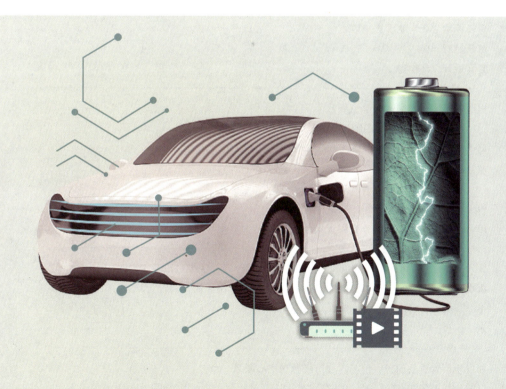

西安交通大学出版社
XI'AN JIAOTONG UNIVERSITY PRESS

图书在版编目(CIP)数据

新能源汽车网关控制娱乐系统技术 / 黄晓鹏，田介春主编. — 西安：西安交通大学出版社，2023.2
高等职业教育新能源汽车"1＋X"岗课赛证融通系列教材
ISBN 978－7－5693－3365－7

Ⅰ. ①新… Ⅱ. ①黄… ②田… Ⅲ. ①新能源-汽车-控制系统-高等职业教育-教材 Ⅳ. ①U469.7

中国国家版本馆 CIP 数据核字(2023)第 145411 号

书　　名	新能源汽车网关控制娱乐系统技术 XINNENGYUAN QICHE WANGGUAN KONGZHI YULE XITONG JISHU
主　　编	黄晓鹏　田介春
策划编辑	曹　昳
责任编辑	张　欣　曹　昳
责任校对	柳　晨
封面设计	任加盟
出版发行	西安交通大学出版社 (西安市兴庆南路1号　邮政编码 710048)
网　　址	http://www.xjtupress.com
电　　话	(029)82668357　82667874(市场营销中心) (029)82668315(总编办)
传　　真	(029)82668280
印　　刷	陕西天意印务有限责任公司
开　　本	787 mm×1092 mm　1/16　印张 22.25　字数 456 千字
版次印次	2023 年 2 月第 1 版　2023 年 2 月第 1 次印刷
书　　号	ISBN 978－7－5693－3365－7
定　　价	56.00 元

如发现印装质量问题，请与本社市场营销中心联系。

订购热线：(029)82665248　(029)82667874
投稿热线：(029)82668502

版权所有　侵权必究

职业教育新能源汽车"1＋X"岗课赛证融通系列教材编委会

主 任 委 员	杨云峰	陕西交通职业技术学院
副主任委员	蔺宏良	陕西交通职业技术学院
	黄　平	青海交通职业技术学院
	李富香	青海交通职业技术学院
	李维臻	甘肃交通职业技术学院
	王志新	甘肃交通职业技术学院
	王　勇	北京中车行高新技术有限公司
	袁　杰	四川交通职业技术学院
	刘学军	广西交通职业技术学院
委　　员	贾永峰	陕西交通职业技术学院
	韩　风	青海交通职业技术学院
	蔡月萍	青海交通职业技术学院
	黄晓鹏	陕西交通职业技术学院
	刘　涛	陕西交通职业技术学院
	高　旋	陕西交通职业技术学院
	任春晖	陕西交通职业技术学院
	曹凌霞	北京中车行高新技术有限公司
	付照洪	北京中车行高新技术有限公司

前言

党的二十大报告提出："加快发展方式绿色转型。"新能源汽车作为汽车产业绿色转型的重要抓手，已经成为产业落实国家"双碳"战略的重要突破口，近年来在汽车产业重构过程中，借势新能源汽车赛道，我国已正式踏上汽车强国之路。新能源汽车的发展日新月异，新技术、新工艺、新功能不断涌现，新能源汽车上的电子控制单元也日趋复杂且功能高度集成，因此车载网络系统被越来越广泛地应用到新能源汽车。自从《国家职业教育改革实施方案》和《关于在院校实施"学历证书＋若干职业技能等级证书"制度试点方案》颁布实施以来，"1＋X证书制定"已经对我国职业教育产生了全方位的影响。

本书以新能源汽车维修岗位技术技能人才培养为目标，面向高职院校新能源汽车技术、汽车检测与维修技术、汽车智能技术、汽车制造与试验技术等专业，以汽车领域"智能新能源汽车网关控制娱乐系统技术"的"1＋X"职业等级证书标准（中级）为依据，重构新能源汽车车载网络系统知识体系，进行模块化课程改革，在每个模块中提炼关键技术或工作任务，以任务驱动构建学习情境，引导学生的学习过程。本书内容包含认识新能源汽车车载网络系统、混合动力汽车动力网关控制系统检测维修、纯电动汽车动力网关控制系统检测维修、新能源汽车中央网关控制系统检测维修、新能源汽车底盘网关控制系统检测维修、新能源汽车车身网关控制系统检测维修、新能源汽车信息娱乐网关控制系统检测维修等7个模块，共25个任务。通过学习，可系统地了解新能源汽车数据总线的基础知识，并初步掌握各类型网关控制系统中各控制模块的结构、功能以及基本检修方法，掌握新能源汽车网关控制娱乐系统技术"1＋X"证书考核要点，实现书证融通。每个任务都以任务引入、学习目标、素质目标、知识准备、任务实施、自我测试、拓展学习等六个环节为主线。本书坚持立德树人根本任务，结合课程特色，有机融入课程思政元素，落实课程思政育人目标。

本书由陕西交通职业技术学院黄晓鹏、青海交通职业技术学院田介春担任主编，陕西交通职业技术学院代新雷、彭小红担任副主编。具体分工为模块一由陕西交通职业技术学院黄晓鹏编写；模块二由陕西交通职业技术学院彭小红编写；模块三由陕西交通职业技术学院王露峰编写；模块四由青海交通职业技术学院田介春编写；模块五由陕西交通职业技术学院代新雷编写；模块六任务6.1、任务6.2、任务6.3由陕西交通职业技术学院黄珊珊编写，任务6.4、任务6.5、任务6.6由陕西交通职业技术学院赵转转编写；模块七任务7.1、任务7.2由陕西交通职业技术学院程瑶编写，任务7.3、任务7.4、任务7.5由陕西交通职业技术学院邱官升编写。此外，比亚迪汽车有限公司王小荣、陕西景泰汽车销售服务有限公司屈斌峰为本书提供部分案例素材，并对部分技术资料进行审核把关。全书由青海交通职业技术学院李富香主审。

本书在编写过程中，参考了相关技术资料和文献，得到了许多同行的大力支持，在此谨向资料的作者及支持帮助本书编写的同行们表示衷心的感谢！

由于编者水平有限，书中难免有不妥之处，敬请读者予以批评指正。

编者

目 录

模块一　认识新能源汽车车载网络系统 …………………………………………（ 1 ）
　任务1.1　了解新能源汽车网关控制娱乐系统 …………………………………（ 3 ）
　任务1.2　认识新能源汽车车载网络拓扑结构 …………………………………（ 14 ）
　任务1.3　认识新能源汽车网关 …………………………………………………（ 23 ）

模块二　混合动力汽车动力网关控制系统检测维修 …………………………（ 31 ）
　任务2.1　发动机控制模块检测维修 ……………………………………………（ 33 ）
　任务2.2　自动变速器控制模块检测维修 ………………………………………（ 61 ）

模块三　纯电动汽车动力网关控制系统检测维修 ……………………………（ 77 ）
　任务3.1　电池管理系统控制模块检测维修 ……………………………………（ 79 ）
　任务3.2　电机驱动系统控制模块检测维修 ……………………………………（ 98 ）
　任务3.3　整车控制模块检测维修 ………………………………………………（111）

模块四　新能源汽车中央网关控制系统检测维修 ……………………………（123）
　任务4.1　组合仪表控制模块检测维修 …………………………………………（125）
　任务4.2　中央门锁控制模块检测维修 …………………………………………（138）
　任务4.3　新能源汽车空调系统控制模块检测维修 ……………………………（148）

模块五　新能源汽车底盘网关控制系统检测维修 ……………………………（161）
　任务5.1　电控悬架控制模块检测维修 …………………………………………（163）
　任务5.2　转向系统控制模块检测维修 …………………………………………（176）
　任务5.3　新能源汽车制动系统控制模块检测维修 ……………………………（190）

模块六　新能源汽车车身网关控制系统检测维修 ……………………………（217）
　任务6.1　汽车车身控制模块检测维修 …………………………………………（219）
　任务6.2　电动车窗控制模块检测维修 …………………………………………（232）
　任务6.3　智能大灯控制模块检测维修 …………………………………………（241）

任务 6.4　智能座椅控制模块检测维修 …………………………………………（252）
  任务 6.5　防盗系统控制模块检测维修 …………………………………………（262）
  任务 6.6　安全气囊控制模块检测维修 …………………………………………（271）
模块七　新能源汽车信息娱乐网关控制系统检测维修 ………………………………（283）
  任务 7.1　收音机音响控制模块检测维修 ………………………………………（285）
  任务 7.2　车载导航系统控制模块检测维修 ……………………………………（300）
  任务 7.3　车载电话控制模块检测维修 …………………………………………（309）
  任务 7.4　人机交互系统控制模块检测维修 ……………………………………（319）
  任务 7.5　车载多媒体系统控制模块检测维修 …………………………………（329）
参考文献 ……………………………………………………………………………………（345）

模块一
认识新能源汽车车载网络系统

任务 1.1

了解新能源汽车网关控制娱乐系统

任务引入

国产品牌比亚迪汽车4S店中，几位正在进行实习的学生发现秦EV车辆网关电脑的端子上有一些导线和其他导线不太一样，为两根线绞合在一起的导线。几位学生很好奇，经过查找资料，讨论，验证，最终知道，这些导线属于"双绞线"，用于车辆车载网络系统中的信息传输。为了进一步了解新能源汽车车载网络系统的奥秘，他们一起来请教指导实习的技术专家。

学习目标

（1）熟悉车载网络系统的发展及作用。
（2）掌握车载网络系统的结构特点。
（3）能够分析新能源汽车不同类型车载网络系统的结构特点及应用范围。
（4）能够系统叙述车载网络系统在新能源汽车上的应用必要性。

素质目标

（1）塑造追求真理、探索奥秘的精神。
（2）培养团队协作、分工合作的能力。

知识准备

1.1.1 车载网络系统

随着社会的发展，人们生活水平的不断提高，人们对汽车的要求也越来越高。现在的汽车不仅仅是人们的交通工具。人们需要汽车本身增加更多舒适性、安全性、娱乐性的设备及功能，因此，需要在汽车上增加更多的传感器、电子控制单元以及执行机构来满足人们对汽车的期望，但是同时也会造成汽车本身的电子控制单元数量、线束长度、中间插接器数量、汽车重量急剧增加，如图1-1(a)所示。那么如何来解决这个问题呢？科学家们将网络应用在了汽车上，即在汽车电脑之间加上"网线"，如图1-1(b)所示，车载网络系统应运而生。

(a)　　　　　　　　　　　　　　(b)

图1-1　车载网络系统

1.1.1.1　车载网络系统作用

汽车上多个电子控制单元相互连接、协调工作并共享信息，构成了车载网络系统。车载网络系统采用一组数据线实现多节点之间的多个信号传输，因此这种技术也称为多路传输系统。车载网络系统能够在多个电脑之间通过公共的界面传输数据和信号，数据和信号可以在各个电脑之间共享、重复使用，因而可以起到减少传感器数量、减少导线数量、简化车辆线束布局等作用。导线数量减少后更可以带来耗铜量下降、整车重量减轻、车辆成本降低、汽车燃油消耗率下降、安全性提高等一系列优点。

以汽车发动机防冻液温度信号为例，车辆上发动机电脑、空调电脑、组合仪表等电子控制单元都需要水温信号。如果汽车没有使用车载网络系统，如图1-2(a)所示，所需的发动机温度传感器、导线的数量较多。而如果汽车使用了车载网络系统，如图1-2(b)所示，发动机电脑、空调电脑、组合仪表之间可以通过总线进行信息共享，那么只需要有一个发动机温度传感器检测水温信号，将信号传递给其中一台电脑，那么

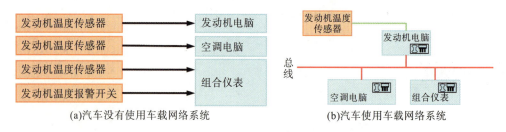

(a)汽车没有使用车载网络系统　　　　　(b)汽车使用车载网络系统

图1-2　车载网络系统作用

车辆上所有的电脑就都可以接收到防冻液温度信号。

1.1.1.2 网络交流协议

20世纪80年代起，车载网络系统开始应用在汽车上，开始时主要作用是简单信息的传输；到20世纪90年代后，车载网络系统开始大规模使用；21世纪以来，车载网络系统在乘用车上已经普及。一直以来，车载网络系统始终在更新换代，性能更优、传输速率更快、容错性更好的网络技术层出不穷。目前，由于网络技术及生产成本的影响，在现代汽车上不同的系统一般应用着不同层级的网络技术，这些车载网络技术的数据传输速度、准确率也是不相同的，这样，可以使车辆的性价比达到最佳。

在车载网络系统中，车辆上各个控制电脑在网络中进行数据传输时，都需要遵循一定的网络交流协议，而这些网络交流协议由各个汽车生产厂家、零部件开发商、标准组织等公司研发，受限于传输数据及准确率，应用于汽车上不同的系统，表1-1为一些常见的汽车车载网络交流协议。

表1-1 车载网络交流协议

网络交流协议	开发商	主要应用
FlexRay	宝马、博世等公司	事关安全的线控系统和动力系统；高速的、可确定性的，具备故障容错能力的网络传输
MOST	宝马、戴姆勒克莱斯勒、Harman/Becker(音响系统制造商)和Oasis(结构化信息标准促进组织)	媒体、信息娱乐系统
CAN	博世公司	高速率网络传输
VAN	法国标致-雪铁龙汽车集团、雷诺汽车公司、积家公司等	车身系统、舒适系统
J1850	美国汽车工程师学会	车身系统
A-BUS	德国大众汽车公司	低速率和高速率信息网络传输
MI-BUS	摩托罗拉公司	车身系统、空调系统
LIN	摩托罗拉公司	低成本、低流量的系统

1.1.2 车载网络系统类型

根据车载网络系统的传输速率、交流协议、应用范围的不同，为方便研究和设计应用，我们常将车载网络系统分为A、B、C、D、E五种类型，表1-2为这五种类型车载网络的功能、传输速率以及代表的网络交流协议。

表1-2 车载网络系统类型

网络等级	功能	速率(bit/s)	应用功能	代表网络协议
A	面向传感器或执行器管理的低速网络	<20k	后视镜、电动车窗和灯光照明系统等	LIN
B	面向独立控制单元信息共享的中速网络	100~125k	车身电子的舒适性模块和显示仪表等设备	VAN、中速CAN
C	面向闭环控制的多路传输高速网络	500k~1M	动力传动系统	高速CAN
D	面向多媒体设备、高速数据传递的高性能网络	>2M	多媒体系统、导航系统等	MOST、FlexRay
E	面向车辆安全性领域	10M	乘员保护的安全系统	Byteflight

1.1.2.1 CAN网络

CAN网络是控制器局域网络(controller area network)的简称。1983年博世公司开发了CAN数据总线,并应用于汽车制造业。CAN总线是采用串行总线传输数据信息,即将所有的信息沿两根线路传输,线路数与控制单元以及所传递的信息量的数量是无关的,其通信速率最高可达1 Mbit/s。CAN网络如图1-3所示。CAN网络协议包括三个部分:高速CAN网物理层、中速CAN网物理层和协议层。目前,CAN总线凭借其突出的可靠性、实时性和灵活性而成为B、C类网络的主流协议,也是目前应用最广泛的车载网络系统。

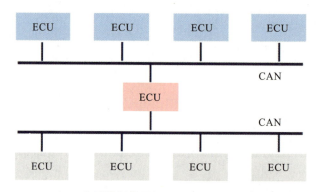

ECU—电子控制单元(electronic control unit)。

图1-3 CAN网络

CAN总线具有以下优点:
(1)减少导线数量,因导线减少而降低装配成本,并减轻线束净质量。
(2)控制器之间的数据传输较快。

(3) 实现多个模块参与复杂的汽车系统操作。
(4) 抗干扰能力强。
(5) 使用网络提高了诊断能力。
(6) 故障率低,减少了插头连接和导线所引起的故障。
(7) 控制模块之间能共享传感器输入的信号。

1.1.2.2 LIN 网络

LIN 网络是局部互联网(local interconnect network)的简称。1999 年由摩托罗拉和沃尔沃、宝马、戴姆勒-克莱斯勒、大众等公司组成的 LIN 协会,推出的开放式串行通信标准。2000 年和 2003 年,分别发布了 LIN1.2 和 LIN2.0 规范。LIN 主要用作 CAN 等高速总线的辅助网络或子网络,在带宽要求不高、功能简单、实时性要求低的场合,如车身电器的控制,使用 LIN 总线可有效地简化网络线束,减低成本,提高网络通信效率和可靠性。LIN 网络结构如图 1-4 所示。

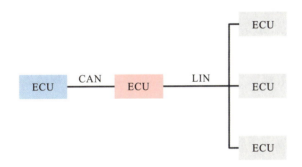

图 1-4 LIN 网络

1.1.2.3 MOST 网络

面向媒体的系统传输(media oriented systems transport,MOST)网络是面向多媒体的专用车载网络,由德国公司开发,2002 年应用到车辆上。MOST 网络利用光纤进行数据传输,传输速率可达 21.2 Mbit/s,后来提升为 22.5 Mbit/s,采用环形拓扑结构,可以传输同步数据,非同步数据和控制数据。MOST 网络结构如图 1-5 所示。

1.1.2.4 FlexRay 网络

FlexRay 网络是由汽车制造商、汽车设备制造商和半导体公司联合开发的。目前,FlexRay 网络主要应用在汽车动力系统、车身控制系统、底盘系统和混合动力电机控制系统中。2000 年,包括汽车制造商(宝马、戴姆勒、大众、通用等),汽车设备供应商(博世、德尔福等)和半导体公司(飞思卡尔、恩智浦等)一起建立了 FlexRay 联盟,FlexRay 总线系统的推广应用主要由该联盟负责。

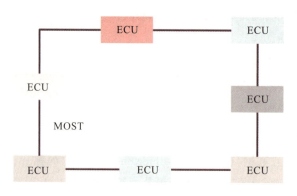

图 1-5 MOST 网络

相比较于 CAN 总线，FlexRay 总线具有以下优点：

(1) 数据传输速率更高。FlexRay 总线有双通道和单通道两种类型，单通道的传输速率最高为 10 Mbit/s，因此，如果使用双通道，FlexRay 总线的传输速率可以达到 20 Mbit/s。

(2) 容错性能更佳。因为 FlexRay 具有双通道的结构特性，在通过两个通道进行信息传输时，这两个通道网线可以通过冗余来实现系统容错性能的提升，也就是说当其中一个信号通道出现故障时，另一个信号通道可以正常进行信息传输，形成更佳的容错性能。

(3) 时效性更加准确。FlexRay 总线在信息传输过程中，传输的数据在每个循环周期内都有了相应的位置，因此，信息在传输过程中的时效性更加准确。

(4) 系统灵活性更优。FlexRay 网络系统灵活多样，满足不同级别网络的需求。

1.1.3 新能源汽车车载网络系统

随着电子技术、汽车新技术以及通信系统性能的不断发展，汽车上的车载网络技术已经得到了广泛的应用。近年来，新能源汽车、智能网联汽车得到快速发展，市场占有率也越来越高。在新能源汽车上，目前应用较多的仍然是 CAN 总线。但是当汽车逐步进入了智能化、网联化、电动化、共享化"新四化"时代后，人们对于汽车的安全性、舒适性、娱乐性的要求也越来越高，某些车载网络系统将会被逐渐淘汰，而且仅仅依靠 CAN 总线，也已经难以适应目前汽车智能化、通信大数据的发展需求，FlexRay 等新一代总线系统，因其具有高速率、可确定性、容错性等优点，可以适应汽车智能化、电动化的具体要求，将会得到更多的应用。

因此，新能源汽车的车载网络系统，在未来很长一段时间内，都将是"CAN""LIN""MOST""FlexRay"等多种车载网络系统共同存在、各司其职。

大多数新能源汽车上车载网络系统采用多路传输技术，总线一般由两条导线组成，这两条导线绞接在一起，呈双绞状，称为"双绞线"，如图 1-6 所示。

图 1-6 双绞线

新能源汽车采用多路传输技术，具有以下特点：

(1) 物理形式，双绞线结构两条数据线相互缠绕，防止电磁波干扰和向外辐射。

(2) 双向传递信息。

(3) 采用数字信号，所有控制单元同时开始向总线发射信息时，为了避免数据碰撞，在状态域中预先定义数据的优先权，显性电位 0 越多，说明其优先权级别越高。

(4) 通过方波检测，两条数据线同时传递相同信号，但数值相反。新能源汽车 CAN 总线特点如图 1-7 所示。

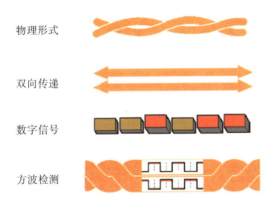

图 1-7 新能源汽车 CAN 总线特点

任务实施

1. 作业说明

比亚迪秦 EV 主要应用的是 CAN 网络，为了更好地掌握新能源汽车车载网络系统的基础知识，需对照比亚迪秦 EV 电路图和维修手册查找车辆上总线和普通导线的区别，并检测两者之间的电阻、通断，判断普通导线和总线的异同。

2. 技术标准与要求

项目	内容
前舱配电盒总线的端子和导线编码	
车载充电器上总线的端子和导线编码	
驱动电机上总线的端子和导线编码	

注：请学员查阅维修资料后填写。

3. 设备器材

(1) 设备与零件总成。

_____

_____

(2) 常用工具。

_____

_____

(3) 耗材及其他。

_____

_____

注：请学员根据场地实际设备器材填写。

4. 作业流程

(1) 做好安全防护，清洁总成及工具。

(2) 通过实物从外观、截面对比普通导线与总线，了解普通导线和总线外观的不同。

(3) 通过万用表，分别测量普通导线和总线的电阻与通断，对比普通导线和总线的异同。

(4) 通过维修手册，查询部分总线截面面积与线束颜色，控制单元所连接的总线数量与名称，熟悉车辆总线特点。

5. 填写考核工单

一、查询并记录车辆信息					
品牌		整车型号		生产日期	
发动机型号		驱动电机型号		车辆识别码	
二、查询维修手册及电路图					
前舱配电盒总线的端子和导线编码	第___章___节___页		导线编码及颜色：		端子：
车载充电器上总线的端子和导线编码	第___章___节___页		导线编码及颜色：		端子：
驱动电机上总线的端子和导线编码	第___章___节___页		导线编码及颜色：		端子：
三、观察、检测普通导线和总线异同					
相同点					
不同点					

新能源汽车网关控制娱乐**系统技术**

自我测试

(1) 简述汽车使用车载网络系统的优点。

_____

_____

(2) 简述新能源汽车上总线和普通导线的区别。

_____

_____

(3) 简述新能源汽车车载网络系统的类型。

_____

_____

拓展学习

智能域控制架构——助力比亚迪驶入无限广阔的纯电海洋

在"汽车新四化"浪潮下，如何加速新能源汽车产品矩阵的发展，成为各大车企无法避免的难题，国产自主品牌比亚迪汽车2022年1~8月累计销售新车983844辆，同比增长164.03%。比亚迪是如何做到脱颖而出的呢？原因之一是比亚迪汽车在新能源汽车领域深厚的底蕴以及比亚迪汽车坚持的汽车电动化的科技探索。比如说，比亚迪在2021年推出的纯电动整车架构平台化的全新e平台3.0，该新平台最大的优势在于智能化和三电系统，其中智能化最重要的是"智能域控制架构"，这是较车载网络系统更先进的一套系统。

为了能够更好地提高整车智能化，越来越多的车企开始选择研发全新的整车电子电气架构，通过将汽车的不同功能模块分类组合成不同的域，并将这些域加入域控制器负责对该域下的信息和功能进行处理，而域与域之间也可通过域控制器来进行交互、协作、控制。比亚迪e平台3.0的智能域控制架构则将整车所有功能分为四个域，分别为智能车控域、智能动力域、智能驾驶域和智能座舱域。

智能车控域：集成车身控制器（body control module，BCM）、安全网关、密钥中心、空调控制、胎压监测、仪表控制、驻车辅助、智能钥匙等多个模块，扩展版本最多支持达32个分布式电子控制单元（ECU）功能。

智能动力域：集成整车控制器（vehicle control unit，VCU）、电池管理系统（battery management system，BMS）、微控制单元（microcontroller unit，MCU）、车

载充电器、直流转换器(DC-DC)等模块。

智能驾驶域：集成自动驾驶、自适应巡航控制(adaptive cruise control，ACC)、自动制动系统(autonomous emergency braking，AEB)、智能安全系统、盲区监测系统(blind-spot detection，BSD)、自动泊车系统(auto parking assist system，APA)等功能。

智能座舱域：集成用户语音、触控、感知、健康、显示屏等功能。

任务 1.2

认识新能源汽车车载网络拓扑结构

任务引入

两位大学生对新能源汽车车载网络拓扑结构的认识出现了分歧：A 同学认为在新能源汽车上，使用总线型的车载网络拓扑结构更有利于信息传播、信息共享；而 B 同学认为使用星形的车载网络拓扑结构成本更低，应该更广泛地使用。两位同学争论不止，你觉得哪位同学的观点更正确呢？

学习目标

（1）熟悉新能源汽车数据传输形式。
（2）掌握数字信号与模拟信号的区别。
（3）掌握模拟信号和数字信号波形的检测方法。
（4）掌握新能源汽车车载网络系统不同的拓扑结构。
（5）能够正确使用示波器等设备检测车载网络信号。

素质目标

（1）培养抓核心、抓重点的能力。
（2）培养辩证看待问题、延展学习的能力。

知识准备

1.2.1 数字信号

在新能源汽车上，传感器与电子控制单元之间的通信，电子控制单元与执行器之间的通信，使用的都是模拟信号。而模块与模块之间的通信，使用数字信号。目前信号传递主要有三种形式，如图1-8所示，分别为模拟信号→每根线一个信号→以电压电阻为基础；脉宽调制信号→不同的脉宽信号→基于占空比；数字信号→一根线传递多个信号→基于"位"。bit(位)是二进制数字最小单位。

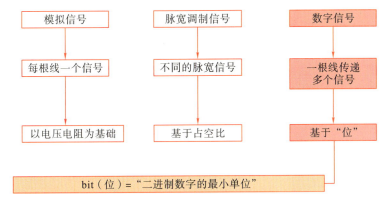

图1-8　信号传递的三种形式

模拟信号是指信息参数在给定范围内表现为连续的信号，即用连续变化的物理量表示的信息，其信号的幅度，或频率，或相位随时间变化而连续变化，或在一段连续的时间间隔内，其代表信息的特征量可以在任意瞬间呈现为任意数值的信号。如图1-9所示即为模拟信号的一种表现，其幅值随时间变化而连续变化，此即为模拟信号的一种表现。

数字信号是指电压或电流在幅值上和时间上是离散、突变的信号。这种信号的自变量用整数表示，因变量用有限数字中的一个数字表示。在电子控制单元中，数字信号的大小常用有限位的二进制数表示，二进制只有"1"和"0"两个数码，可分别表示数字信号的高电平和低电平，使得数字电路结构简单，抗干扰能力强，且便于集成化，通用性强。在新能源汽车车载网络系统中，各种网络所采用的数据线有单线和双线两种，其数字信号识别有所区别。如图1-10所示为一种数字信号的波形。

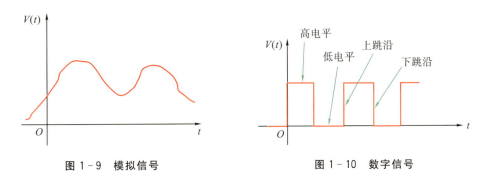

图1-9　模拟信号　　　　　　　　图1-10　数字信号

CAN网双绞线是由两根绞接在一起的铜芯导线连接，用于传输网络信息。这两根网线分别叫CAN H和CAN L，信息以数字信号方式进行传输。为了保证信息准确，

· 15 ·

这两根网线同时传输相同的信息，但电平相反。两根网线的理论波形如图1-11所示。电子控制单元通过识别两根数据线的电平差来判断信息含义，图中 CAN-H 波形的峰值电压为 3.5 V，峰谷电压为 2.5 V，图中 CAN-L 波形的峰值电压为 2.5 V，峰谷电压为 1.5 V。由此可知，当两根数据线的电压分别为 3.5 V 和 1.5 V 时，此时数据为"0"，当两根数据线的电压均为 2.5 V 时，此时数据为"1"。

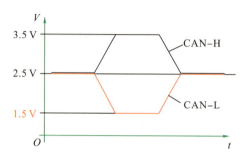

图 1-11 CAN 总线理论波形

1.2.2 网络拓扑结构

网络拓扑结构，指的是网络节点与节点之间相互连接而形成的特定的结构关系，不同的通信网络需要选择不同的网络拓扑结构，整个网络的特性取决于该网络选择的拓扑结构，因此对于网络来说，拓扑结构显得尤为重要。

在汽车车载网络中，我们可以将车上的每一个电子控制单元看成网络上的一个节点，根据电控单元与电控单元之间形成的特定的结构关系，选择合适的车载网络拓扑结构。网络拓扑结构的选择非常重要，车载网络系统的成本、性能稳定性都和所选择的车载网络拓扑结构相关。常见的车载网络结构有总线型、星形、混合型、环形、网状等五种拓扑结构，如图1-12所示。

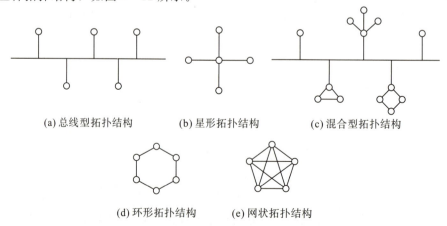

图 1-12 车载网络常见的五种拓扑结构

总线型是一种基于多点连接的拓扑结构，总线型拓扑结构中，所有的电子控制单元都通过网线连接到总线上。总线上连接的电控单元可以通过总线进行数据的双向传播，即根据需要可以在总线上传送和接收相关数据，实现了信息共享。它是将网络中的所有的设备通过相应的硬件接口直接连接在共同的传输介质上，结点之间按广播方式通信，一个结点发出的信息，总线上的其他结点均可"收听"到。其信息向四周传播，类似于广播电台，故总线网络也被称为广播式网络，如图1-13所示。

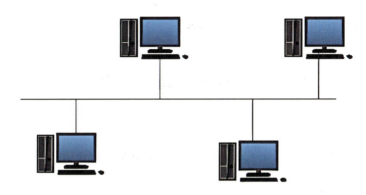

图1-13　总线型拓扑结构

星形拓扑结构(图1-14)是一种以中央节点为中心，把若干外围节点连接起来的辐射式互联结构，各结点与中央结点通过点与点方式连接，形状如星形。在星形拓扑结构中，汽车上每个电控单元都会和一个或两个中心节点连接，并且能够和中心节点进行信息传输，这样中心节点就分担了各个电控单元的通信负担，因此其他电控单元相对于中心节点的结构就简单了很多，节约了成本。

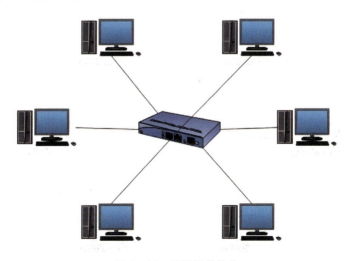

图1-14　星形拓扑结构

混合型拓扑结构又称为树形拓扑结构(图1-15),是从总线型拓扑结构演变而来,形状像一棵倒置的树,顶端是树根,树根以下带分支,每个分支还可再带子分支。它是总线型结构的扩展,在总线网上加上分支形成的,其传输介质可有多条分支,但不形成闭合回路,具有一定容错能力,一般一个分支和结点的故障不影响另一分支结点的工作,任何一个结点送出的信息都可以传遍整个传输介质,也是广播式网络。混合型拓扑结构兼顾了各种拓扑结构的优点,采用混合型拓扑结构的车载网络故障诊断和容错性更好。

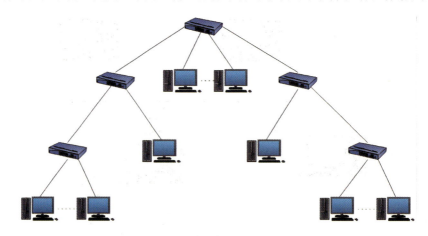

图1-15 树形拓扑结构

环形拓扑结构中各结点通过环路接口连在一条首尾相连的闭合环形通信线路中,就是将所有站点彼此串行连接,像链子一样构成一个环形回路,数据沿着环依次通过每个结点直接到达目的地,环路上任何结点均可以请求发送信息。请求一旦被批准,便可以向环路发送信息。环形网中的数据可以单向传输也可是双向传输,如图1-16所示。

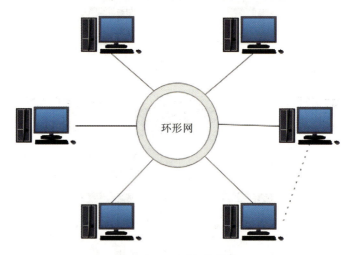

图1-16 环形拓扑结构

网状拓扑又称作无规则结构，结点之间的联结是任意的没有规律。就是将多个子网或多个局域网连接起来构成网状拓扑结构，如图 1-17 所示。

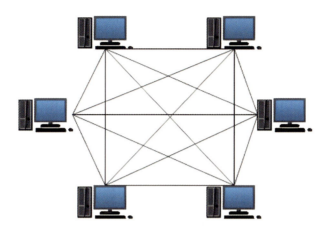

图 1-17　网状拓扑结构

在目前车辆上，采用一种车载网络拓扑结构是不现实的，一般会根据车辆功能以及系统需要来合理搭配，因此各个车型都使用了不同的车载网络拓扑结构。

任务实施

1. 作业说明

选取比亚迪秦 EV 车辆上典型的电子控制单元和传感器，使用示波器测量其波形，并判断属于什么类型信号。查找电路图，判断比亚迪秦 EV 使用的是哪种网络拓扑结构。

2. 技术标准与要求

项目	内容
前舱配电盒总线的端子和导线编码	
车载充电器上总线的端子和导线编码	
驱动电机上总线的端子和导线编码	

注：请学员查阅维修资料后填写。

3. 设备器材

(1) 设备与零件总成。

_____

_____

(2)常用工具。

_____

_____

(3)耗材及其他。

_____

_____

注:请学员根据场地实际设备器材填写。

4. 作业流程

(1)做好安全防护,清洁总成及工具。

(2)规范连接并使用示波器。通过示波器分别测量总线信号波形以及传感器信号波形,并截图或在白板纸上绘制。

(3)通过截图或绘制的波形图,记录相应电压或电流值,判断信号类型以及信号特点。

(4)查找电路图判断比亚迪秦 EV 车辆的车载网络拓扑结构属于哪种类型。

5. 填写考核工单

一、查询并记录车辆信息					
品牌		整车型号		生产日期	
发动机型号		驱动电机型号		车辆识别码	
二、示波器测量信号波形					
电子控制单元					
传感器 1					
传感器 2					
三、比亚迪秦 EV 的拓扑结构					
类型					

自我测试

(1) 简述数字信号和模拟信号的区别。

(2) 简述车载网络拓扑结构的类型。

(3) 简述总线型拓扑结构的优点。

拓展学习

未来车载电源网络技术——新能源汽车的"血管"

在新能源汽车的电子电气架构（即 E/E 架构）中，网络架构是核心。而网络架构除了通信网络外，还包括电源网络。如果把新能源汽车的通信网络比做人的神经，那么电源网络就是人的"血管"。车载电源网络，就像现代汽车的整个架构一样，已经发生了根本性的变化。未来车载电源系统的发展所面临的挑战是多样和复杂的。

未来的出行需求对目前的车载电源网络提出了各种各样的挑战。燃油车里电源来源主要靠发电机，现在已经达到了极限，随着汽车动力系统的电气化，汽车动力正从以前来自发电机转向高压蓄能器。此外，越来越多以前由液压驱动的功能正在被线控技术（X-by-wire）取代。这不仅增加了对电力的需求，而且还影响了当前车载网络的电压稳定性，以至于降低了最终用户的舒适度。

与此同时，车辆的自动化和网络化程度也在不断发展。纵向和横向动态的安全相关驾驶功能的执行不再由驾驶员负责，而是由传感器、控制单元和相关执行器负责。由于车载电源网络作为汽车安全相关系统的重要性日益增加，原则上必须避免电源的完全失效，而这对于线控刹车系统的紧急制动是绝对必要的。

总之，未来的车载电源网络必须满足电气化和自动化带来的日益增长的电力需求，以及在不久的将来以高可用性形式出现的相关安全要求，同时还要考虑到可持续性的生态和经济要求。

任务 1.3

认识新能源汽车网关

任务引入

一辆比亚迪秦 EV 无法启动，比亚迪汽车 4S 店技术专家拔下电子稳定控制系统电脑插头，使用万用表对电子稳定控制系统电脑外的插接器进行了测量，进而判断出电脑存在故障，更换后车辆恢复正常。

学习目标

(1) 掌握新能源汽车网关的概念及作用。
(2) 掌握比亚迪秦 EV 的车载网络原理图。
(3) 能够根据车载网络拓扑图和车辆电路图对电脑进行检测。
(4) 能够正确规范地检测终端电阻。
(5) 能够正确规范地检测车载网络总线的阻值，并判断系统是否存在故障。

素质目标

(1) 培养大局意识、核心意识。
(2) 培养分析问题、解决问题的能力。

知识准备

1.3.1 车载网络系统的网关

1.3.1.1 网关的概念

一辆汽车上，往往不只使用一种总线网络，所以必须用一种方法达到信息共享，而不产生协议间的冲突,为了采用不同协议及速度的数据总线间实现无差错数据传输,必须要用一种特殊功能的计算机,这种计算机就叫作网关。网关又称为中央网关、网间连接器,或者协议转换器。通过不同网络间的隔离和不同通信协议间的转换,网关可以保证各个共享通信数据的功能域之间进行信息交互。网关的主要功能为安全可靠地在车辆内的多个网络间进行数据转发和传输。网关在传输层上实现网络互联,是最复杂的网络互联设备,仅用于两个高层协议不同的网络互联。网关既可以用于广域网互联,也可以用于局域网互联。

1.3.1.2 网关的作用

网关在网络拓扑结构中处于核心位置,各模块紧密地连接在网关周围,各模块既各司其职,也共享交流信息。网关工作的好坏决定了不同的总线、模块和网络相互间通信的好坏。一个网关必须具备从一个网络协议到另一个协议转换信息的能力。网关是汽车内部通信的核心,通过它可以实现各条总线上信息的共享以及实现汽车内部的网络管理和故障诊断功能。不同传输速度的数据总线通过网关得以协同工作,网关的具体作用包括:

(1) 可以把局域网上的数据转变成可以识别的 OBD-Ⅱ诊断数据语言,方便诊断。
(2) 可以实现低速网络和高速网络的信息共享。
(3) 与计算机中的网关作用是一样的,负责接收和发送信息。
(4) 激活和监控局域网络工作状态。
(5) 实现车辆数据的同步性。
(6) 对信息标识符做翻译。

1.3.2 比亚迪秦 EV 混动车型车载网络系统

如图 1-18 所示,比亚迪秦 EV 混动车型车载网络系统共包含五个子网络,分别是发动机电子控制模块(engine control module,ECM)网、电子稳定控制系统(electronic stability control,ESC)网、动力网、启动网和舒适网。五个子网络里连接了不同的电子控制单元,其中,ECM 网和 ESC 网传输速率为 500 kbit/s,动力网传输速率为 250 kbit/s,启动网和舒适网传输速率为 125 kbit/s,五个子网络由网关连接。在对车辆车载网络系统进行检测诊断时,首先一定要清楚车辆上的电子控制单元是属于哪个子网络的,然后再根据原理进行下一步检测。

由图 1-18 可以看出,每个子网络中至少有两个电子控制单元中有终端电阻。比如在 ESC 网中,电脑 ESC 和网关上有终端电阻,每个终端电阻的阻值是 120 Ω,因此,ESC 网上两根总线之间的电阻值为 60 Ω,如图 1-19 所示。

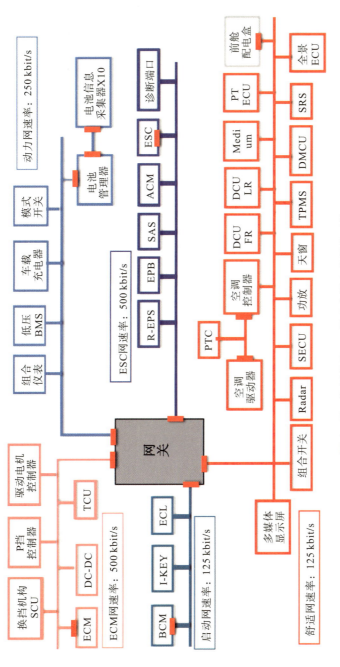

图1-18 比亚迪秦EV混动车型车载网络系统

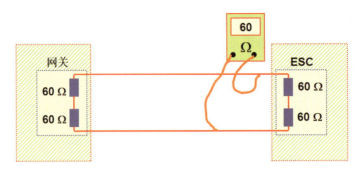

图 1-19 终端电阻

任务实施

1. 作业说明

结合比亚迪秦 EV 的车载网络系统图，对照电路图，画出各个子网络的连接关系；测量各个子网络里的终端电脑中的终端电阻值以及车载网络总线阻值，并判断系统是否存在故障。

2. 技术标准与要求

项目	内容
ESC	
电池管理器	
网关	

注：请学员查阅维修资料后填写。

3. 设备器材

（1）设备与零件总成。

_____

_____

（2）常用工具。

_____

_____

（3）耗材及其他。

_____

_____

注：请学员根据场地实际设备器材填写。

4. 作业流程

（1）做好安全防护，清洁总成及工具。

（2）规范连接并使用万用表检测终端电脑中的终端电阻值以及车载网络总线阻值。

（3）绘制的比亚迪秦 EV 中各个电子控制单元的系统关系图。

（4）查找电路图，判断比亚迪秦 EV 车辆的车载网络拓扑结构属于哪种类型。

5. 填写考核工单

一、查询并记录车辆信息					
品牌		整车型号		生产日期	
发动机型号		驱动电机型号		车辆识别码	

二、万用表测量终端电阻	
电子控制单元 1	
电子控制单元 2	
电子控制单元 3	

三、比亚迪秦 EV 拓扑结构	
ECM 网	
ESC 网	
动力网	
启动网	
舒适网	

自我测试

(1) 简述终端电阻测量方法。

_____

_____

(2) 简述网关的作用。

_____

_____

拓展学习

汽车网关"革命"，中国芯"出线"

近年来汽车整车电子架构正在进行革命，一个全新的细分市场正在被催生。2021年4月，芯驰科技与一汽集团研发总院宣布基于前者的G9X中央网关芯片开发"龙驰"中央网关平台，未来将覆盖红旗SUV、智能小巴等车型。这是国内首款搭载"中国芯"的自主网关量产平台，也打破了传统网关主芯片外资垄断的历史，也是继车载4G通信、信息娱乐以及先进驾驶辅助系统（advanced driver assistance system，ADAS）芯片国产化突围之后的又一新里程碑。

不过，和ADAS、信息娱乐属于增量市场相比，从传统网关到智能中央网关，首先是一个存量替代市场。目前，一辆新车平均搭载超过100个ECU，这些ECU通过多个不同网络连接，比如CAN、LIN、FlexRay以及以太网，这就需要有一个网关处理异构网络数据的传输和交互。

现在，来自中国的芯片公司也站在了同一条起跑线上。以芯驰科技为例，G9系列处理器是专为新一代车内核心网关设计的高性能车规级汽车芯片，采用双内核异构设计，包含高性能Cortex-A55 CPU内核及双核锁步的高可靠Cortex-R5内核。在此基础上，G9基于芯驰第二代包处理引擎SDPEv2，在非常低的CPU占用率的情况下，可实现不同接口之间的高流量，低延迟的数据交换。此外，G9内置了HSM，包含真随机数发生器和高性能加解密引擎，支持多种算法，满足安全启动技术、空中下载技术、车用无线通信技术等多种未来车载安全应用的需求。

2022年，芯驰科技推出了最新一代G9Q，一款高性能中央网关处理器，在2020年推出的G9X的基础上，将单核CPU升级到了四核CPU，算力增加能够承载更多的应用软件。同时，在CPU内核升级的同时，G9Q还特别增加了SMMU来支持虚拟化。而G9V是面向跨域融合的高性能处理器，在G9Q的基础上，增加了高清视频输入和显示输出，并配备了高性能 3D GPU。通过一个 G9V 处理器，可以在一个域控制器上将核心网关和 3D 仪表融合在一起，进一步提高系统的集成度，提升系统效率。

模块二
混合动力汽车动力网关控制系统检测维修

任务 2.1

发动机控制模块检测维修

任务引入

一辆比亚迪秦 PLUS DM-i 插电式混合动力汽车的仪表上出现"动力系统故障"字样的故障信息，并且车辆无法行驶。维修技师使用 VDS 诊断仪对车辆进行诊断，并对故障产生的原因进行分析，怀疑故障出现在发动机控制模块上，在比亚迪秦 PLUS DM-i 车辆上，发动机控制模块属于 ECM 网上的网关，我们需要对 ECM 网进行检测维修。

学习目标

（1）掌握发动机控制系统的功能及元件的结构原理。
（2）掌握发动机控制模块端子的针脚含义。
（3）掌握发动机控制模块相关数据流标准范围。
（4）掌握发动机控制模块端子电阻、电压、线束导通性的检查方法。
（5）掌握发动机控制模块 CAN 总线标准波形图。
（4）掌握发动机控制模块端子的断开和插接方法、线束的检查与修复方法。
（5）能检测发动机控制模块 CAN 总线端子的电阻、电源端子和搭铁端子的电压、相关传感器和执行器线束的导通性。
（6）能使用诊断仪读取发动机控制模块故障码、数据流，并执行相关元件动作测试。
（7）能使用示波器进行发动机控制模块的总线波形的测量和不同总线波形的分析。

素质目标

（1）增强职业荣誉感和责任感，培养敬业精神和吃苦耐劳、团结合作、严谨细致的工作态度，培养良好的身体素质和心理素质。
（2）培养团队协作精神与精益求精的工作作风。

知识准备

2.1.1 混合动力汽车发动机控制系统的功能及元件

混合动力汽车一般是指油电混合动力汽车,即采用传统的内燃机和电动机作为动力源,也有的发动机经过改造使用其他替代燃料,例如压缩天然气、丙烷和乙醇燃料等。混合动力电动汽车与传统汽车相比,主要的改进在车辆的驱动系统上,即在传统汽车发动机驱动线路上,增加了一套由高压动力电池、电机组成的电驱动线路,图2-1所示为典型混合动力电动汽车的驱动线路图。

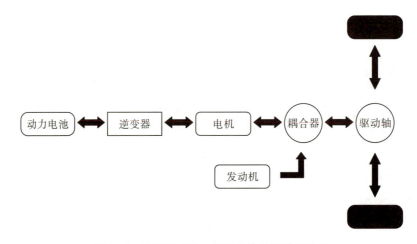

图2-1 典型混合动力电动汽车的驱动线路图

发动机控制系统通常主要由传感器、控制模块(ECU)、执行器三个部分组成,对发动机工作时的吸入空气量、喷油量和点火提前角进行控制。发动机电控系统的组成如图2-2所示。

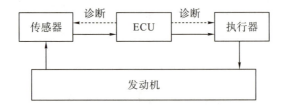

图2-2 发动机电控系统的组成

在发动机电控系统中,传感器作为输入部分,用于测量各种物理信号(温度、压力等),并将其转化为相应的电信号;发动机控制模块ECU的作用是接受传感器的输入信号,并按设定的程序进行计算处理,产生相应的控制信号输出到功率驱动电路,功率驱动电路通过驱动各个执行器执行不同的动作,使发动机按照既定的控制策略进行运转;同时发动机控制模块ECU的故障诊断系统对系统中各部件或控制功能进行监控,一旦探测到故障并确认后,则存储故障代码,调用"跛行回家"功能,当探测到故障被消除,则恢复正常使用。

发动机电控系统的特点为进气道喷射、电子节气门控制,同时采用基于扭矩的控制策略,扭矩为主控制策略的主要目的是把大量各不相同的控制目标联系在一起,实现动力完美分配与应用,使整车获得优异的驾驶性能和高能效。

比亚迪秦 PLUS DM-i 混合动力汽车发动机电控系统的结构如图 2-3 所示。

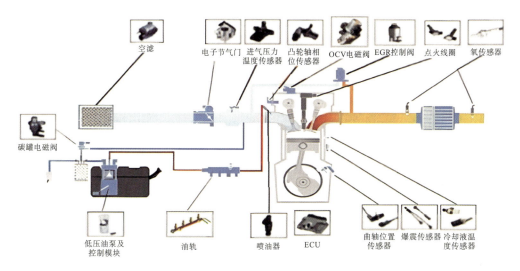

图 2-3 比亚迪秦 PLUS DM-i 混合动力汽车发动机电控系统结构图

比亚迪秦 PLUS DM-i 混合动力汽车发动机电控系统的基本组件如表 2-1 所示,比亚迪秦 PLUS DM-i 混合动力汽车发动机电控系统输入输出信号如表 2-2 所示,比亚迪秦 PLUS DM-i 混合动力汽车发动机电控系统的功能如表 2-3 所示。

表 2-1 比亚迪秦 PLUS DM-i 混合动力汽车发动机电控系统基本组件

控制器	发动机控制模块 ECU		
传感器	进气压力温度传感器	执行器	OCV 电磁阀
	曲轴位置传感器		碳罐电磁阀
	凸轮轴相位传感器		EGR 电磁阀
	氧传感器(线氧+开关氧)		PCJ 电磁阀
	冷却液温度传感器		喷油器+油轨
	散热器出水水温传感器		电子节气门
	爆震传感器		机油压力开关
	废弃再循环系统温度传感器		点火线圈
			二级可变机油泵

表 2-2　比亚迪秦 PLUS DM-i 混合动力汽车发动机电控系统输入输出信号

序号	系统输入信号	类型	序号	系统输出信号	类型
1	进气温度压力信号	传感器	11	CAN 总线控制信号	CAN 通信
2	电子节气门转角信号	传感器	12	电子节气门开度	控制
3	发动机冷却液温度信号	传感器	13	喷油器的喷油正时和喷油持续时间	控制
4	散热器出水口冷却液温度信号	传感器	14	碳罐电磁阀开度	控制
5	发动机转速信号	传感器	15	点火线圈闭合角和点火提前角	控制
6	凸轮轴相位信号	传感器	16	可变机油泵控制信号	控制
7	爆震信号	传感器	17	油路控制阀(oil control valve, OCV)电磁阀控制信号	控制
8	氧传感器信号	传感器	18	EGR 电磁阀控制信号	控制
9	制动开关信号	传感器	19	活塞冷却喷嘴(piston cooling jet, PCJ)电磁阀控制信号	控制
10	EGR 温度信号	传感器	20	CAN 通信信号	CAN 通信

表 2-3　比亚迪秦 PLUS DM-i 混合动力汽车发动机电控系统的功能

功能类型	具体控制功能
基本管理功能	以扭矩为基础的系统结构、由进气压力传感器确定气缸负荷量、空燃比闭环控制、燃油逐缸顺序喷射、点火正时(包括逐缸爆震控制)、可变进气相位控制、可变机油泵控制、排放控制功能、冷态催化器快速升温、碳罐清洗控制、怠速自适应控制及限速保护、跛行回家、CAN 总线自诊断、支持整车 CAN 总线通信、排气温度控制、里程累计记忆功能、发动机温度保护功能、扭矩/转速补偿和废气再循环控制
附加功能	防盗器功能，具备发动机防盗协同，与无钥匙进入系统协同工作
在线诊断 OBD-Ⅱ	完成一系列 OBD-Ⅱ功能，用于诊断功能的管理系统

2.1.1.1　发动机控制系统传感器

1. 进气压力温度传感器

进气压力温度传感器安装在电子节气门后的歧管路上，进气压力温度传感器的简图与插接器针脚定义如图 2-4 所示。进气压力温度传感器是由绝对压力传感元件及温度传感元件组成的。

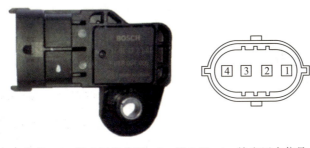

1—接地；2—输出温度信号；3—接 5 V；4—输出压力信号。
图 2-4 进气压力温度传感器的简图与插接器针脚定义

2. 发动机冷却液温度传感器和散热器冷却液温度传感器

发动机冷却液温度传感器和散热器冷却液温度传感器分别安装在发动机出水口和散热器出水口。发动机冷却液温度传感器的简图与插接器针脚定义如图 2-5 所示，散热器冷却液温度传感器的简图与插接器针脚定义如图 2-6 所示。两个冷却液温度传感器实质都是一个负温度系数（negative temperature cofficient，NTC）的热敏电阻，其电阻值随着冷却液温度上升而减小，两者间呈非线性关系。

1—传感器地；2—水温信号。
图 2-5 发动机冷却液温度传感器的简图与插接器针脚定义

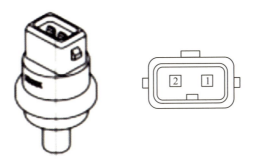

1—传感器地；2—水温信号。
图 2-6 散热器冷却液温度传感器的简图与插接器针脚定义

3. 氧传感器

氧传感器包括上游氧传感器与下游氧传感器两个，上游氧传感器使用线性（宽域）氧传感器，下游氧传感器采用开关型氧传感器。上游氧传感器的简图与插接器针脚定义如图 2-7 所示，下游氧传感器的简图与插接器针脚定义如图 2-8 所示。

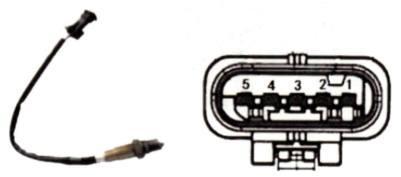

1—RE+线氧能斯特电压；2—H+线氧加热+；3—H⁻线氧加热—；4—INP 线氧传感器地；
5—APE 线氧泵电流。

图 2-7 上游氧传感器的简图与插接器针脚定义

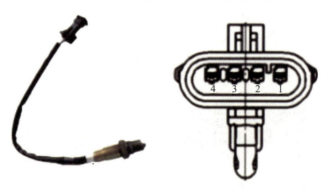

1—GND 传感器地；2—氧传感器 lambda 信号；3—Vcc 加热负极—；4—Heat 加热正极+。

图 2-8 下游氧传感器的简图与插接器针脚定义

上游安装在排气管三元催化器前端入口处，线性氧传感器由两个重要部分组成，一部分称为感应室，它的一面与大气接触而另一面是测试腔，通过扩散孔与排气接触，另一部分是传感器的关键部件泵氧元，泵氧元一边通尾气，另一边与测试腔相连。发动机正常工作时，ECU 通过改变泵氧元上的电流来调节泵氧速度，将感应室两侧的电压值维持在 450 mV。这种不断变化的泵氧元电流经 ECU 处理后形成宽带氧传感器的信号，ECU 依此信号对空燃比进行闭环控制，使三元催化反应器的转换效率达到理想状态。

下游氧传感器安装在排气管三元催化器后端，传感器的信号电压在理论当量空燃比（$\lambda=1$）附近发生突变，如图 2-9 所示。

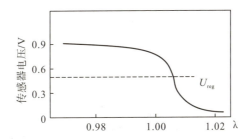

图 2-9　600℃时下游氧传感器电压特性曲线

4. 曲轴位置传感器和凸轮轴相位传感器

曲轴位置传感器是与一个附属的密封圈集成在一起的，位于曲轴后端盖信号轮平面上，是霍尔效应式传感器，曲轴位置传感器的简图与插接器针脚定义如图 2-10 所示。如图 2-11 所示，信号轮装在曲轴上，随曲轴旋转，信号轮上共有 60 个齿，其中两个是缺齿。当信号轮上各齿依次经过霍尔传感器时，霍尔传感器内部磁场发生变化，从而使输出的信号电压产生变化。ECU 根据各齿位脉冲信号，结合缺齿信号，就可以识别各缸上止点，计算曲轴转角，还可以得到发动机转速。

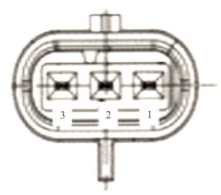

1—曲线传感器地；2—曲轴传感器信号；3—曲轴传感器电源。

图 2-10　曲轴位置传感器的简图与插接器针脚定义

图 2-11　曲轴位置传感器与信号轮的示意图

凸轮轴相位传感器也是霍尔效应式传感器，安装在进气凸轮轴端处，其简图与插接器针脚定义如图2-12所示。信号轮装在凸轮轴上，随凸轮轴旋转。信号轮上有4个齿，其中两个小齿，两个大齿，如图2-13所示。当信号轮上各齿依次经过霍尔传感器时，霍尔传感器内部磁场发生变化，从而使输出的信号电压产生变化。

1—凸轮轴相位传感器电源；2—凸轮轴相位传感器信号；3—凸轮轴相位传感器接地。

图2-12 凸轮轴相位传感器的简图与插接器针脚定义

图2-13 凸轮轴相位传感器信号轮

5. 爆震传感器

比亚迪秦PLUS DM-i混合动力汽车发动机电控系统采用两个爆震传感器，分别安装在发动机1-2缸和3-4缸之间的机体上，其简图与插接器针脚定义如图2-14所示。

爆震传感器的工作原理是封装一个压电陶瓷，压电陶瓷具有压电效应，当发动机负荷、转速、冷却液温度分别超过门槛值时，而且爆震传感器没有故障记录，发动机进入爆震闭环控制。当发动机产生爆震时，爆震传感器产生与无爆震时相比幅值、频率都较大的输出电压，经过适当地滤波和放大后输出给发动机控制模块ECU。

1—爆震传感器A端；2—爆震传感器B端。

图2-14 爆震传感器的简图与插接器针脚定义

6. EGR 温度传感器

EGR 温度传感器安装在 EGR 控制电磁阀与冷却器之间的管路上，其简图与插接器针脚定义如图 2-15 所示。EGR 阀前温度传感器是用来监测发动机 EGR 系统中气流通过 EGR 阀之前的温度，发动机控制模块 ECU 根据 EGR 温度信号对 EGR 系统进行判断，传感器内部使用 NTC 热敏电阻。

1—传感器正极＋；2—传感器负极－。
图 2-15 EGR 温度传感器的简图与插接器针脚定义

2.1.1.2 发动机控制系统执行器

1. 喷油器

喷油器安装在靠近进气门一端，其简图与插接器针脚定义如图 2-16 所示。

发动机电控模块 ECU 向喷油器的线圈发出电脉冲，形成磁场力。当磁场力上升到足以克服回位弹簧压力、针阀重力和摩擦力的合力时，针阀开始升起，喷油过程开始。当喷油脉冲截止时，回位弹簧的压力使针阀重新又关上。喷油器的供电电压最小值为 6 V，最大值为 16 V，工作电流 2～2.5 A。

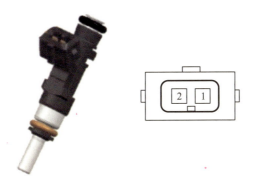

1—喷油器电源控制；2—喷油器地线控制。
图 2-16 喷油器的简图与针脚定义

安装喷油器需要注意以下几点：①喷油器的安装需用手进行，禁止用锤子等工具敲击喷油器。②拆卸和重新安装喷油器时，必须更换O形圈并不得损伤喷油器的密封面。③O形圈的支承垫圈不得从喷油器中拔出，安装时应避免损坏喷油器的进油端、O形圈、支撑环、喷孔板及电插头。如有损坏，应禁止使用。④安装完喷油器后需要进行油轨密封性检测，无泄漏才算合格。

2. 电子节气门总成

电子节气门安装在发动机进气管路上，它由节气阀门、齿轮传动及回位结构、直流电机等组成，其简图与插接器针脚定义如图2-17所示。

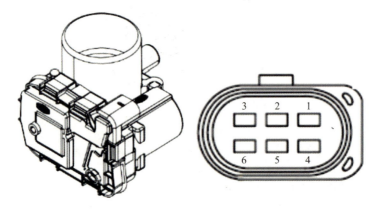

1—电子节气门位置传感器电源；2—电子节气门位置传感器2；3—电子节气门位置传感器地；
4—电子节气门位置传感器1；5—电子节气门电子控制正极＋；6—电子节气门电子控制负极－。

图2-17 电子节气门的简图与插接器针脚定义

节气门蝶阀的位置受电机控制。发动机控制单元中定位控制模块控制电机旋转。电子节气门内装有两个非接触式位置传感器，可以实时监测蝶阀位置。发动机控制模块根据它输出的信号值及其变化速率，判定发动机的实时负载和动态变化状况。在断电的情况下，蝶阀在回位弹簧和扭矩弹簧的共同作用下保持在初始位置。

3. 点火线圈

比亚迪秦PLUS DM-i混合动力汽车发动机配备四个气缸，每个气缸都配有一个点火线圈，并安装在火花塞上方，在发动机气门室罩上，点火顺序为1-3-4-2，点火线圈的简图与插接器针脚定义如图2-18所示。当某一个点火线圈初级绕组的接地通道接通时，该初级绕组充电。一旦发动机控制模块将初级绕组电路切断，则充电中止，同时在次级绕组中感应出高压电，使火花塞放电。

1—蓄电池正极；2—发动机地；3—ECU 控制信号。

图 2-18　点火线圈的简图与插接器针脚定义

4. 碳罐电磁阀

碳罐电磁阀安装在进气歧管的真空管路上，碳罐电磁阀的简图与插接器针脚定义如图 2-19 所示。碳罐内活性炭过滤器收集燃油箱的燃油蒸气，并适时将燃油蒸气送入发动机进气管。送入发动机进气管的气流量通过碳罐电磁阀计量，由发动机电控模块 ECU 控制，开启的持续时间和频率必须和发动机的工况相适应。

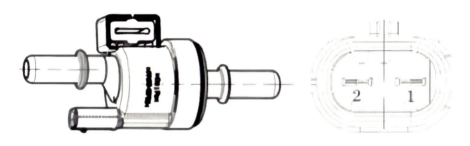

1—碳罐电磁阀电源；2—碳罐电磁阀控制信号。

图 2-19　碳罐电磁阀的简图与插接器针脚定义

5. 废气再循环电磁阀

废气再循环(exhaust gas re-circulation，EGR)电磁阀安装在废气循环冷却器之后的管路上，固定在排气侧缸壁上，EGR 电磁阀的简图与插接器针脚定义如图 2-20 所示。EGR 电磁阀由电刷直流电机和位置传感器组成，电机控制 EGR 电磁阀的开度，位置传感器检测当前 EGR 电磁阀开度。ECU 根据冷却液温度、节气门位置、发动机转速、进气压力等电磁信号，输出脉冲宽度调制(pulse width modulation，PWM)信号控制 EGR 电磁阀电机，通过 EGR 电磁阀内部的位置传感器确定当前位置，使阀体开度达到目标开度。

1—EGR 电磁阀电机正极＋；2—EGR 电磁阀电机负极－；3—EGR 电磁阀传感器电源＋；
4—EGR 电磁阀传感器信号输出；5—EGR 电磁阀传感器地－。

图 2-20　EGR 电磁阀的简图与插接器针脚定义

6. 可变正时电磁阀

可变正时电磁阀也称为油路控制阀（oil control valve，OCV）电磁阀，它安装在缸盖进气凸轮轴端部，OCV 电磁阀的简图与插接器针脚定义如图 2-21 所示。发动机控制模块 ECU 根据曲轴位置传感器、进气压力信号、节气门位置传感器、凸轮轴位置传感器、水温传感器和车速信号，计算最优进气门正时，控制 OCV 电磁阀的位置，使可变气门正时系统（variable value timing，VVT）控制器产生提前、滞后或保持动作，从而改变配气相位。此外，发动机控制模块 ECU 根据来自凸轮轴位置传感器和曲轴位置传感器的信号检测实际的气门正时，从而尽可能地进行反馈控制，以获得预定的气门正时。

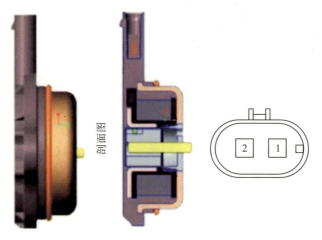

1—正极＋；2—负极－。

图 2-21　可变正时电磁阀的简图与插接器针脚定义

7. 二级机油泵电磁阀

二级机油泵电磁阀安装在可变机油泵位置，二级机油泵电磁阀的简图与插接器针脚定义如图 2-22 所示。此电磁阀属于开关型电磁阀，当电磁阀通电时，机油泵处于低压工作模式；当电磁阀断电时，机油泵处于高压工作模式。发动机控制模块 ECU 根据发动机转速、进气压力、水温等信号，控制可变机油泵的工作状态，使发动机的负载处于最优状态，减少油耗。

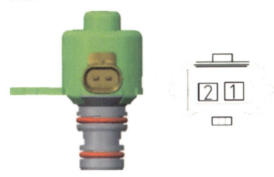

1—电源正极＋；2—控制信号－。

图 2-22　二级机油泵电磁阀

8. 活塞冷却电磁阀

活塞冷却电磁阀也称为活塞冷却喷嘴（piston cooling jet，PCJ）电磁阀，它安装在进气侧缸壁上，PCJ电磁阀的简图与插接器针脚定义如图2-23所示。发动机控制模块根据发动机转速信号、进气压力信号、目标进气VVT角度，确定目标油压，然后根据发动机转速、机油温度、目标油压确定电磁阀控制的占空比，从而可达到目标空燃比，使机油喷射到活塞底部，达到给活塞冷却降温的目的。

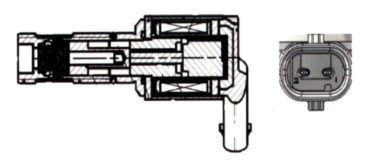

1—正极＋；2—负极－。

图 2-23　PCJ电磁阀的简图与插接器针脚定义

2.1.1.3　发动机控制系统控制模块

比亚迪秦PLUS DM-i混合动力汽车发动机电控系统的控制模块ECU外形如图2-24所示。它位于发动机机舱内，安装时应注意静电防护，同时注意对插头针脚的保护。

发动机控制模块ECU是发动机控制系统的核心部件，它可以根据各传感器的输入信息，实现控制发动机的燃油喷射和点火时刻，并为其他输出装置提供最佳的控制指令。另外，ECU还对自身故障、各传感器和执行元件、串行数据线、故障指示灯电路进行检测，当检测到故障时，ECU记忆相应故障码并采取有关措施。发动机控制标定程序存储在电可控可编程只读存储器中,它是一个焊接在ECU上的永久性存储器,不可单独更换。更换ECU时,新的ECU需按所配置车型编程后才可使用。

比亚迪秦PLUS DM-i混合动力汽车发动机控制模块ECU的部分重要端子针脚定义见表2-4(检测维修时以最新维修手册为准)。

图2-24 发动机控制模块ECU外形图

表2-4 发动机控制模块端子部分针脚定义

引脚号	引脚功能(连接点)	类型	引脚号	引脚功能(连接点)	类型
105P-1	3缸喷油器控制	输出	91P-1	功率地1	地
105P-2	4缸喷油器控制	输出	91P-4	非持续电源1	电源
105P-11	进气凸轮轴相位传感器电源	电源	91P-13	下游氧传感器	输入
105P-22	线性氧传感器加热"-"	地	91P-17	发动机冷却液温度传感器	输入
105P-23	主继电器	电源	91P-18	散热器冷却液温度传感器	输入
105P-25	电子地	地	91P-31	进气压力传感器	输入
105P-29	曲轴位置传感器地	地	91P-39	EGR电机控制"+"	电源
105P-31	曲轴位置传感器电源	电源	91P-46	下游氧传感器地	地
105P-34	进气压力温度传感器电源	电源	91P-47	进气压力温度传感器地	地
105P-35	EGR位置传感器电源	电源	91P-52	发动机冷却液温度传感器地	地
105P-43	下游氧传感器加热	地	91P-53	散热器冷却液温度传感器地	地
105P-50	EGR位置传感器地	地	91P-57	EGR电机控制"-"	输出
105P-56	节气门位置传感器电源	电源	91P-59	1号爆震传感器B端	输入
105P-62	整车CAN总线接口CAN3-H	通信	91P-62	2号爆震传感器A端	输入
105P-63	整车CAN总线接口CAN3-L	输入	91P-64	EGR位置传感器信号	输入
105P-67	2缸喷油器控制	输出	91P-66	线氧传感器地	地
105P-69	进气凸轮轴相位传感器地	地	91P-70	进气凸轮轴相位传感器	输入
105P-74	PCJ电磁阀	输出	91P-74	电子节气门电机控制"-"	输出
105P-76	1缸喷油器控制	输出	91P-76	1号爆震传感器A端	输入
105P-79	点火信号4	输入	91P-79	2号爆震传感器B端	输入

续表

引脚号	引脚功能（连接点）	类型	引脚号	引脚功能（连接点）	类型
105P-80	点火信号2	输入	91P-80	线氧泵电流	输入
105P-82	持续电源	电源	91P-81	进气温度传感器	输入
105P-84	曲轴位置传感器+	电源	91P-82	节气门位置传感器1	输入
105P-90	OCV电磁阀（进气）	输出	91P-83	线氧能斯特电压	输入
105P-92	碳罐电磁阀	输出	91P-85	EGR温度传感器地	地
105P-95	可变机油泵电磁阀	输出	91P-86	EGR温度传感器	输入
105P-102	点火信号3	输出	91P-91	电子节气门电机控制"+"	输出
105P-103	点火信号1	输出			
105P-104	点火开关	输入			

2.1.2 新能源汽车发动机控制模块的检测维修

下面以比亚迪秦 PLUS DM-i 混合动力汽车发动机控制模块为例，介绍混合动力汽车发动机控制模块的检测维修过程。

2.1.2.1 读取和清除发动机控制模块相关故障码并读取数据流

车载自诊断系统（on-board diagnostics，OBD）是指集成在发动机控制系统中，能够监测影响废气排放的故障零部件以及发动机控制系统主要功能状态的诊断系统。它具有识别、存储并且通过自诊断故障指示灯（malfuction indicator lamp，MIL）显示故障信息的功能。在维修带有 OBD 系统的车辆时，维修人员可以通过诊断仪迅速而准确地定位发生故障的部件，大大地提高了维修的效率和质量。发动机电控系统故障自诊断原理如图 2-25 所示。

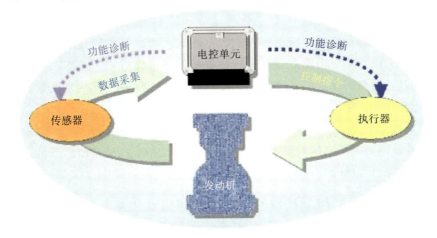

图 2-25 发动机电控系统故障自诊断原理图

对于具有 OBD 系统的车辆,发动机电控系统故障检测维修的一般步骤如下:

(1)将诊断仪连接至 OBD-Ⅱ诊断接口,接通诊断仪。OBD-Ⅱ诊断接口常位于驾驶员侧仪表台面板左下侧,并连接在发动机线束中,OBD-Ⅱ诊断接口如图 2-26 所示。用于发动机电控系统的是标准 OBD-Ⅱ诊断接口上的 4、6、14 和 16 号针脚,其中 4 号针脚连接车上的搭铁线;6、14 号针脚连接 ECU 的 105-62 号和 105-63 号针脚,即整车 CAN 总线 CAN3-H 和 CAN3-L;16 号针脚连接蓄电池正极。

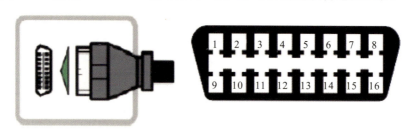

图 2-26　OBD 诊断接口

(2)接通点火开关至"ON"挡。

(3)在诊断仪上进入诊断功能选择界面,选择车型诊断。进入诊断车型界面选择对应车型;再进入诊断系统选择界面选择发动机管理系统选项,进入后选择读取电脑版本信息、读取故障码、清除故障码、读取数据流、动作测试、功能测试、匹配设置等选项。

(4)读取故障相关信息(故障码、冻结帧等)。若系统无故障时,诊断仪提示"系统无故障",若系统有故障时,诊断仪信息栏将列出所有的故障代码及相应故障信息,查询维修手册确认故障部件和类型,根据故障相关信息和经验制定维修方案。

(5)读取数据流。选择发动机管理系统则可以读取包括发动机当前转速、车速等信息。选择需要读取的数据流,通信成功之后会显示所有被选择的数据流数据。

(6)元件动作及功能测试。元件动作测试分 3 种不同的控制方式,分别为开关量、控制量、激活量。每种量的执行动作方式各不相同。所谓开关量是指这些量只有两种状态:打开或关闭,所以用户只需要进行简单操作即可完成相应动作。控制量是一些设置量,通过这些量的设定可以改变发动机控制模块 ECU 的一些内部变量,从而改变发动机的工作状态。激活量的控制与开关量的控制类似。

(7)排除故障。

(8)清除故障码,适当运行车辆,运行方式须满足相应故障诊断的条件;读取故障信息,确认故障已经排除。

2.1.2.2　检测发动机控制模块的供电线路和搭铁线路

检测发动机控制模块的电源端子与车身搭铁之间的电压和搭铁端子与蓄电池负极之间的电阻,可以分析控制模块供电线路是否正常、控制模块本身是否正常。首先要断开蓄电池负极，断开发动机控制模块线束插头，连接发动机控制模块线束转接器(发动机电控模块线束转接器如图2-27所示)，查询维修手册中控制模块针脚的定义，持续电源输入端子为105P-82号端子，接地端子分别为105P-25、105P-39、105P-45、105P-46、105P-58等端子。

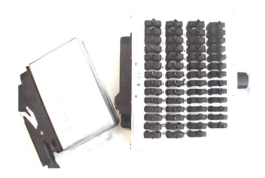

图2-27 发动机电控模块线束转接器

接通点火开关至"ON"挡，用万用表电压挡测量105P-25号端子与车身搭铁之间的电压，电压值应等于蓄电池电压，否则说明发动机电控模块供电线路不正常，应检查供电线路上的蓄电池、交流发电机、保险丝和相关线路等部件的好坏。

接通点火开关至"OFF"挡，用万用表电阻挡测量搭铁端子与车身搭铁之间的电阻，电阻值应小于1Ω，否则说明发动机控制模块搭铁线路不正常，应检查发动机控制模块搭铁端子到搭铁点之间线束的好坏。

2.1.2.3 检测发动机控制模块与元器件之间线束的导通性

第一步断开蓄电池负极，断开发动机控制模块线束插头，连接发动机控制模块线束转接器。第二步查询维修手册中发动机控制模块针脚及对应元器件针脚的定义，如表2-5所示。第三步用万用表的电阻挡测量表2-5中发动机控制模块与对应元器件之间线束的电阻，电阻值应小于1Ω，否则应更换发动机控制模块与元器件之间的线束。

表2-5 发动机控制模块针脚及对应元器件针脚的定义

线束名称	发动机控制模块针脚	对应元器件针脚
发动机冷却液温度传感器信号线	91P-17	2
发动机冷却液温度传感器搭铁线	91P-52	1
散热器冷却液温度传感器信号线	91P-18	2
散热器冷却液温度传感器搭铁线	91P-53	1
进气凸轮轴相位传感器电源线	105P-11	1
进气凸轮轴相位传感器信号线	91P-70	2

续表

线束名称	发动机控制模块针脚	对应元器件针脚
进气凸轮轴相位传感器搭铁线	105P-69	3
曲轴位置传感器搭铁线	105P-29	1
曲轴位置传感器电源线	105P-31	3
曲轴位置传感器信号线	105P-84	2
进气压力温度传感器电源线	105P-34	3
进气压力温度传感器搭铁线	91P-47	1
进气压力传感器信号线	91P-31	4
进气温度传感器信号线	91P-81	2
节气门位置传感器电源线	105P-56	1
节气门位置传感器1信号线	91P-82	4
EGR 温度传感器搭铁线	91P-85	2
EGR 温度传感器信号线	91P-86	1
EGR 位置传感器信号线	91P-64	4
EGR 位置传感器搭铁线	105P-50	5
1号爆震传感器A端信号线	91P-76	1
1号爆震传感器B端信号线	91P-59	2
2号爆震传感器A端信号线	91P-62	1
2号爆震传感器B端信号线	91P-79	2

2.1.2.4　检测发动机控制模块的整车 CAN 总线接口 CAN3-H 线和 CAN3-L 线

1. CAN 总线的故障检测诊断

整车 CAN 总线的检测诊断流程如图 2-28 所示。

2. 检查发动机控制模块的 CAN3-H 线和 CAN3-L 线之间的终端电阻

用万用表测量终端电阻的步骤如下：

①断开蓄电池负极，断开发动机控制模块线束插头，等待约 5 min，直到所有的电容器都充分放电，连接发动机控制模块线束转接器。

②查询维修手册中发动机控制模块针脚的定义，CAN3-H 线端子为 105P-62 号端子，CAN3-L 线端子为 105P-63 号端子。

③用万用表电阻挡在发动机控制模块线束转接器上对应 105P-62 号端子与 105P-63 号端子的检测孔上测量端子之间的终端电阻，其电阻标准值为 120 Ω。

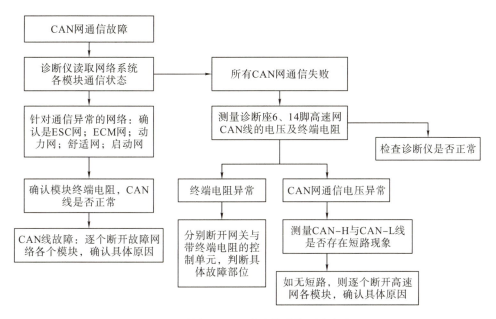

图 2-28 整车 CAN 总线的故障检测诊断流程

3. 检查发动机控制模块的 CAN3-H 线和 CAN3-L 线上的电压

将发动机控制模块转接器与车辆连接好之后,使用万用表在发动机控制模块线束转接器上对应 105P-62 号端子与 105P-63 号端子的检测孔上 CAN3-H 线和 CAN3-L 线的电压。万用表的显示电压值只能反映被测信号的主体信号电压值,CAN3-H 线上主体电压值应是 2.5 V,所以万用表的测量值为 2.5～3.5 V,大于 2.5 V 但靠近 2.5 V;CAN3-L 线上主体电压值应是 2.5 V,所以万用表的测量值为 1.5～2.5 V,小于 2.5 V 但靠近 2.5 V。如图 2-29 所示,CAN3-H 线上测得的电压值读数约为 2.8 V,CAN3-L 线上测得的电压值读数约为 2.2 V。

CAN3-H 线上的电压读数

CAN3-L 线上的电压读数

图 2-29 发动机控制模块的 CAN3-H 线和 CAN3-L 线上的电压

4. 测量并分析发动机控制模块的 CAN3-H 线和 CAN3-L 线上的总线波形

发动机控制模块的通信故障也可以通过测量 CAN3-H 线和 CAN3-L 线上的总线波形进行 CAN 总线检测诊断。当 CAN 总线良好时，总线测量波形与总线标准波形是一致的，当 CAN 总线出现通信链路断路、短路等故障时，其总线测量波形肯定会出现异常。

通道 CH1 测量 CAN3-H 线，通道 CH2 测量 CAN3-L 线。发动机控制模块的 CAN3-H 线和 CAN3-L 线上的总线标准波形如图 2-30 所示，CAN3-H 线上的高电平是 3.6 V，低电平是 2.5 V；CAN3-L 线上的高电平是 2.5 V，低电平是 1.4 V。

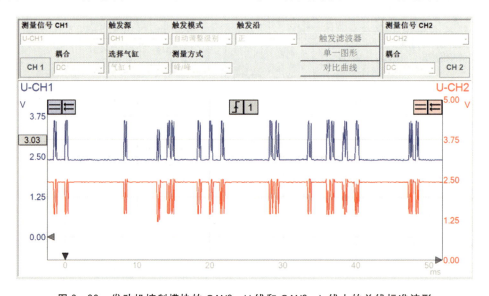

图 2-30　发动机控制模块的 CAN3-H 线和 CAN3-L 线上的总线标准波形

当发动机控制模块的 CAN3-H 线和 CAN3-L 线之间发生短路情况，测得的总线故障波形如图 2-31 所示，从图中可以看出，CAN3-H 线和 CAN3-L 线已经发生重合的现象，两者的电压相同。

发生短路的故障原因有可能是控制单元内部出现短路或者线路中出现短路，需要拔掉电子控制模块（electronic control module，ECM）网上的控制单元或者节点，同时观察总线波形是否变化，当总线波形恢复正常，则故障点就在断开的部分。

当发动机控制模块的 CAN3-H 线对蓄电池正极发生短路故障时，测得的总线故障波形如图 2-32 所示，从图中可以看出，CAN3-H 线上的电压与蓄电池电压相同，CAN3-L 线上的高电平接近于蓄电池电压值。

CAN3-H 线对蓄电池正极发生短路时，需要拔掉 ECM 网上的控制单元或者节点，同时观察总线波形是否变化，当总线波形恢复正常，则故障点就在断开的部分。

当发动机控制模块的 CAN3-H 线对搭铁发生短路故障时，测得的总线故障波形

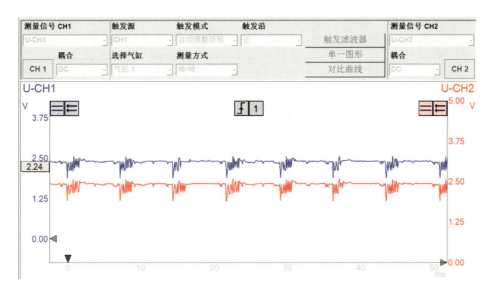

图 2-31　CAN3-H 线和 CAN3-L 线之间发生短路时的总线故障波形

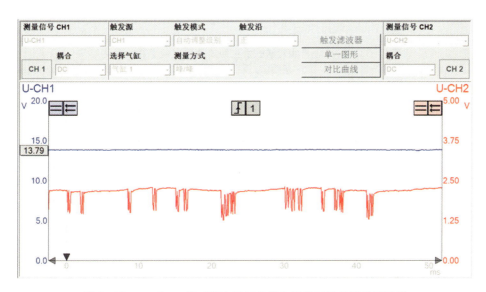

图 2-32　CAN3-H 线对蓄电池正极发生短路时的总线故障波形

如图 2-33 所示，从图中可以看出，CAN3-H 线的电压为 0 V，CAN3-L 线的低电平接近于 0 V。

CAN3-H 线对搭铁发生短路时，需要拔掉 ECM 网上的控制单元或者节点，同时观察总线波形是否变化，当总线波形恢复正常，则故障点就在断开的部分。

当发动机控制模块的 CAN3-L 线对蓄电池正极发生短路故障时，测得的总线故障波形如图 2-34 所示，从图中可以看出，CAN3-L 线的电压与蓄电池电压相同，

CAN3-H 线上的高电平接近于蓄电池电压。

CAN3-L 线对蓄电池正极发生短路时,需要拔掉 ECM 网上的控制单元或者节点,同时观察总线波形是否变化,当总线波形恢复正常,则故障点就在断开的部分。

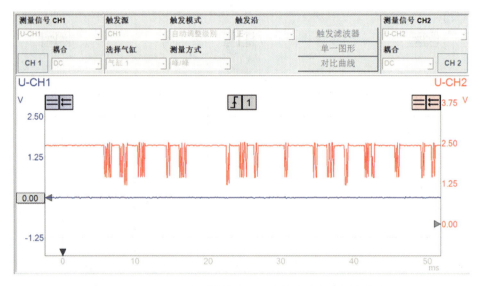

图 2-33 CAN3-H 线对搭铁发生短路故障时的总线故障波形

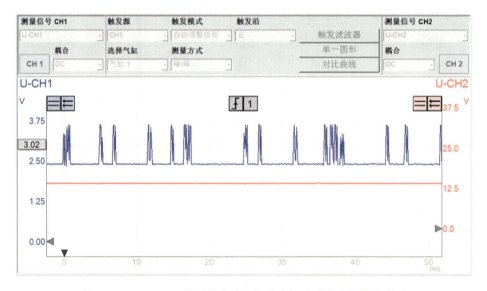

图 2-34 CAN3-L 线对蓄电池正极发生短路时的总线故障波形

当发动机控制模块的 CAN3-L 线对搭铁发生短路故障时,测得的总线故障波形如图 2-35 所示,从图中可以看出,CAN3-L 线的电压为 0 V。CAN3-H 线上的低电平接近 0 V。

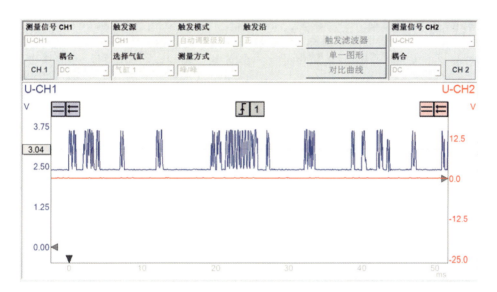

图 2-35 CAN3-L 线对搭铁发生短路故障时的总线故障波形

CAN3-L 线对搭铁发生短路故障时，需要拔掉 ECM 网上的控制单元或者节点，同时观察总线波形是否变化，当总线波形恢复正常，则故障点就在断开的部分。

当发动机控制模块的 CAN3-H 线发生断路故障时，测的总线故障波形如图 2-36 所示。ECM 网无法正常通信。

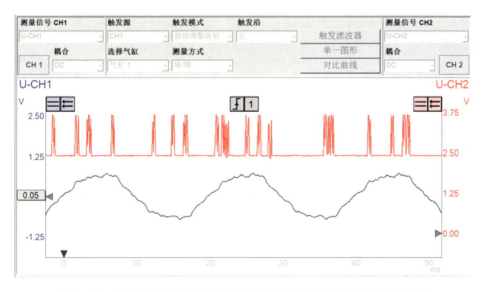

图 2-36 发动机控制模块的 CAN3-H 线发生断路故障时的总线故障波形

当发动机控制模块的 CAN3-L 线发生断路故障时，测的总线故障波形如图 2-37 所示。ECM 网无法正常通信。

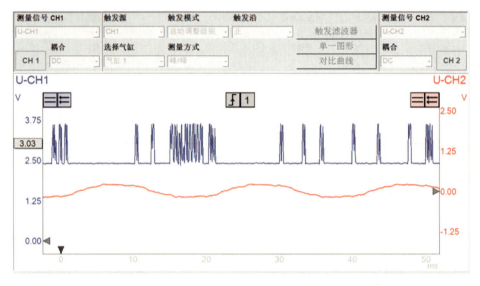

图 2-37　发动机控制模块的 CAN3-L 线发生断路故障时的总线故障波形

任务实施

1. 作业说明

比亚迪秦 PLUS DM-i 插电式混合动力汽车的仪表上出现"动力系统故障"字样的故障信息，并且车辆无法行驶。造成上述故障现象的原因可能是 ECM 网的发动机控制模块故障。需通过对发动机控制模块进行故障检测、诊断与排除。

2. 技术标准与要求

项目	内容
发动机控制模块电源端子标准电压值	
发动机控制模块搭铁端子与蓄电池负极之间的标准电阻值	
传感器、执行器与发动机控制模块之间的相应线束的标准电阻值	
发动机控制模块的 CAN3-H 线和 CAN3-L 线上的总线标准波形	

注：请学员查阅维修资料后填写。

3. 设备器材

（1）设备与零件总成。

(2)常用工具。

_____

_____

(3)耗材及其他。

_____

_____

注:请学员根据场地实际设备器材填写。

4. **作业流程**

(1)做好安全防护,清洁总成及工具。

(2)记录故障现象,制订诊断流程。

(3)读取和清除发动机控制模块相关故障码并读取数据流。

(4)查询电路图,找到发动机控制模块所在页码。

(5)检测发动机控制模块的供电线路和搭铁线路。

(6)检测发动机控制模块与元器件之间线束的导通性。

(7)检测发动机控制模块的整车 CAN 总线接口 CAN3－H 线和 CAN3－L 线。

(8)进行以上步骤的同时根据需求进行工单填写。

(9)恢复车辆,7S 整理。

5. 填写考核工单

一、车辆信息记录（结合具体车型答题）					
品牌		整车型号		生产日期	
发动机型号		驱动电机型号		工作电压	
车辆识别码				行驶里程	

二、进行发动机控制系统网关故障诊断，记录故障现象、相关信息及诊断过程（结合具体车型答题）	
故障现象	
故障码	
数据流	
相关电路图位置 （记录所查询的电路图在维修手册的位置）	

可能故障原因分析：□元件本体　□电路线束　□模块 ECU　□其他_____

检测项目	检测结果	判断
		正常□　异常□
		正常□　异常□
		正常□　异常□
		正常□　异常□
故障说明		

故障点确认：

故障机理分析：

三、动力网关控制系统信号针脚波形检测（读取到波形后需考官确认）			
波形采集插接器代号/针脚	电路图页码	与控制模块针脚是否导通	信号波形类型
		正常□　异常□	CAN 波形
检测通道		波形绘制	
检测工况	□ON　□怠速/上电		
每格电压			
最大信号电压值			
周期			
波形判断	□正常　□异常		

自我测试

(1) 简述比亚迪秦 PLUS DM-i 插电式混合动力汽车网络系统的结构特点。

___

___

(2) 简述发动机电控模块的端子针脚定义。

___

___

(3) 简述发动机控制模块检测内容和检测方法。

___

___

拓展学习

骁云 1.5 高效发动机——比亚迪自主研发技术的发展

2003年，比亚迪开始混合动力电动汽车技术的研发，2008年推出了第一代插电混合动力电动汽车，到2021年，历经更迭，形成第四代 DM-i 超级混动系统。全新比亚迪 DM-i 超级混动系统由骁云-插混专用 1.5 L/1.5Ti 高效发动机、EHS 电混系统、DM-i 超级混动专用刀片电池、交直流车载充电器(17 kW 快充，电量 30%～80% 充电需要 30 min)等核心部件组成。

骁云-插混专用的 1.5 L 高效发动机的热效率高达 43.04%，主要是在以下几个方面进行了改进。

(1) 阿特金森循环。阿特金森循环通过延后进气门的关闭时间，使发动机的实际压缩行程变短，小于膨胀行程，从而使得燃烧做功更加充分，提高了燃烧能量的利用率，减少了排气损失。

(2) 15.5 的超高压缩比。15.5 的压缩比加上效率导向的气门正时，可以有效降低排气损失和进气损失。

(3) 高 EGR 率的低温废气再循环装置。EGR 会增加发动机的进气量，降低进气歧管的真空度，高 EGR 率可以有效减少发动机在中低负荷工况下的进气损失。

(4) 分体冷却和电子水泵技术。气缸盖和气缸体分成 2 个独立的冷却回路，配合电动冷却液泵、电子双节温器，实现了气缸体和气缸盖的分体冷却技术。电动冷却液泵功耗更低，电子节温器控制更精确，分体冷却可以让发动机更快地进入工作温度，并精确保持在最佳工作温度。

(5)无轮系设计。比亚迪取消了发动机的轮系,不再需要传统发动机的机械压缩机、机械真空泵、机械转向助力泵、机械冷却液泵等。

任务 2.2

自动变速器控制模块检测维修

任务引入

一辆比亚迪秦 PLUS DM-i 车型，客户反馈车辆早上无法启动(无法上 OK)。通过 VDS2000 诊断仪读取故障码，故障码为 U01D487，故障码定义自动变速器控制模块与整车控制器模块 VCU 通信故障。需通过对自动变速器控制模块进行检测维修。

学习目标

(1)掌握自动变速器的组成及元件的结构原理。
(2)掌握自动变速器控制模块端子的针脚含义。
(3)掌握自动变速器控制模块相关数据流标准范围。
(4)掌握自动变速器控制模块供电线路的检查与修复方法。
(5)掌握自动变速器控制模块与相关传感器或执行器线束导通性的检查方法。
(6)掌握自动变速器控制模块 CAN 总线标准波形图和总线故障波形。
(7)能使用测试诊断设备读取自动变速器控制模块故障码、数据流，并执行相关元件动作测试。
(8)能检测自动变速器控制模块供电线路和与控制模块相关线束的导通性。
(9)能检测并分析自动变速器模块的 CAN 总线的 CAN-H 线和 CAN-L 线上的电压。
(10)能使用示波器进行自动变速器控制模块的总线波形的测量和总线故障波形的原因分析。

素质目标

(1)增强职业荣誉感和责任感，注重培养敬业精神和吃苦耐劳、团结合作、严谨细致的工作态度，提高身体素质和心理素质。

(2)培养团队协作精神与精益求精的工作作风。

知识准备

2.2.1 混合动力汽车自动变速器的组成及结构特点

2.2.1.1 自动变速器的组成

比亚迪秦 PLUS DM-i 混合动力汽车中起到自动变速器作用的是一套被称为 EHS (electric hybrid system)电混系统，它在汽车上布置位置如图 2-38 所示。搭载 EHS 电混系统的车辆在大部分使用场景中都可以只用大功率驱动电机来驱动车辆工作，电机的转速可以在 0～16000 r/min 自由调节，整个系统省去了多挡变速器，提高了传动效率。

EHS 电混系统的结构简图如图 2-39 所示，它主要零部件包括双电机、前驱变速器总成、集成式双电机控制器、油温传感器和压力传感器等，如图 2-40 所示。

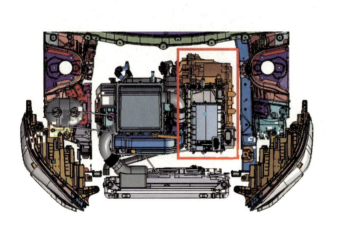

图 2-38 EHS 电混系统的整车布置形式　　图 2-39 EHS 电混系统的结构简图

EHS 电混系统采用串并联架构的双电机结构，工作原理传承自比亚迪 DM1.0 混合动力技术，以电驱动为中心重新设计并进行了全面的优化，并根据驱动电机的功率分为 EHS132、EHS145 和 EHS160 三款。EHS 系统的 2 个超高转速电机为并列式设计，发电机直连发动机，离合器与减速器通过减速齿轮相连。驱动电机直接通过减速齿轮与减速器相连。

EHS 电混系统采用的电机是扁线电机(发卡电机)，扁线电机绕组如图 2-41 所示。通过扁线成型绕组技术(图 2-42)，让电机的最高效率达到了 97.5%，通过技术优化，

图2-40 EHS电混系统的组成

电机的额定功率提高32%,高效区间(效率大于90%的区间)占比高达90.3%,质量功率密度达到了的5.8 kW/kg,升功率密度提升至44.3 kW/L。

图2-41 扁线电机绕组

图2-42 比亚迪电机的扁线成型绕组

EHS电混系统的双电机采用直喷式转子油冷技术,这种油冷技术缩短了传递路径,通过冷却油直接均匀地冷却扁线绕组,散热能力大大加强。直喷式转子油冷技术可以直接冷却转子,使得电机在极端工况下可以坚持更长的时间,提供更好的性能。

EHS电混系统的双电机控制器高度集成,并且采用电动机与发电机三相直连技术,极大地减少了连接线缆带来的能量损耗。同时,采用比亚迪第4代绝缘栅双极型晶体管技术,电控的综合效率高达98.5%,并且使得电控高效区(即电控效率超过90%的区域)占比高达93%,极大地降低了电控损耗,提高效率。

旋变变压器又称旋变传感器,它是一种位置传感器,可精确检测转子的位置、方向、速度,用来对驱动电机或发电机(回收能量)进行方向、转速的控制,EHS电混系统的旋变温度传感器如图2-43所示。

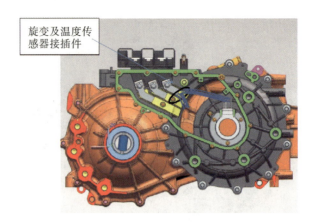

图 2-43　EHS 电混系统的旋变温度传感器

2.2.1.2　自动变速器控制模块

EHS 电混系统的控制系统是一个高度集成的双电机控制器,其结构简图如图 2-44 所示,它安装在汽车前机舱内,如图 2-45 所示。

图 2-44　双电机控制器的结构简图

双电机控制器包括发电机控制器、驱动电机控制器、双向 DC 和配电接口。发电机控制器由输入输出接口电路、控制电路和驱动电路组成,主要功能是驱动发电机发电,同时包括 CAN 通信、故障处理、在线 CAN 烧写、与其他模块配合完成整车的工作要求以及自检等。驱动电机控制器是控制动力电池与驱动电机之间能量传输的装置,它由输入输出接口电路、控制电路和驱动电路组成,主要功能是控制驱动电机,使其驱动车辆行驶,同时包括 CAN 通信、故障处理、在线 CAN 烧写、与其他模块配合完成整车工作的要求以及自检等功能。双向 DC 是在动力电池和电机控制器之间的部件,起到升压、降压的作用。双电控给配电盒设计了一路高压供电接口。

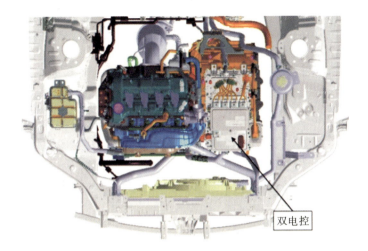

图 2-45　EHS 电混系统的双电机控制器安装位置

双电机控制器的系统框图如图 2-46 所示,双电机控制器的电气原理图如图 2-47 所示。双电机控制器的插接器针脚如图 2-48 所示。

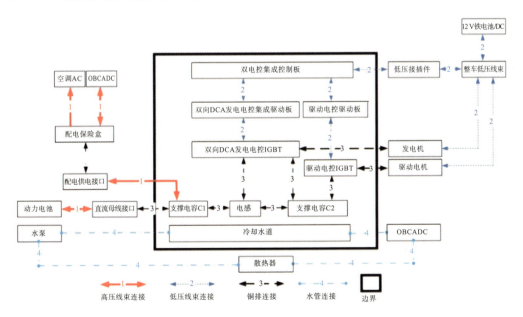

图 2-46　双电机控制器的系统框图

比亚迪秦 PLUS DM-i 混合动力汽车双电机控制器的部分重要端子针脚定义及线束接法如表 2-6 所示(检测维修时以最新维修手册为准)。

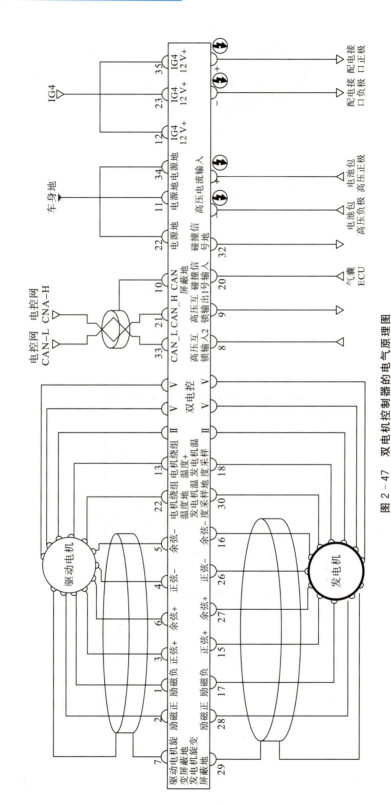

图 2-47 双电机控制器的电气原理图

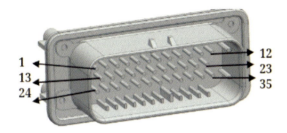
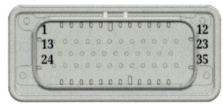

图 2-48 双电机控制器的插接器针脚

表 2-6 双电机控制器端子部分针脚定义及线束接法

引脚号	端口名称	端口定义	线束接法	信号类型
1	/EXCOUT	驱动励磁—	接驱动电机励磁- (驱动电机模块 3 号引脚)	—
2	EXCOUT	驱动励磁+	接驱动电机驱动励磁+ (驱动电机模块 9 号引脚)	—
3	SIN+	驱动正弦+	接驱动电机正弦+ (驱动电机模块 8 号引脚)	—
4	SIN—	驱动正弦—	接驱动电机正弦- (驱动电机模块 2 号引脚)	—
5	COS—	驱动余弦—	接驱动电机余弦- (驱动电机模块 1 号引脚)	—
6	COS+	驱动余弦+	接驱动电机余弦+ (驱动电机模块 7 号引脚)	—
7	GND	驱动旋变屏蔽地	接电机低压搭铁	—
8	/HV-LOCK2	高压互锁输入 2	—	PWM 信号
9	/HV-LOCK1	高压互锁输入 1	—	PWM 信号
10	GND	CAN 屏蔽地	—	—
11	GND	外部电源地	—	—
12	+12 VO	外部提供的 +12 V 电源	接外部提供的+12 V 电源	—
13	STATOR-T-IN	驱动绕组温度	接驱动电机绕组温度 (驱动电机温感 6 号引脚)	模拟信号
15	sSIN+	发电正弦+	接发电机正弦+ (发电机模块 11 号引脚)	—

续表

引脚号	端口名称	端口定义	线束接法	信号类型
16	sCOS-	发电余弦-	接发电机余弦- (发电机模块6号引脚)	—
17	s/EXCOUT	发电励磁-	接发电励磁- (发电机模块4号引脚)	—
18	SSTATOR-T-IN	发电机温度采样	接发电机温度采样 (发电机温感5号引脚)	模拟信号
21	CANH	CAN信号高	接电控网VCU	CAN信号
22	GND	外部电源地	接外部电源地	—
23	+12 VO	外部提供的 +12 V电源	接外部提供的+12 V电源	—
24	STATOR-GND	驱动电机绕组温度地	接驱动电机绕组温度地 (驱动电机温感2号引脚)	模拟信号
26	sSIN-	发电正弦-	接发电机正弦- (发电机模块5号引脚)	—
27	sCOS+	发电余弦+	接发电机余弦+ (发电机模块12号引脚)	—
28	sEXCOUT	发电励磁+	接发电机励磁+ (发电机模块10号引脚)	—
29	GND	发电旋变屏蔽地	接电机低压搭铁	—
30	sSTATOR-GND	发电机温度采样地	接发电机温度采样地 (发电机温感1号引脚)	模拟信号
33	CANL	CAN信号低	接电控网VCU	CAN信号
34	GND	外部电源地	接外部电源地	—
35	+12 VO	外部提供的 +12 V电源	接外部提供的+12 V电源	—

2.2.2 混合动力汽车自动变速器控制模块的检测维修

下面以比亚迪秦PLUS DM-i混合动力汽车EHS电混系统的双电机控制器为例介绍新能源汽车自动变速器控制模块的检测维修过程。

2.2.2.1 双电机控制器的诊断流程

双电机控制器的诊断流程如图2-49所示。

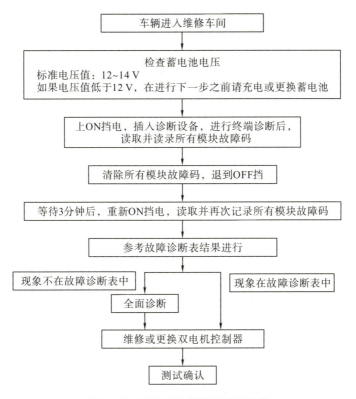

图 2-49 双电机控制器的诊断流程

2.2.2.2 读取和清除双电机控制器相关故障码并读取数据流

在维修带有车载自动诊断(on-board diagnostics，OBD)系统的车辆时，维修人员可以通过诊断仪迅速而准确地定位发生故障的部件，大大地提高维修的效率和质量。

对于具有 OBD 系统的车辆，双电机控制器故障检测维修的一般流程和步骤如下：

(1)将诊断测试设备连接至 OBD-Ⅱ诊断接口，接通诊断测试设备。接通点火开关至"ON"挡；在诊断测试设备上进入诊断功能选择界面，选择车型诊断，再进入诊断系统选择界面。

(2)在驱动电机控制模块选择界面选择读取故障码选项，读取故障相关信息(故障码、冻结帧等)。

(3)在驱动电机控制模块选择界面选择读取数据流选项，读取模块数据流。

(4)在驱动电机控制模块选择界面选择动作测试选项，元件进行动作测试。

(5)清除故障存储器；适当运行车辆，运行方式须满足相应故障诊断的条件；读取故障信息，确认故障已经排除。

2.2.2.3　检测发动机控制模块的供电线路和搭铁线路

检测双电机控制器的电源端子与车身搭铁之间的电压和搭铁端子与蓄电池负极之间的电阻，可以分析双电机控制器供电线路是否正常、双电机控制器本身是否正常。查询维修手册中双电机控制器针脚的定义，外部提供的+12 V电源输入端子分别为12号、23号和35号端子，外部电源地端子分别为11号、22号和34号端子。

接通点火开关至"ON"挡，使用背插法，用万用表电压挡分别测量外部提供的+12 V电源输入端子12号、23号和35号端子与车身搭铁之间的电压，标准电压值为12～14 V，如果测量电压值与标准电压值不符时应先检查供电线路。

接通点火开关至"OFF"挡，使用背插法，用万用表电阻挡分别测量外部电源地11号、22号和34号端子与车身搭铁之间的电阻，标准电阻值应小于1 Ω。如果测量电压值与标准电压值不符时，应先检查双电机控制器外部电源地端子到搭铁点之间线束的好坏。

2.2.2.4　检测双电机控制器与元器件之间线束的导通性

第一步断开蓄电池负极，断开双电机控制器线束插头。第二步查询维修手册中双电机控制器针脚及对应元器件针脚的定义。第三步用万用表的电阻挡测量双电机控制器与对应元器件之间线束的电阻，电阻值应小于1 Ω，否则应更换双电机控制器与元器件之间的线束。

2.2.2.5　测量并分析双电机控制器的CAN-H线和CAN-L线上的电压和总线波形

(1)测量并分析双电机控制器CAN-H线和CAN-L线上的电压。

查询维修手册中双电机控制器针脚的定义，CAN-H端子为21号端子，CAN-L端子为33号端子。接通点火开关至"ON"挡，使用背插法，用万用表电压挡分别测量21号端子和33号端子与搭铁点之间的电压。万用表的显示电压值只能反映被测信号的主体信号电压值，21号端子CAN-H线上主体电压值应是2.5 V，所以万用表的测量值为2.5～3.5 V(大于2.5 V但靠近2.5 V)；33号端子CAN-L线上主体电压值应是2.5 V，所以万用表的测量值为1.5～2.5 V(小于2.5 V但靠近2.5 V)。

(2)测量并分析双电机控制器CAN-H线和CAN-L线上的总线波形。

双电机控制器的通信故障也可以通过测量CAN-H线和CAN-L线上的总线波形进行CAN总线检测诊断。当CAN总线良好时，总线测量波形与总线标准波形是一致的，当CAN总线出现通信链路断路、短路等故障时，其总线测量波形肯定会出现异常。

接通点火开关至"ON"挡，使用背插法，通道CH1测量双电机控制器21号端子CAN-H线上的总线波形，通道CH2测量双电机控制器33号端子CAN-L线上的总线波形。由于双电机控制器与发动机控制模块都属于整车的动力 CAN 总线上的网络节点,因此 CAN-H 线和 CAN-L 线上的总线标准波形图和各种总线故障波形图是一致的,具体参考任务 2.1 发动机控制模块检测维修中的对应内容。

任务实施

1. 作业说明

一辆比亚迪秦 PLUS DM-i 车型,客户反馈车辆早上无法启动(无法上 OK)。通过 VDS2000 诊断仪读取故障码,故障码为 U01D487,故障码定义双电机控制器与整车控制器 VCU 通信故障。需通过对双电机控制器进行故障检测、诊断与排除。

2. 技术标准与要求

项目	内容
双电机控制器电源端子标准电压值	
双电机控制器搭铁端子与蓄电池负极之间的标准电阻值	
传感器、执行器与发动机控制模块之间的相应线束的标准电阻值	
双电机控制器的 CAN-H 线和 CAN-L 线上的总线标准波形	

注:请学员查阅维修资料后填写。

3. 设备器材

(1)设备与零件总成。

_____

_____

(2)常用工具。

_____

_____

(3)耗材及其他。

_____

_____

注:请学员根据场地实际设备器材填写。

4. 作业流程

(1)做好安全防护,清洁总成及工具。
(2)记录故障现象,制订诊断流程。

(3)读取和清除双电机控制器相关故障码并读取数据流。
(4)查询电路图,找到双电机控制器所在页码。
(5)检测双电机控制器的供电线路和搭铁线路。
(6)检测双电机控制器与元器件之间线束的导通性。
(7)检测双电机控制器的电控网 CAN-H 线和 CAN-L 线。
(8)进行以上步骤的同时根据需求进行工单填写。
(9)恢复车辆,7S 整理。

5. 填写考核工单

一、车辆信息记录(结合具体车型答题)					
品牌		整车型号		生产日期	
发动机型号		驱动电机型号		工作电压	
车辆识别码				行驶里程	

二、进行自动变速器控制系统网关故障诊断，记录故障现象、相关信息及诊断过程(结合具体车型答题)		
故障现象		
故障码		
数据流		
相关电路图位置 (记录所查询的电路图在维修手册的位置)		
可能故障原因分析：□元件本体　□电路线束　□模块 ECU　□其他_____		
检测项目	检测结果	判断
		正常□　异常□
		正常□　异常□
		正常□　异常□
		正常□　异常□
故障说明		
故障点确认： 故障机理分析：		

三、动力网关控制系统信号针脚波形检测(读取到波形后需考官确认)				
波形采集插接器代号/针脚	电路图页码	与控制模块 针脚是否导通	信号波形类型	
		正常□　异常□	CAN 波形	
检测通道		波形绘制		
检测工况	□ON　□怠速/上电			
每格电压				
最大信号电压值				
周期				
波形判断	□正常　□异常			

新能源汽车网关控制娱乐**系统技术**

自我测试

(1) 简述比亚迪 DM-i 超级混动系统集成双电机控制器的组成与功能。

_____

_____

(2) 简述自动变速器电控模块(双电机控制器)的端子针脚定义。

_____

_____

(3) 简述自动变速器控制模块(双电机控制器)检测内容和检测方法。

_____

_____

拓展学习

双电机加持——奇瑞鲲鹏 DHT 新技术解读

奇瑞鲲鹏混合动力专用变速箱(dedicated hybrid transmission，DHT)超级混动技术属于国家级新能源研发项目，不仅实现了奇瑞在混动技术方面的突破，更助推了中国汽车在关键技术领域的突破。而首次搭载鲲鹏 DHT 超级混动技术的瑞虎 8 PLUS 鲲鹏 e+更是以 3 项动力源智能组合、3 个物理挡位超高效率、9 种工作模式全场景覆盖、11 种驾驶路况智能切换，也就是"3 擎 3 挡 9 模 11 速"核心技术，成就了行业绝对领先的四大核心优势。

如图 2-50 所示，奇瑞鲲鹏 DHT 变速箱带有 C0、C1、C2 三个离合器，在电机 P2 和 P2.5 的辅助下，整合油、电两种动力源，同时实现类似于 3 挡双离合变速箱速比调节。

DHT 变速箱能够实现单电机纯电驱动、双电机纯电驱动、发动机直驱、串联增程、并联驱动、驻车充电、行车充电、单电机制动能量回收和双电机制动回收 9 种工作模式。根据工况不同，DHT 变速箱动力控制单元会自动调节混动工作模式。

面对复杂的实际交通环境，鲲鹏 DHT 变速箱能适应起步、中低速、高架、超车、红灯、拥堵、高速、长途、山道、高速转向以及冰雪/泥泞/沙石路面共 11 种驾驶工况。

瑞虎 8 PLUS 鲲鹏 e+两驱车型 0~100 km/h 加速时间仅为 7 s，四驱车型 0~100 km/h 加速时间仅需 4.9 s。除了动力表现强劲以外，瑞虎 8 PLUS 鲲鹏 e+还很好地兼顾了燃油经济性，在新欧洲驾驶测试循环（new european driving cycle，NEDC）工况下，瑞虎 8 PLUS 鲲鹏 e+ 的综合平均油耗为 1.0 L/100 km，亏电平均油耗为 5.0 L/100 km。

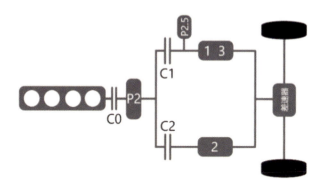

图 2-50　奇瑞鲲鹏 DHT 变速箱

模块三
纯电动汽车动力网关控制系统检测维修

任务 3.1

电池管理系统控制模块检测维修

任务引入

李先生购买的比亚迪秦 EV 纯电动汽车，早上用车时仪表提示"EV 功能受限"，车辆无法上高压电，不能行驶，拖车至比亚迪 4S 店进行检查，技师专家对车辆故障进行了检查，使用专用诊断仪读取车辆电池管理系统控制模块的故障码，提示"预充失败"，初步判断可能的故障为 BMC、主正/预充接触器供电、预充控制或接触器本身存在故障，但仍需要查阅电路图、使用专业诊断工具锁定具体故障点。

学习目标

（1）能理解并掌握电动汽车电池管理系统的功能与组成。
（2）能正确描述 BMC 在车辆高压上下电中的作用。
（3）能理解并掌握低压互锁是如何控制高压输出。
（4）能按照工艺规范对 BMC 进行检测与诊断。
（5）能正确测量 BMC 的 CAN 网络波形，并通过波形分析可能的故障原因。

素质目标

（1）提升团队合作、密切协作的能力。
（2）养成自主学习的习惯，遵守车间 7S 管理规范。
（3）培养严谨求实、精益求精的工作作风。

知识准备

3.1.1 电池管理系统概述

3.1.1.1 功能与组成

电池管理系统(battery management system,BMS)作为汽车电子系统的核心器件之一,具有预防电池过充或过放、维护电池组内部一致性、使电池工作在健康状态等功能,可延长动力电池的工作寿命。

1. 电动汽车 BMS 的拓扑结构

电动汽车 BMS 一般包括电池信息采集器、通信转换单元、电池管理控制器及相关传感器线束等。根据拓扑结构的不同,电池管理系统可分为集中式和分布式两种,不同的结构形式适用于不同电池规模和环境条件。

(1)集中式电池管理系统。如图 3-1 所示为集中式电池管理系统拓扑结构。集中式电池管理系统即不分主从关系,集中电池信息处理模块和电池信息采集模块。这种设计架构的优点是硬件资源消耗少、生产成本低且可靠性高;缺点是单体采样的线束比较长,导致采样导线设计较为复杂,长线和短线均衡时会产生额外的电压压降;整个电池包的线束排布也较复杂,整块 BMS 所能支持的最高通道有限。这种方式成本低,但是适用性较差,适用于较小的电池包。

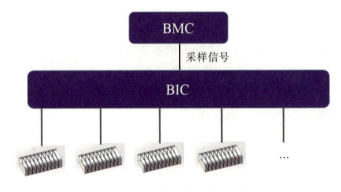

图 3-1 集中式电池管理系统

(2)分布式电池管理系统。如图 3-2 所示为分布式电池管理系统拓扑结构。分布式电池管理系统采用主从式星型拓扑结构,即该系统由一个电池管理主控单元—电池管理控制模块(battery management controller,BMC)和多个电池信息采集器(battery information collector,BIC)组成。BIC 是电池信息采集、电池温度管理和电池电压均衡的执行者。通信转换模块作为 BIC 和 BMC 的信号转换桥梁,它与 BMC 之间通过电池子网 CAN 总线进行信息交换，然后由 BMC 进行调度，执行相应功能。BMC 主要负责电池信息处理、电池故障判断及对外通信等。分布式电池管理系统能够轻易地实现电池数量和从控单元数量的堆叠，能较便捷地增加监控显示、无线通信与安全性能保护等模块，具有很强的系统扩展性。

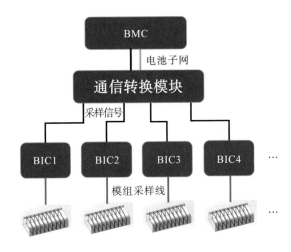

图 3-2 分布式电池管理系统

2. 电动汽车 BMS 的功能

不管是集中式 BMS 还是分布式 BMS，BMS 都通常具备以下功能：

(1) SOC 估算功能。BMS 的首要任务是准确地估算电池 SOC，保证电池在健康状态工作，防止电池出现过充电或者过放电，实时计算剩余能量状态，为整车控制器提供可靠的控制依据。电池 SOC 估算技术作为电池管理系统的核心技术之一，一直都是研究开发的重点与难点。

(2) 电池监测功能。电池工作过程中，BMS 需要对电动汽车动力电池的电压、电流及温度等数据实时监测并判断电池的工作状态。若电池组单体电池存在故障时，BMS 应具备辨别故障电池的能力。

(3) 电池均衡功能。在电池组使用过程中，电池组中的各单体电池荷电状态可能会出现差异。为保证电池组整组性能，通常要求各单体电池荷电状态的差异不能超过设定值。BMS 还应具备对单体电池的温度和电压进行均衡管理的功能，保证电池组中各个单体电池的一致性。

(4) 通信功能。分布式电池管理系统的主从单元间需建立通信机制，实现数据和指令传输。BMS 作为电动汽车的电子部件的重要组成，还需要与其他部件例如整车控制器、充电高压箱和外部充电机等进行通信。

3.1.1.2 电池管理系统的组成部件

电池管理系统通过获取电池组中各单体电池的状态来确定整个电池系统的状态，并根据它们的状态对动力电池系统进行控制调整和策略实施，实现对动力电池系统及各单体电池的充放电管理，以保证动力电池系统安全稳定地运行。BMS 是电池管理系统的一个子系统，而电池管理主控单元也是电池管理系统的一个重要组成部分，主要功能有充放电管理、接触器控制、电池均衡管理、电池异常状态报警、保护和测量 SOC/SOH。

如图 3-3 所示为秦 EV 电池管理系统的组成部件。

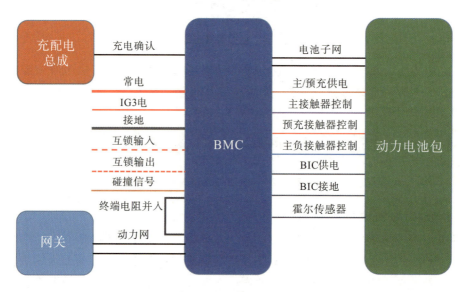

图 3-3　秦 EV 电池管理系统的组成部件

1. 电池信息采集模块

如图 3-4 所示为秦 EV 电池管理系统的组成部件电池信息采集器(battery information collector，BIC)，位于动力电池模组前端，为高压组件。电池信息采集器的主要功能是采样电池电压及温度，维持电池均衡和检测采样线是否异常，把检测信号装载至专用通信回路发送至通信转换单元。

2. 通信转换模块

如图 3-5 所示为通信转换模块及其内部结构。由于部分车型为外置 BMS，通信转换模块的主要功能是通过菊花链通信接收 BIC 收集到的电压、电流和温度等信号，将其转换为 CAN 信号，通过电池子网发送至 BMS。

3. 预充/主正/主负接触器

如图 3-6 所示为高压接触器。电动汽车高压上下电依靠接触器控制，当防盗系统通过验证且车辆接收到驾驶员高压上电请求信号后，BMS 首先控制主负接触器闭合，

图 3-4　电池信息采集器

(a) 通信转换模块外观

(b) 通信转换模块内部结构

图 3-5　通信转换模块外观和内部结构

随后控制预充接触器闭合，实现对高压母线中的电容器充电。当电池包的外部检测点检测到母线电压接近电池包电压时，BMS 接通主正接触器。随着技术的发展，部分 EV 车型不再设置预充接触器，母线电容通过 DC/DC 转换器将 12 V 低压蓄电池低压电升压成高压电，对其进行预充。

图 3-6　高压接触器

4. 充配电总成

如图 3-7 所示为充配电总成，充配电总成为多合一功能模块。左侧集成了车载充电机(on-board charger，OBC)、中间为高压配电总成(power distribution unit，PDU)及右侧集成直流转换器(DC-to-DC converter，DC/DC)。当动力电池放电时，电能通过直流母线传输至 PDU，PDU 再分配至各用电器；当动力电池充电时，电能从直流充电口传输至快充接触器或 OBC 传输至 PDU 经直流母线传输至动力电池。当高压上电后 DC/DC 将高压直流电转换至低压直流电，为整车低压用电器供电，以维持主接触器吸合，保证高压供电。

图 3-7 充配电总成

5. 电池管理控制模块

电池管理控制模块(BMC)为动力电池管理系统的核心，是电动汽车高压电源的控制中心。它的主要功能包括：

(1) 信号转换及传输。将从通信转换模块传递过来的电压、电流和温度信号经算法转换为当前电池组的 SOC/SOH 和电池温度数据，经动力网传输至整车控制器(vehicle control unit，VCU)协调动力输出及调动温度维持系统进行冷却、加热管理。

(2) 控制预充、主负及主正接触器吸合。接收安全气囊控制单元的碰撞信号，在发生严重碰撞时断开高压，并为电池包内通信转换模块和 BIC 提供低压电源。

(3) 直流充电唤醒。当直流充电时，快充枪接通后将直流唤醒信号下拉以唤醒 BMC，BMC 通过动力网唤醒充配电总成控制单元(conversion and distribution unit，CDU)等相关模块，并通过快充 CAN 线与桩端进行通信，交互电量、温度信息，检测充电口温度以确定当前的充电功率。

(4) 交流充电唤醒。当交流充电时，慢充枪接通后将 OBC 的充电唤醒下拉以唤醒 OBC，OBC 再将充电连接信号下拉唤醒 BMC 以吸合高压接触器。

(5) 双源下拉互锁电路回路。互锁回路监测高压回路的完整性，该回路包括驱动互锁回路(即高压互锁1)和充电互锁回路(即高压互锁2)。当高压电气系统连接正常,整个回路为0~5V方波信号。如果返回BMC为5V常电压,说明当前回路断路,BMC将切断高压以保证安全。

如表3-1,表3-2所示为秦EVBMCBK45(A)、BK45(B)插接器的端子号及端子定义。可在进行相关故障检测时依据其故障现象和故障码查询对应端子号而进一步进行测量诊断。

表3-1 秦EV BMC BK45(A)插接器端子定义

针脚号	端子名称	端子定义	连接去向
BK45(A)-01	电池子网CAN-H	电池子网CAN-H	接电池包33PIN-D10
BK45(A)-02	电池子网CAN屏蔽地	电池子网CAN屏蔽地	接电池包33PIN-D05
BK45(A)-03	通信转换模块电源+12V	通信转换模块+12V电源输出	接电池包-33PIN-D11
BK45(A)-06	直流充电唤醒信号	直流充电唤醒信号输入	接直流充电口接插件12PIN-02
BK45(A)-07	预充/主接触器电源+12V	预充接触器电源+12V电源输出	接电池包33PIN-D20
		主接触器电源+12V电源输出	接电池包33PIN-D18
BK45(A)-08	充电仪表指示灯信号	充电仪表指示灯亮灭信号	仪表-26
BK45(A)-10	电池子网CAN-L	电池子网CAN-L	接电池包33PIN-D04
BK45(A)-11	通信转换模块电源GND	通信转换模块电源GND	接电池包33PIN-D16
BK45(A)-15	直流充电接触器供电电源+12V	直流充电接触器供电电源+12V	接充配电总成33PIN-8
BK45(A)-16	负极接触器电源+12V	负极接触器+12V电源输出	接电池包33PIN-D06
BK45(A)-18	电流霍尔传感器负极电源-15V	电流霍尔传感器负极电源-15V输出	接电池包33PIN-D25
BK45(A)-19	电流霍尔传感器屏蔽地	电流霍尔传感器屏蔽地	接电池包33PIN-D23
BK45(A)-21	预充接触器控制信号	预充接触器控制信号输出,拉低导通	接电池包33PIN-D28
BK45(A)-22	主接触器控制信号	主接触器控制信号输出,拉低导通	接电池包33PIN-D19

续表

针脚号	端子名称	端子定义	连接去向
BK45(A)-24	直流充电负极接触器控制信号	直流充电负极接触器控制信号输出，拉低导通	接充配电总成33PIN-10
BK45(A)-26	电流霍尔信号	直流霍尔信号输入	接电池包33PIN-D22
BK45(A)-27	电流霍尔传感器正极电源+15 V	电流霍尔传感器正极电源+15 V输出	接电池包33PIN-D24
BK45(A)-28	12 V常电	12 V常电	接整车低压线束
BK45(A)-29	负极接触器控制信号	负极接触器控制信号输出，拉低导通	接电池包33PIN-D13
BK45(A)-33	直流充电止极接触器控制信号	直流充电止极接触器控制信号输出，拉低导通	接充配电总成33PIN-9

表3-2 秦EV BMC BK45(B)插接器端子定义

针脚号	端子名称	端子定义	连接去向
BK45(B)-01	12 V常电	12 V常电输入	整车低压线束
BK45(B)-02	车身地	车身地	整车低压线束
BK45(B)-03	碰撞硬线信号	碰撞硬线信号输入	ECU-46
BK45(B)-04	PWM输出1	高压互锁信号输出	接电池包33PIN-D30
BK45(B)-05	PWM输入1	高压互锁信号输入	接充配电总成33PIN-13
BK45(B)-06	直流充电口温度传感器GND2	直流充电11温度传感器GND2	接直流充电11接插件12PIN-10
BK45(B)-07	直流充电接触器烧结检测信号	直流充电接触器烧结检测信号输入	接充配电总成33PIN-11
BK45(B)-08	12 Vdc	12 V输入	接整车低压线束
BK45(B)-09	动力网CAN终端电阻并入1	CAN终端电阻并入1	BK45(B)-14
BK45(B)-10	PWM输出2	高压互锁信号输出2	接充配电总成33PIN-15
BK45(B)-11	PWM输入2	高压互锁信号输入2	接充配电总成33PIN-14
BK45(B)-12	直流充电11温度传感器GND1	直流充电口温度传感器GND1	接直流充电口接插件12PIN-08

续表

针脚号	端子名称	端子定义	连接去向
BK45(B)-13	直流充电 11 温度信号 2	直流充电口温度信号输入 2	接直流充电口接插件 12PIN-09
BK45(B)-14	动力网 CAN 终端电阻并入 2	CAN 终端电阻并入 2	BK45(B)-09
BK45(B)-15	直流充电感应信号	直流充电感应信号输入	接直流充电口接插件 12PIN-03
BK45(B)-16	动力网 CAN-H	动力网 CAN-H	整车低压线束动力网
BK45(B)-17	动力网 CAN-L	动力网 CAN-L	整车低压线束动力网
BK45(B)-18	直流充电口 CAN 屏蔽地	直流充电 11CAN 屏蔽地	接直流充电口接插件 12PIN-06
BK45(B)-19	直流充电 11 温度信号 1	直流充电 11 温度信号输入 1	接直流充电口接插件 12PIN-07
BK45(B)-20	车载充电感应信号	车载充电感应信号输入	接充配电总成 33PIN-06
BK45(B)-21	车身地	车身地	整车低压线束
BK45(B)-23	动力网 CAN 屏蔽地	动力网 CAN 屏蔽地	整车低压线束
BK45(B)-24	直流充电子网 CAN-H	直流充电子网 CAN-H	接直流充电口接插件 12PIN-05
BK45(B)-25	直流充电子网 CAN-L	直流充电子网 CAN-L	接直流充电口接插件 12PIN-04

3.1.2 电池管理系统控制模块检测维修

3.1.2.1 读取 BMC 相关故障码和数据流

结合故障现象,再通过故障诊断仪缩小故障范围,能够快速确定故障点。秦 EV 电池管理模块位于动力网,可以使用诊断仪读取故障信息。诊断流程通常如下。

(1)关闭点火开关,将诊断头连接至诊断接口,接通诊断仪;打开点火开关;在诊断仪上进入"诊断功能"选择界面,选择"车型诊断";进入"车型诊断"选择界面,选择需要诊断的车型;再进入"诊断系统"选择界面。

(2)在"系统选择"界面选择"动力网模块"后再次选择"电池管理器选项",选择"读取故障码"选项读取故障相关信息。

（3）在"电池管理器"选择界面选择"读取数据流"选项，读取模块数据流。动力电池作为新能源汽车主要的动力装置，包含的数据非常多，进入读取数据流选项后，可选择常规数据流、模组信息、均衡电路状态、均衡状态、均衡信息、温度采样状态和采样信息等多个子选项读取对应数据流。

如图 3-8 所示为读取 BMC 诊断信息诊断仪界面。

图 3-8　读取 BMC 诊断信息

3.1.2.2　BMC 相关端子数据测量

1. 检测 BMC 供电及搭铁

如图 3-9 和图 3-10 所示，BMC 上的插接器分 BK45(A) 和 BK45(B) 两个。模块一共有两路常供电和一路 IG3 供电。一路为模块自身供电，一路为接触器线圈供电，端子号分别为 BK45(A)/28 和 BK45(B)/8，上游为 F1/4 保险供电；BK45(B)/1 为 IG3 唤醒电，当防盗验证通过后或充电唤醒时 BCM 将 IG3 继电器吸合以唤醒 BMC；为保证有足够的回路冗余，模块设计了两条负极接地，端子分别为 BK45(A)/6 和 BK45(A)/15。

当车辆没有低压上电时，BK45(A)/28 和 BK45(B)/8 均有＋B 电压，BK45(A)/28 无供电或供电不足，车辆自检时 BMC 不工作，仪表提示"动力电池故障"；BK45(A)/28 无供电或供电不足时无法吸合接触器，仪表提示"EV 功能受限"；当插枪或低压上电后 BK45(B)/1 电压为＋B，如果出现故障车辆无法充电，提示"动力电池故障"。测量模块负极线路时可以断开蓄电池，测量 BK45(A)/6 或 BK45(A)/15 对地电阻，正常阻值应该小于 1 Ω。

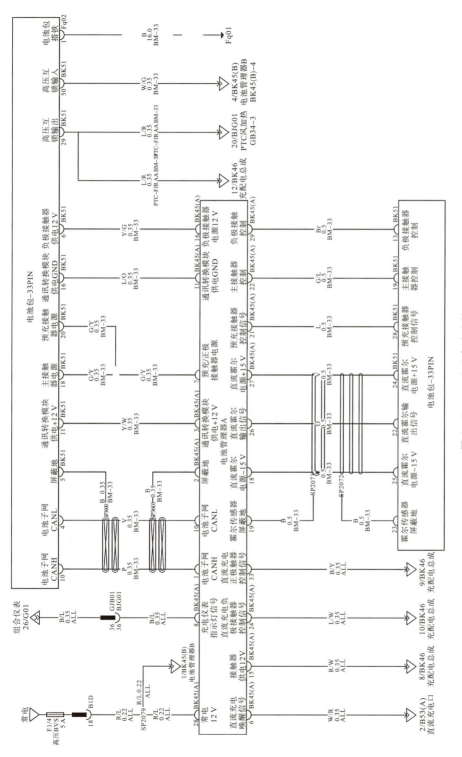

图 3-9 BMC(A)电路连接

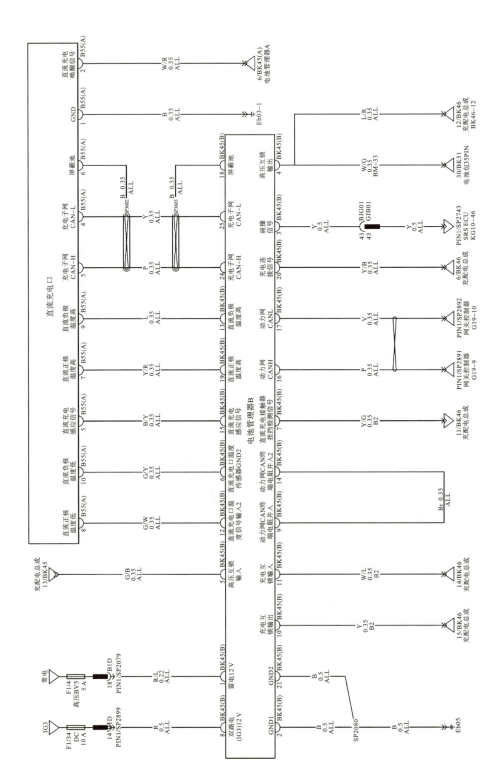

图 3-10 BMC(B)电路连接

2. 检测 BMC 网线阻值

如图 3-11 所示为 BMC 终端电阻的并入电阻内部设计。该车型的动力网终端电阻设计在 BMC 和网关内部，因此，在两个模块内部分别设置了 120 Ω 的终端电阻，BMC 端 CAN 网络针脚为 BK45(A)/16 和 BK45(B)/17。断开蓄电池，断开线束端并连接 BK45(B)/9 和 BK45(B)/14，用电阻挡测量 BK45(B)/16 和 BK45(B)/17 两端电阻应为 120 Ω 左右，BK45(B)/9 和 BK45(B)/14 在插接器内做了直连线以并入内部终端电阻。

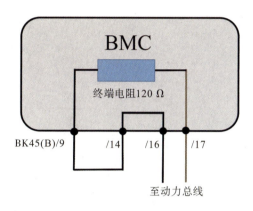

图 3-11 BMC 终端电阻并入原理

如果并入线或内部电阻故障，动力 CAN 网络工作在隐性状态时，电压无法快速下拉或不能有效消除动力网总线反射电压，可能会导致动力网瘫痪。

3. 检测 BMC 与电子元件的供电及控制电压

(1) 预充/主接触器供电及控制。动力电池接触器为负触发接触器。如图 3-9 所示，电池包预充/主正接触器的供电为 BMC(A) 的 BK45(A)/7 给出，若低压上电后 BK45(A)/7 将电送至预充/主正接触器线圈。BK45(A)/21 和 BK45(A)/22 分别为预充/主正的控制端。低压上电且未上高压电时 BK45(A)/7 电压为+B，并且在 BK45(A)21/22 端也能测到+B 电压，该测量值为 BMC 对接触器的回检信号。当高压上电时 21/22 端子被模块下拉至 0 V。如果 BK45(A)/7 故障导致接触器无供电仪表会提示 EV 功能受限，且诊断仪会报预充失败；BK45(A)/16、BK45(A)/29 为主负接触器供电和控制，因此，与上述的测量结果类似。

(2) 霍尔传感器测量。霍尔传感器主要功能是测量直流母线的输出电流，BMC 利用该电流采用安时算法计算实时 SOC。如图 3-9 所示，它分别有+15 V 和-15 V 供电及输出信号线，端子号分别为 BK45(A)/27、BK45(A)/18 和 BK45(A)/26。信号线路断线 BMC 不能计算功率，虚接会导致仪表功率计算异常；供电线路故障会导致功率翻转(充电时仪表显示正功率、放电时仪表显示负功率)。以上故障均会导致 SOC 计算异常。

4. 测量 BMC 网线电压及波形

BMC 所在的动力网为 500 kb/s 的高速 CAN，与其他高速 CAN 网络一样。在 CAN-L 的 BK45(B)/17 出测得的电压应在 2.2～2.4 V 之间，在 CAN-H 的 BK45(B)/16 出测得的电压应在 2.6～2.8 V 之间；使用示波器的双通道测量时，其波形如图 3-12 所示，BMC 隐性高低电压均为 2.5 V，显性时 CAN-H 上拉至 3.5 V 且 CAN-L 下拉至 2.5 V。

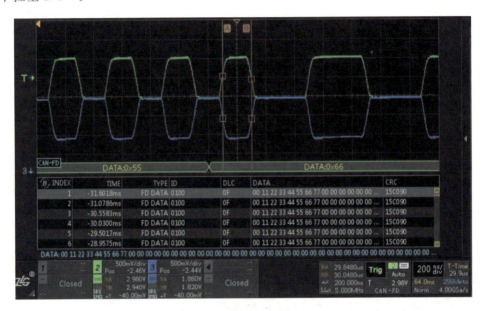

图 3-12 BMC CAN 网络波形

5. 测量 BMC 与电子元件或各模块之间的线束导通性

BMC 与各模块的连接关系如图 3-3 所示，其对应端子如表 3-1 及表 3-2 所示，通过导通性测量可以判断其与元件或模块连接是否正常。

注意：为了避免线束存在的电阻影响，需要关闭点火开关，断开蓄电池负极，再使用电阻挡测量。一般地，两端电阻低于 1.5 Ω 认为其连接正常。

任务实施

1. 作业说明

比亚迪秦 EV 出行版为外置式 BMC，出现 EV 功能失效的原因较多，总体来讲主要有高压互锁故障、BMC 部分供电故障、预充/主正/主负接触器及动力 CAN 网络部分位置相关故障等，具体需要结合诊断仪故障码的读取及进一步测量确定。

2. 技术标准与要求

(1)秦 EV 车型的 BMC 位于前舱 CDU 旁边,所处位置较难测量,且车辆雨天行驶时不可避免会出现前舱渗水的问题,切忌不能采用背插的方式以免破坏其防水性能,因此建议采用测量盒或测量台架将端子引出。

(2)查询维修手册完成以下标准参数填写:

项目	内容
未插交流枪时 BMC 充电连接信号端子电压/V	
插入交流枪后 BMC 充电连接信号端子电压/V	
未插直流枪时 BMC 直流充电唤醒信号端子电压/V	
插入直流枪后 BMC 直流充电唤醒信号端子电压/V	

3. 设备器材

(1)设备与零件总成。

_____

_____

(2)常用工具。

_____

_____

(3)耗材及其他。

_____

_____

注:请学员根据场地实际设备器材填写。

4. 作业流程

(1)做好安全防护,清洁总成及工具。

(2)记录故障现象,制作诊断流程。

(3)连接诊断仪,读取 BMS 相关故障码及数据流。

(4)查询电路图,找到 BMC 所在页码。

(5)测量 BMC 供电、IG3 电压及搭铁情况。

(6)测量 BMC 相关电子电气元件电压。

(7)测量 BMC 的 CAN 信号电压及波形。

(8)点火开关 OFF 挡,断开电源测量 CAN-H 和 CAN-L 之间电阻。

(9)测量 BMC 到其他相关模块的导通性。

(10)进行以上步骤的同时根据需求进行工单填写。

(11)恢复车辆,7S 整理。

5. 填写考核工单

一、车辆信息记录（结合具体车型答题）					
品牌		整车型号		生产日期	
发动机型号		驱动电机型号		工作电压	
车辆识别码				行驶里程	

二、进行电池管理控制系统网关故障诊断，记录故障现象、相关信息及诊断过程（结合具体车型答题）			
故障现象			
故障码			
数据流			
相关电路图位置 （记录所查询的电路图在维修手册的位置）			
可能故障原因分析：□元件本体　□电路线束　□模块 ECU　□其他＿＿＿＿＿＿			
检测项目	检测结果	判断	
		正常□	异常□
		正常□	异常□
		正常□	异常□
		正常□	异常□
故障说明			
故障点确认：			
故障机理分析：			

三、动力网关控制系统信号针脚波形检测（读取到波形后需考官确认）			
波形采集插接器代号/针脚	电路图页码	与控制模块 针脚是否导通	信号波形类型
		正常□　异常□	CAN 波形
检测通道		波形绘制	
检测工况	□ON　□怠速/上电		
每格电压			
最大信号电压值			
周期			
波形判断	□正常　□异常		

新能源汽车网关控制娱乐**系统技术**

自我测试

（1）简述在连接 BMC 测试盒或诊断台架的操作步骤。

_____

_____

（2）简述 BMC 的主要功能及作用。

_____

_____

（3）分析车辆无法上高压电的可能故障原因有哪些。

_____

_____

_____

拓展学习

技术创新、走出国门——宁德时代助力我国迈向汽车强国

近年来，在国家政策扶持及产业指导下，中国新能源汽车市场发展迅速。从汽车产业来看，发展新能源汽车使中国向汽车强国更进了一大步。21 世纪初，我国在汽车产业转型的重要时期，创造性地将发展新能源汽车与提升产业竞争力、保障能源安全、改善空气质量和应对气候变化联合在一起。从"十城千辆"工程算起，中国新能源汽车发展已经走过十余年，成绩斐然。从市场规模来看，中国已经成为全球最大的电动汽车市场，电动乘用车累计销量占全球 45％，电动公交和电动卡车销量更是占到全球的 90％以上。

从创新发展来看，由于融合了大量"汽车之外"的技术，汽车革命带动了中国产业发展史上规模空前的技术创新运动。汽车电动化融合了先进材料研发应用与高精尖零部件制造，与电池、电机和电控技术升级相互促进。汽车是新一代信息技术、人工智能、5G 和物联网等的最重要应用场景之一。汽车成为牵引其他产业加速创新的重要力量。电动汽车的发展的最为核心的技术为动力电池，如今我国动力电池不仅在量上稳居世界第一，而且在质上也是世界一流，作为我国动力电池头部企业的宁德时代新能源科技股份有限公司在技术创新方面尤为突出。

宁德时代在提升电池密度方面率先提出了 CTP 技术，相较于传统"电芯-模组-电池包"三级结构，CTP 技术省去或减少模组组装环节，将电芯直接集成至电池包。空间利用率提升、电池包减量，能量密度提升的同时成本下降成为 CTP 的"撒手锏"。即将发

布的"麒麟电池"是宁德时代第三代 CTP 电池包，体积利用率据悉将从第一代的 55% 提升到 67%。2019 年以来，宁德时代的 CTP 电池包相继导入特斯拉 Model 3、Model Y，小鹏 P7，蔚来 ES6 等爆款车型。据高工锂电产业研究所调研数据显示：2021 年 Model 3 和 Model Y 上海工厂交付超 41 万辆，占总交付量的 45%。其中，搭载宁德时代 CTP 电池包的国产 Model 3 占比超 8 成，并加速在 Model Y 领域渗透。

宁德时代的 CTP 技术还已走出国门。2021 年 10 月，宁德时代与摩比斯（韩国现代起亚汽车集团的全资子公司，主营业务为汽车零部件）签署技术许可与合作意向协议，授权摩比斯使用 CTP 技术。2022 年 5 月，宁德时代与泰国 Arun Plus 有限公司（泰国国家石油股份有限公司的全资子公司）签署战略合作备忘录，将授权 Arun Plus 使用 CTP 技术。

相信在国家的产业支持下，我国的动力电池不论技术还是市场将会迈向新的台阶。新能源汽车将发展成为我国国民经济的支柱产业，为实现社会主义现代化提供有力支撑。

任务 3.2

电机驱动系统控制模块检测维修

任务引入

李先生的秦 EV 电动车，在使用过程中仪表的驱动电机故障灯亮起，仪表提示"驱动系统温度过高"，车辆随即被限速。比亚迪 4S 售后技术专家使用诊断仪读取故障码提示"驱动电机温度异常"。初步判断可能的故障为驱动电机本身、电机温度传感器、电机控制器及相关线束等，但还需开展进一步检测。

学习目标

(1) 掌握电动汽车 MCU 主要功能及作用。
(2) 能正确描述 MCU 及相关部件的工作原理。
(3) 能正确描述 MCU 各针脚的定义。
(4) 能够按照工艺规范进行 MCU 检测。
(5) 能够对故障码数据流进行分析。

素质目标

(1) 提升团队合作、密切协作的能力。
(2) 养成自主学习的习惯，遵守车间 7S 管理规范。
(3) 培养严谨求实、精益求精的工作作风。

> 知识准备

3.2.1 电机驱动控制单元概述

电机控制器(motor control unit，MCU)作为整个动力系统的控制中心，它由逆变器和控制器两部分组成。逆变器接收动力电池传输的直流电电能，逆变成三相交流电给驱动电机提供电源；控制器用以驱动逆变器并接收电机转速等信号反馈至总线供其他模块使用。当车辆加速或者制动时，控制器控制逆变器驱动车辆或回馈动能。

驱动电机系统作为新能源三大核心部件，是纯电动汽车和混合动力汽车动力系统的主要组成部件。

3.2.1.1 分类与组成

随着电动汽车的快速发展，电驱系统的技术水平也得到了大幅提升，其主要发展趋势包含以下几个方面：

①集成化。涵盖电力电子控制器的集成和机电耦合的集成。

②高效化。提高功率密度并降低成本。

③智能化和数字化。与控制器配合，不断提升驱动系统的性能。驱动电机控制器是电机的驱动模块，其技术升级与驱动电机技术的发展相辅相成。

驱动电机系统按照其原理可以划分为以下类型：

1. 直流电机系统

电动汽车上装备的直流电机一般为无刷直流电机(brushless direct current motor，BDCM)，其优点是技术简单成熟且成本低；缺点是效率低且体积大等。直流电机控制器一般采用脉宽调制(pulse-width modulation，PWM)斩波控制方式。主要应用在价格较低的入门级电动车上。

2. 永磁同步电机系统

如图3-13所示为永磁同步电机(permanent magnet synchronous motor，PMSM)。它主要由转子、端盖及定子等各部件组成。永磁同步电机的定子结构与普通的感应电动机的结构非常相似，转子结构与异步电动机的最大不同是在转子上放有高质量的永磁体磁极。永磁同步电机具备耗损低、温升低、功率因数及效率高的优点，广泛应用于电动汽车。

根据安放永磁体的位置不同，永磁同步电机通常可分为表面式转子和内置式转子两种结构形式，电动汽车上一般采用的是内置式转子。

永磁同步电机的电机控制器将直流母线上直流电通过IGBT逆变桥转换为三相交流电，通入电机定子部分，使定子电枢产生空间磁场，它与永磁体转子相互作用，产

图 3-13 永磁同步电机

生与定子旋转磁场旋向相同的电磁转矩输出。当输出的转矩超过转子的摩擦转矩以及由于永磁体的阻尼转矩时，电动机便开始向外做功，并不断地加速直至同步。

3. 交流感应电机系统

交流感应电机是一种单励磁装置。交流感应电机与变压器工作原理相同，类似于变压器，区别在于感应电机是旋转设备，每当载流导体置于变化的磁场时，都会在其中感应出电动势。通过互感原理，在短路二次绕组（转子绕组）中感应到初级绕组（定子绕组）中的感应电动势，而变压器是静态设备。

如图 3-14 所示，交流感应电机主要由定子和转子两个部分组成。定子是由一堆环形的硅钢叠片组成，安装在定子框架内，并在其周边包含槽，这些槽承载三相绕组，空间相隔 120°。转子由一堆圆柱体形式的叠片组成，它的外周上有冲孔，其中包含转子绕组。

图 3-14 交流感应电机

交流感应电机控制器通过对电压的幅值、波形与频率进行有效控制，以实现对电机的扭矩、转速的控制。交流感应电机具有结构简单、成本较低、可靠性好、高转速性能好、成本易控的优点，因此广泛应用于电动汽车。

3.2.1.2 电机驱动系统控制模块的组成部件

电机控制器接收动力总线上由整车控制器(VCU)解算出的扭矩指令,将高压直流电逆变为三相交流电以驱动车辆,同时接收驱动电机旋变信号以确定转子的转速及位置信息,并检测电机系统的温度,避免温度过热损坏电机。

秦 EV 电机控制器与永磁同步电机和两档变速器三合为一,集成度非常高,在低压端只保留了较少的线束端子。控制的低压供电及通信线束使用 B30 插接器与控制器连接,电机相关的温度信号和旋变信号直接通过单独的低压线束与电机连接,如图 3-15 所示为旋变及温度信号线束。

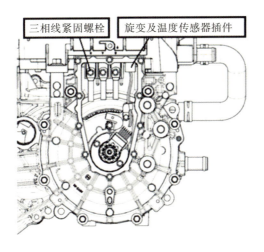

图 3-15 旋变及温度信号线束

如图 3-16 所示为电机控制系统相关部件,主要包括旋变信号、温度信号、网络通信、碰撞信号及 IGBT 驱动桥等。

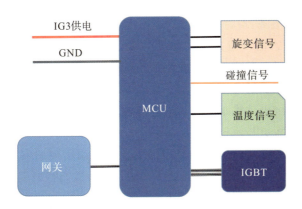

图 3-16 电机控制系统相关部件

1. 旋转变压器

旋转变压器简称旋变，是一种输出电压随转子转角变化的信号元件。当励磁绕组以一定频率的交流电压励磁时，输出绕组的电压幅值与转子转角成正、余弦函数关系，这种旋转变压器又称为正余弦旋转变压器。

旋变的工作原理和普通变压器基本相似，区别在于普通变压器的原边和副边绕组是相对固定的，故输出电压和输入电压之比是常数。旋转变压器的原边和副边绕组则随转子的角位移发生相对位置的改变，故输出电压的大小随转子角位移而发生变化，输出绕组的电压幅值与转子转角成正弦、余弦函数关系，或保持某一比例关系，或在一定转角范围内与转角呈线性关系。

旋转变压器检测速度及位置，并反馈给控制器进行监测，用来准确控制电机的转速及位置。旋转变压器在同步随动系统及数字随动系统中可用于传递转角信号或电信号，在解算装置中可解算函数，故也称为解算器。

如图 3-17 所示为旋转变压器结构。旋转变压器由定子及定子上的信号绕组和信号盘（转子）组成，其中信号绕组由励磁绕组、余弦绕组和正弦绕组组成。

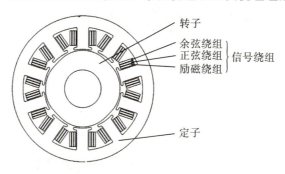

图 3-17 旋转变压器结构

2. 驱动电机温度传感器

驱动电机温度传感器一般采用负温度热敏电阻（negative temperature coefficient，NTC）传感器，NTC 具有采样精度高及范围较广的优点。

驱动电机温度传感器通常安装在定子绕组内部，数量一般为 2～3 个。如果电机的温度升高至临界值，纯电动汽车控制系统将会限制电机的最大输出并设置诊断故障码，同时推送至汽车仪表板上显示警告灯。

在实际维修过程中，应注意不同车型的驱动电机温度传感器，可能类型和电阻值不尽相同。比如秦 EV，在 0～40 ℃温度下，用万用表欧姆挡两端子分别连接驱动电机外部温度传感器插件 3 和 6 端子，万用表测得的电阻应该为 50.04～364.9 kΩ。

3. IGBT 功率模块

绝缘栅双极型晶体管（insulated gate bipolar transistor，IGBT）功率模块利用 IGBT

将高压直流电转换为 U、V、W 三相交流电,并控制导通频率,实现调节加载到驱动电机端的电压、旋转磁场频率,控制扭矩和转速。IGBT 具有耐高压、导通压降低和开关速度快的特点,适合作为高压逆变器开关使用。图 3-18 所示为 IGBT 功率模块。

图 3-18　IGBT 功率模块

表 3-3 所示为 MCU 的端子号及端子定义,进行相关故障检测时依据故障现象、故障码查询端子号进行进一步的测量诊断。

表 3-3　秦 EV MCU B30 插接器端子定义

针脚号	端子名称	端子定义	连接去向
B30/1	电源地 1	GND1	SP2065
B30/5	碰撞信号	CRASH_IN	SRS ECU
B30/6	电源地 2	GND2	SP2065
B30/8	碰撞信号地	EARTH-1	EB06
B30/9	CAN-H	CAN-H	整车低压线束动力网
B30/10	IG3 供电 1	IG3 电 1	F1/34
B30/11	IG3 供电 2	IG3 电 2	F1/34
B30/13	CAN 屏蔽地	EARTH	
B30/14	CAN-L	CAN-L	整车低压线束动力网

3.2.2　电机驱动系统控制模块检测维修

3.2.2.1　读取电机控制器相关故障码、数据流

通过故障现象,再结合故障诊断仪能缩小故障范围,快速确定故障点。秦 EV 电机控制器模块位于动力网,可以使用诊断仪读取故障信息,诊断的一般流程如下。

(1) 关闭点火开关,将诊断头连接至诊断接口,接通诊断仪;打开点火开关;在诊断仪上进入"诊断功能"选择界面,选择"车型诊断";进入"车型诊断"选择界面,选择需要诊断的车型;再进入"诊断系统"选择界面。

(2) 在"系统选择"界面选择"动力网模块"后再次选择"电机控制器"选项,选择"读取故障码"选项读取相关故障信息。

(3) 在"电机控制器"选择界面选择"读取数据流"选项,读取"模块数据流"。作为新能源汽车主要的动力装置,驱动电机控制器蕴含的数据非常多,进入读取数据流选项后,可选择"常规数据流""电机温度""动力电机母线电压""电机功率""相线电压""IGBT 的 U、V、W 相线温度"等多个子选项进行对应数据流读取。

3.2.2.2 MCU 相关端子数据测量

1. 检测 MCU 供电及搭铁

如图 3-19 所示为电机控制器低压线束连接。与其他动力系统控制单元类似,电机控制器应保证足够的供电冗余,模块设计了两路 IG3 供电,端子号分别为 B30/10 和 B30/11,上游保险为 F1/34,两路接地,端子号分别为 B30/1 和 B30/6。

供电正常、车辆未上电时,B30/10 和 B30/11 均为 0 V,上电后为+B,反之异常;断开电源后,B30/1 和 B30/6 两端子对地电阻应小于 1 Ω。

2. 检测 MCU 网线阻值

使用诊断盒引出电机控制端子后,测得 CAN-H 和 CAN-L 两点之间的电阻应为 120 Ω 左右;断开插接器,测量模块 B30/9 和 B30/14 之间的电阻应为 10 kΩ 以上。若连接插接器测量两点之间的电阻远小于 120 Ω,需要检测高低线之间是否虚接短路;若远大于 120 Ω,需要测量 CAN-H 和 CAN-L 到总线是否出现虚接、断路等故障;若电机控制器 CAN 网络出现断线、虚接等故障,可能会无法读取到模块。

3. 检测 MCU 网线电压波形

MCU 采用 500 kb/s 的高速 CAN。在 CAN-L 的 B30/14 处测的电压应在 2.2~2.4 V 之间,在 CAN-H 的 B30/9 处测的电压应在 2.6~2.8 V 之间。使用示波器的双通道测量时,隐性 CAN-H 和 CAN-L 的电压均为 2.5 V,显性时 CAN-H 上拉至 3.5 V 且 CAN-L 下拉至 2.5 V。

4. 旋转变压器测量

通过专用旋变转接线检测旋变正弦余弦及激磁阻抗,测试时频率设置为 10 kHz,对应的阻抗要求正弦为 205 Ω±42 Ω,余弦为 205 Ω±42 Ω,激磁为 1120 Ω±24 Ω。

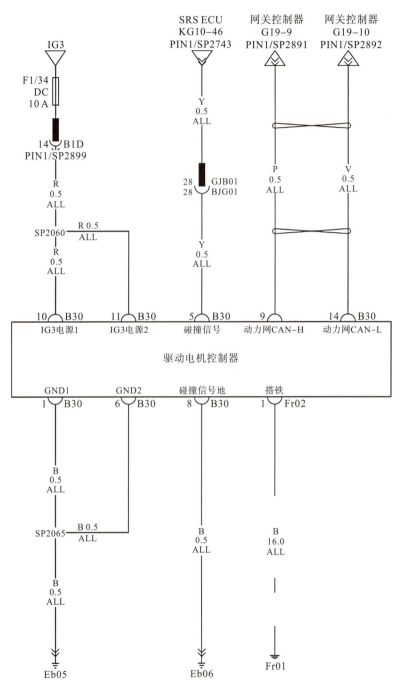

图 3-19 MCU 电路连接

任务实施

1. 作业说明

比亚迪秦 EV 为电机、变速器和电机控制器三合一结构，出现了本节所述的电机温度过高的故障案例，需要结合诊断仪读取故障码并结合数据流进一步分析。

2. 技术标准与要求

秦 EV 车型的电机控制器插接器位于前舱，为了保证动力系统可靠性，该插接器防水等级为 IP55，故对插接器进行测量时，不能使用背插等破线工具，建议使用转接测量盒进行。如需对旋变及温度信号进行测量，此处可能涉及高压，务必做好高压电安全防护。

由于电机控制器连接了辅助防护系统（supplemental restraint system，SRS）的碰撞信号，为了保证安全气囊安全性，一般不建议直接测量碰撞信号。

序号	项目	力矩
1	电机端盖固定螺栓扭矩	
2	电控固定螺栓扭矩	

注：请学员查阅维修资料后填写。

3. 设备器材

(1) 设备与零件总成。

_____

_____

(2) 常用工具。

_____

_____

(3) 耗材及其他。

_____

_____

注：请学员根据场地实际设备器材填写。

4. 作业流程

(1) 做好安全防护，清洁总成及工具。

(2) 记录故障现象，制作诊断流程。

(3)连接诊断仪,读取 MCU 相关故障码及数据流。

(4)查询电路图,找到 MCU 所在页码。

(5)测量 MCU IG3 供电电压及搭铁情况。

(6)测量 MCU 相关电子电气元件电压。

(7)测量 MCU 的 CAN 信号电压及波形。

(8)点火开关 OFF 挡,断开电源,测量 CAN-H 和 CAN-L 之间电阻。

(9)室温下测量电机温度传感器电阻值。

(10)测量 MCU 到其他相关模块的导通性。

(11)进行以上步骤的同时根据需求进行工单填写。

(12)恢复车辆,7S 整理。

5. 填写考核工单

一、车辆信息记录（结合具体车型答题）					
品牌		整车型号		生产日期	
发动机型号		驱动电机型号		工作电压	
车辆识别码				行驶里程	
二、进行电机驱动控制系统网关故障诊断，记录故障现象、相关信息及诊断过程（结合具体车型答题）					
故障现象					
故障码					
数据流					
相关电路图位置 （记录所查询的电路图在维修手册的位置）					
可能故障原因分析：□元件本体　□电路线束　□模块 ECU　□其他＿＿＿＿					
检测项目		检测结果		判断	
				正常□　异常□	
				正常□　异常□	
				正常□　异常□	
				正常□　异常□	
故障说明					
故障点确认： 故障机理分析：					
三、动力网关控制系统信号针脚波形检测					
波形采集插接器代号/针脚		电路图页码	与控制模块针脚是否导通	信号波形类型	
			正常□　异常□	CAN 波形	
检测通道		波形绘制			
检测工况	□ON　□怠速/上电				
每格电压					
最大信号电压值					
周期					
波形判断	□正常　□异常				

108

自我测试

(1) 简述电动汽车常用驱动电机种类及优缺点。

_____

_____

(2) 简述 MCU 的主要功能及作用。

_____

_____

(3) 试论述旋变传感器的工作原理。

_____

_____

拓展学习

进阶的中国智造——功率半导体

提起比亚迪，很多人的第一印象是汽车品牌。其实，在半导体领域，比亚迪也堪称国产芯片的"先行者"。2002 年，比亚迪成立集成电路（integrated circuit，IC）设计部，与造车计划和电池计划几乎同时起步。

目前，比亚迪拥有已授权专利 1167 项，建立起完整的自主知识产权体系。特别是在功率半导体、车规级芯片 IGBT、SiC 的研发方面，比亚迪有着 5 年打破外企垄断，13 年追平国际一流的辉煌业绩。

绝缘栅双极型晶体管（insulate-gate bipolar transistor，IGBT）像一种承担"开关"功能的半导体器件，通过在电子设备中的高效快速开关，完成电流类型的转换和放电规模掌控。IGBT 器件类型有很多，可应用于高铁、航天和汽车领域，乃至工程设备领域等。比亚迪聚焦的就是车规级 IGBT 芯片。

自比亚迪成功研发出第一代 IGBT 芯片，一举打破了国外技术垄断。在 2018 年，还推出了 IGBT4.0 芯片。截至 2020 年底，比亚迪 IGBT 芯片累计装车已超 100 万辆，单车行驶里程超 100 万公里。目前，比亚迪已经研发成功的 IGBT6.0，采用了 90 纳米工艺制程，在所有车用芯片中是最小的。与几纳米的手机芯片不同，车载芯片的技术核心是工艺的成熟度，由于其特殊的使用环境，车载芯片也不需要做到那么小，车载芯片更重视的是可靠性、耐用性以及制造成本。比亚迪 IGBT 采用 IDM 模式，能够自行设计、制造与封装。

比亚迪 IGBT 已经连续三年拿下车规级 IGBT 模块全球第二、国内厂商第一的成绩，随着比亚迪半导体的拆分上市，未来几年比亚迪 IGBT 的市场表现将有巨大的上升空间。

但 IGBT 器件受制于材料特性，性能明显出现瓶颈，器件和车厂纷纷转向 SiC（碳化硅技术）。据研究数据显示，在 750 V 高压状态下，碳化硅（SiC）部件比相同的硅基 IGBT 部件能效增加 8%～12%，传导损耗减少 14%。此外，碳化硅可以在高频状态下稳定工作，得益于此，以该材料制作的控制芯片不仅可以实现更快的开关频次（约为 IGBT 的 5～10 倍），同时开关损耗比前者下降了 75%，这就为相应的软件管理策略预留了更大的空间。

在 SiC 模块领域，比亚迪目前已经推出 1200 V 1040 A SiC 功率模块，突破了高温封装材料、高寿命互连设计、高散热设计及车规级验证等技术难题。

不仅是比亚迪，华为在 2022 年也推出了电动汽车驱动系统全套高端解决方案 DriveONE，已经完美配套长安汽车、比亚迪、北汽、一汽、上汽和东风等品牌车型，获得了市场的广泛好评。相信在比亚迪、华为等越来越多国产企业的努力下，我国终将在功率半导体领域实现新的跨越。

任务 3.3

整车控制模块检测维修

任务引入

早上用车时，周女士打开秦 EV 电动汽车的点火开关，发现车辆无法挂挡行驶，仪表提示"动力系统故障"。比亚迪 4S 店售后将车辆拖至店内检查，发现可以上高压电，且仪表显示挡位信号，但是无法挂挡行驶。技术小组分诊讨论后判断可能的故障原因为加速踏板、VCU 及其线束等。要最终锁定故障点还需进一步使用专业设备进行测量、诊断。

学习目标

(1) 掌握电动汽车整车控制器主要功能。
(2) 能正确描述整车控制器及相关部件的工作原理。
(3) 能够按照规范进行整车控制器检测及拆装。
(4) 掌握汽车加速踏板信号的工作原理。
(5) 能通过电压或波形测量判断加速踏板工作状态。

素质目标

(1) 提升团队合作、密切协作的能力。
(2) 养成自主学习、遵守车间 7S 管理规范的习惯。
(3) 培养严谨求实、精益求精的工作作风。

新能源汽车网关控制娱乐系统技术

> 知识准备

3.3.1 整车控制单元概述

整车控制器（vehicle control unit，VCU）是电动车的主控制单元，其功能类似于燃油车的发动机控制器（ECU），是新能源车辆控制系统中的"大脑级"控制器。在某些插电式混合动力车型中，也会用到整车控制器，图3-20所示为VCU。

图3-20 整车控制器

3.3.1.1 功能与组成

整车控制器是电动汽车的控制中心，如图3-21所示为VCU的细分功能。总的来讲，VCU的功能包括行驶控制、附件管理、能量管理、故障处理等。

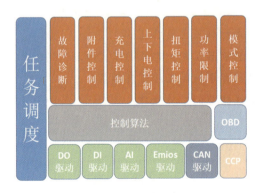

图3-21 整车控制器的细分功能

1. 行驶控制

VCU控制整车正常行驶。电动汽车的驱动电机必须按照驾驶员意图输出驱动扭矩或制动扭矩。当驾驶员踩下加速踏板或制动踏板，驱动电机要输出一定的驱动功率或能量回馈制动功率。踏板开度越大，驱动电机的输出功率越大。整车控制器接收驾驶

· 112 ·

员的操作指令，接收整车各子系统的反馈信息，为驾驶员提供决策反馈；对整车各子系统发送控制指令，以实现车辆正常行驶。

2. 附件管理

VCU 对 DC-DC、车载充电机、水泵、散热风扇及蜂鸣器等进行控制管理。协调整车上电并根据整车及各部件的电压、电流和温度条件进行限制操作策略（limitation operation strategy，LOS）处理，适当地降低功率甚至停机。当部件温度过高时请求冷却，通过闭环控制冷却强度；当汽车开启空调时，VCU 控制散热风扇转速，控制散热系统工作强度。当车辆低速行驶时，控制低速蜂鸣器开启，以提示交通参与者。

3. 能量管理

VCU 可管理整车功率流和能量流。在纯电动汽车中，动力电池除了给驱动电机供电外，还需给车辆附件供电。故对整车工作模式及功率流进行合理分配，能够提高能量的利用率。在电池 SOC 值比较低的时候，整车控制器将限制某些电动附件的输出功率从而增加续驶里程。

电动汽车以电动机作为驱动转矩的输出装置。电动机具有回馈制动的性能，此时电动机作为发电机，利用电动汽车的制动能量发电，当满足能量回馈条件时，将能量反充给动力电池组。在这一过程中，整车控制器根据加速踏板和制动踏板的开度以及动力电池 SOC 值来判断某一时刻能否进行制动能量回馈，如果可以进行制动能量回馈，VCU 发出指令使电机控制器回收部分制动能量。

4. 故障处理

VCU 可驱动显示仪表，将状态信息和故障诊断信息经过显示仪表显示出来。整车控制器应该对车辆的状态进行实时检测，并且将各子系统的信息发送给车载信息显示系统，其过程是通过传感器和 CAN 总线检测车辆状态及其各子系统状态信息。显示的信息包括：电机的转速、车速、电池电量和故障信息等。

连续监视整车电控系统进行故障诊断。根据故障内容，及时进行相应安全保护处理。对于不太严重的故障，要能够做到低速行驶到附近维修站进行检修。

3.3.1.2　整车控制系统的组成部件

VCU 采集驾驶员的操控信息，收集车辆其他控制单元及传感器采集到的车辆行驶信息、电机转速信号、电池当前功率输出上限、散热（空调）系统的温度信号、定速巡航和辅助驾驶子系统的反馈信息，并经过计算向各电机控制器发送扭矩控制、散热风扇转速、低速蜂鸣和能量回馈等命令，从而实现对整车的控制。

以比亚迪秦 EV 车型为例，整车控制器位于车辆中央通道的前部，使用支架固定在地板上，如图 3-22 所示。整车控制器除了自身的供电及负极回路外，同样由 IG3 电唤醒，主要由整车控制系统相关部件（图 3-23）组成，并通过网关与动力网其他模块通信。

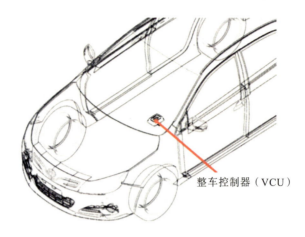

图3-22 整车控制器安装位置

1. 输入信号传感器

VCU 的输入信号主要包括加速踏板信号、真空压力信号和模式开关信号等。为保证加速信号的准确性，加速踏板一般由两组信号成倍数关系的电位计式传感器组成，以实现信号的交叉验证。真空压力传感器一般安装在真空泵后端的管路上，通过压力传感器计算真空回路压力，以实现对真空泵电机的控制。模式开关信号可实现 ECO、NOM 和 SPORT 模式的切换。

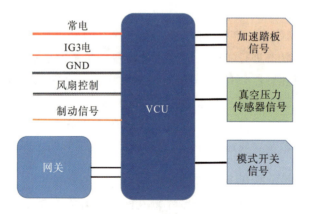

图3-23 整车控制系统相关部件图

2. 执行控制部分

当整车控制模块完成对信息的采集与处理后，将控制信号传输至各执行器，从而实现对整车的控制，由控制模块控制的执行器主要包含制动真空助力泵、空调压缩机（电池冷却控制）及PTC加热器、冷却风扇、冷却水泵和电源管理系统等。

表 3-4 所示为 VCU GK49 插接器端子定义，在进行相关故障检测时依据故障现象、故障码查询针脚号进行进一步的测量诊断。

表 3-4 秦 EV VCU GK49 插接器端子定义

针脚号	端子名称	端子定义	连接去向
GK49/1	IG3 12 V 电	IG3 电	IG3 F1/12
GK49/3	IG3 12 V 电	IG3 电	IG3 F1/12
GK49/5	GND	接地 GND	至车身接地
GK49/7	GND	接地 GND	至车身接地
GK49/11	真空压力传感器电源 5 V	传感器供电	接真空压力传感器 1 号针脚
GK49/15	IN_FEET_BRAKE	制动开关信号	制动开关
GK49/17	V-PUMP-TEST-IN	真空泵继电器检测信号（0 或 12 V）	真空泵继电器 1，2 与真空泵 1 号脚的交汇处
GK49/19	L-FAN-OUT	低速挡风扇继电器控制信号	接低速风扇继电器控制信号
GK49/20	EARTH	动力网 CAN 屏蔽地	接屏蔽地
GK49/21	动力网 CAN-H	动力网 CAN-H	接动力网
GK49/22	动力网 CAN-L	动力网 CAN-L	接动力网
GK49/23	油门深度电源 15 V	传感器供电	接油门深度传感器 3 号脚
GK49/24	油门深度电源 25 V	传感器供电	接油门深度传感器 2 号脚
GK49/32	H-FAN-OUT	高速挡风扇继电器控制	接高速风扇继电器控制信号
GK49/33	CRASH-IN	碰撞信号	接 SRSECU
GK49/37	EARTH	油门深度 1 接地	接油门深度传感器 5 号脚
GK49/38	EARTH	油门深度 2 接电	接油门深度传感器 6 号脚
GK49/41	V-PUMP1-OUT	真空泵继电器 1 控制信号	接真空泵继电器 1
GK49/46	VP-Sensor	真空压力传感器信号	接真空压力传感器 3 号脚
GK49/47	EARTH	油门深度屏蔽地	至车身接地
GK49/48	DC-GAIX2	油门深度 2 信号	接油门深度传感器 1 号脚
GK49/53	EARTH	真空压力传感器地	接真空压力传感器 2 号脚
GK49/55	V-PUMP2-OUT	真空泵继电器 2 控制信号	真空泵继电器 2 控制
GK49/60	CURISE-IN	模式开关信号	至模式开关
GK49/61	EARTH	模式开关信号地	
GK49/62	DC-GAIN1	油门深度 1 信号	接油门深度传感器 4 号脚

3.3.2 整车控制模块检测维修

3.3.2.1 读取 VCU 相关故障码、数据流

结合故障现象并通过使用故障诊断仪能快速缩小故障范围，确定故障点。秦 EV 整车控制模块位于动力网，可以使用诊断仪读取故障信息，诊断的一般流程：

(1)关闭点火开关，将诊断头连接至诊断接口，接通诊断仪；打开点火开关；在诊断仪上进入"诊断功能"选择界面，选择"车型诊断"；进入"诊断车型"选择界面，选择需要诊断的车型；再进入"诊断系统"选择界面。

(2)在"系统选择界面"选择"动力网模块"后再次选择"整车控制"模块选项，选择"读取故障码"选项读取故障相关信息。

(3)在"整车控制模块"界面选择"读取数据流"选项，读取模块数据流。

3.3.2.2 VCU 相关端子数据测量

1. 检测 VCU 供电及搭铁

如图 3-24 所示为整车控制器插接器电路连接。可以看出 VCU 的供电来自 IG3 继电器，采用了双电源冗余设计方案，提高了电路的可靠性，其端子号分别为 GK49/1 和 GK49/3，上游保险为 F1/12，上电逻辑是防盗通过后 BCM 控制 IG3 继电器吸合，VCU 供电产生，VCU 开始运行并执行相关功能；同样地，为保证有足够的回路冗余，模块设计端子为 GK49/5 和 GK49/7 两路负极接地。

由于采用的双供电设计 GK49/1 和 GK49/3 出现一路供电故障车辆能正常运行且不报任何故障码，但是 F1/12 保险及共用供电故障仪表会提示。检查动力系统、电子驻车系统和胎压检测系统，此刻车辆无法上 OK。低压上电后测量 GK49/1 或 GK49/3 均应该为＋B 电压，同样地 GK49/5 和 GK49/7 一路接地故障也没有任何故障现象，如果共用线路故障也会导致上述的故障提示，断负极测量 GK49/5 或 GK49/7 对车身电阻应小于 1 Ω。

2. 检测 VCU 网线阻值

由于该车型的动力网终端电阻设计在 BMC 和网关内部，因此，在使用诊断盒引出端子后，在 CAN-H 和 CAN-L 两点之间的电阻应为 120 Ω 左右；断开插接器，测量模块 GK49/21 和 GK49/22 之间的电阻应为 10 kΩ 以上。如果连接插接器测量两点之间的电阻远小于 120 Ω，需要检测高低线之间是否虚接短路；如果远大于 120 Ω，需要测量 CAN-H 和 CAN-L 到总线是否出现虚接或断路等故障。VCU 模块内部没有设计终端电阻，因此一般的断线不会影响诊断仪读取其他模块信息。

3. 检测加速踏板传感器

为了保证加速信号的可靠性，车辆的加速踏板一般采用两传感器设计。除了部分

模块三 纯电动汽车动力网关控制系统检测维修

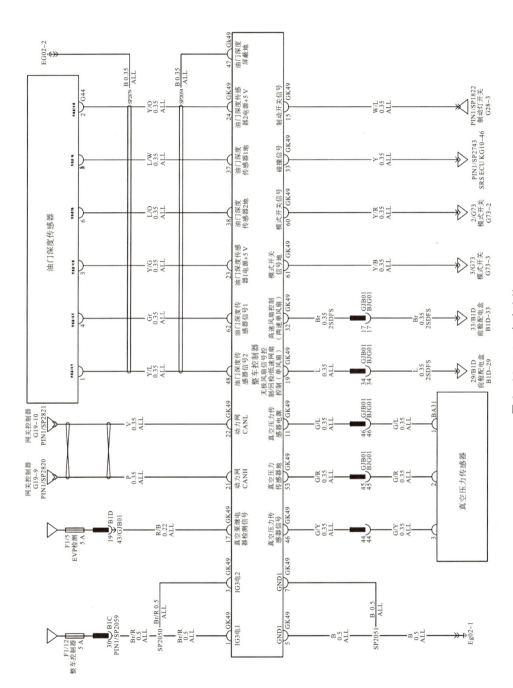

图 3-24 VCU 电路连接

高端车型使用了成本较高的模块编码 SENT 信号式设计，大部分车辆的加速踏板为电位计式传感器信号。油门深度传感器电路：G44/3、G44/5 和 G44/4 分别为加速踏板位置传感器 1 的供电、接地及信号；G44/2、G44/6 和 G44/1 分别为加速踏板位置传感器 2 的供电、接地及信号。传感器的供电及接地来源于 VCU，踩下踏板后，加速踏板内部电位器将不同的电压信号输出至 VCU。一般使用示波器双通道模式测量 VCU 的 GK49/62 和 GK49/48 两针脚，如果传感器正常，在踩动踏板时可以看到两信号成倍数关系，反之则异常。

4. 检测制动开关

为确保车辆的行驶安全性，VCU 的制动开关信号主要用于车辆在由 P 挡切换至其他挡位时是否踩下制动踏板。如果该信号有故障，车辆由 P 挡切换至 D 挡时仪表会提示："请踩下制动踏板"。使用万用表的电压挡位测量 GK49/15，如果不踩制动，该点电压为 0 V；如果踩下制动，该点电压为＋B，否则有故障。

5. 检测真空压力传感器

真空压力传感器的针脚号为 BA31/1、BA31/2 和 BA31/3，分别为传感器的供电、接地及信号。供电、接地来源于 VCU，传感器采集到的真空信号经 GK49/53 发送至 VCU 控制真空泵继电器 2 吸合。使用万用表电压挡测量 GK49/53，同时反复踩下制动踏板，如果传感器正常，可以看到随着制动踏板踩下，该端子电压不断变化。

6. 检测 VCU 网线电压波形

VCU 和 BMC 一样，所在的动力网为 500 kbit/s 的高速 CAN。在 CAN－L 的 GK49/22 处测的电压应在 2.2~2.4 V 之间，在 CAN－H 的 GK49/21 处测的电压应在 2.6~2.8 V 之间。使用示波器的双通道测量时，隐性时 CAN－H 和 CAN－L 的电压均为 2.5 V，显性时 CAN－H 上拉至 3.5 V，CAN－L 下拉至 2.5 V。

任务实施

1. 作业说明

仪表是人车信息交互的重要桥梁，当车辆出现故障时仪表能在第一时间通过指示灯、声音和文字等信息提示驾驶员，技术维修人员也能够通过提示信息快速定位故障点。

本故障案例是车辆能上 ON，但仪表提示动力系统故障，踩制动挂挡后自动退回 P 挡，且无法通过挡位切换实现 EPB 解锁，为进一步缩小故障范围确定故障点，需要结合诊断仪故障码数据流的信息综合分析判断。

2. 技术标准与要求

秦 EV 的 VCU 位于车辆中央通道，位置较难测量，使用诊断仪读取相关信息后先从涉及故障点处方便测量的地方入手，如果易测元件均正常再拆卸中央通道使用转接诊断盒进一步检测 VCU 相关线束及器件。

3. 设备器材

(1)设备与零件总成。

_____
_____
_____

(2)常用工具。

_____
_____
_____

(3)耗材及其他。

_____
_____
_____

注：请学员根据场地实际设备器材填写。

4. 作业流程

(1)做好安全防护，清洁总成及工具。
(2)记录故障现象，制作诊断流程。
(3)连接诊断仪，读取 VCU 相关故障码及数据流。
(4)查询电路图，找到 VCU 所在页码。
(5)测量 VCU 的 IG3 电压及搭铁情况。
(6)测量 VCU 相关电子电气元件电压。
(7)测量 VCU 的 CAN 信号电压及波形。
(8)点火开关 OFF 挡，断开电源测量 CAN-H 和 CAN-L 之间电阻。
(9)测量 VCU 到其他相关模块的导通性。
(10)测量 VCU-加速踏板传感器电压。
(11)进行以上步骤的同时根据需求进行工单填写。
(12)恢复车辆，7S 整理。

5. 填写考核工单

一、车辆信息记录(结合具体车型答题)					
品牌		整车型号		生产日期	
发动机型号		驱动电机型号		工作电压	
车辆识别码				行驶里程	
二、进行整车控制系统网关故障诊断，记录故障现象、相关信息及诊断过程(结合具体车型答题)					
故障现象					
故障码					
数据流					
相关电路图位置 (记录所查询的电路图在维修手册的位置)					
可能故障原因分析：□元件本体　□电路线束　□模块 ECU　□其他_____					
检测项目		检测结果		判断	
				□正常　□异常	
				□正常　□异常	
				□正常　□异常	
				□正常　□异常	
故障说明					
故障点确认： 故障机理分析：					
三、动力网关控制系统信号针脚波形检测					
波形采集插接器代号/针脚		电路图页码	与控制模块针脚是否导通	信号波形类型	
			□正常　□异常	CAN 波形	
检测通道		波形绘制			
检测工况	□ON　□怠速/上电				
每格电压					
最大信号电压值					
周期					
波形判断	□正常　□异常				

自我测试

(1) 简述 VCU 的主要功能作用。

___

___

(2) 绘制 VCU 与其他元件及模块的电路连接。

___

___

(3) 试论述 VCU 在进行真空泵控制时的信号传递路线。

___

___

拓展学习

核心突围——车载控制单元

汽车电子控制器的作用是接收并处理来自传感器的信息,并输出相应的控制指令至执行器,控制器的反应速度和判断准确度至关重要。

随着计算机技术和控制理论的不断发展,控制器的功能范围不断扩大。汽车电子控制单元作为汽车电子控制系统的核心部分,是嵌入式系统装置,一般包括硬件和软件两部分。汽车电子控制器硬件结构主要包括微控制单元(micro controller unit,MCU)、存储器和输入/输出接口(A/D、D/A 转换器)单元。根据统计分析,目前乘用车的汽车电子控制单元数量在 25~100 个左右。

MCU 承担设备内多种数据的处理诊断和运算,控制着汽车内所有的电子系统,如车身电子系统、车辆运动系统、动力总成系统、信息娱乐系统和自动驾驶系统等,是"汽车的大脑"。

汽车 MCU 市场入门技术壁垒较高,但从市场份额分布来看,整体竞争较为激烈,瑞萨、NXP、微芯、英飞凌、ST 和 TI 等大厂的市场份额相差不大,占比最多的还是动力控制系统,其次是底盘与安全控制系统、车身电子和车载电子,32 位的汽车 MCU 占据大头。

近年来国产汽车 MCU 厂商正在奋力追赶,部分厂商已能够实现量产。再加上国内新能源汽车需求强劲,有不少原本专注于消费级 MCU 的厂商也开始升级转型,布局汽车 MCU 领域。

国产汽车 MCU 取得了长足进展：

(1)兆易创新首颗车规级 MCU 产品已送样测试，2022 年实现量产。

(2)比亚迪半导体车规级 MCU 量产装车也突破 1000 万颗，且已推出全新车规级 8 位通用 MCU。

(3)芯驰科技正式发布高端车规控制单元(MCU)E3 系列，填补国内高端高安全级别车规 MCU 市场的空白。

(4)芯旺微电子 KF8A/KF32A 系列车规级 MCU 已量产，已和部分车企达成合作。

相信在不久的将来，我国的汽车产业将进一步升级，为我国产业升级转型提供有力的支撑。

模块四

新能源汽车中央网关控制系统检测维修

任务 4.1

组合仪表控制模块检测维修

任务引入

一客户反映一辆比亚迪秦EV轿车组合仪表黑屏。经比亚迪4S店技术经理诊断，该车使用年限较短，组合仪表无大修或更换记录，现需要对组合仪表控制模块及相关电控元件进行电路检测，完成对组合仪表控制模块及相关电控元件检测，帮助客户排除车辆故障。

学习目标

(1)掌握组合仪表控制模块的功能与组成。
(2)掌握组合仪表控制模块插头端子的电压、波形检测方法。
(3)能正确检测组合仪表控制模块电源电压、波形。
(4)能绘制组合仪表模块网络拓扑图。
(5)能通过检测数据分析判断组合仪表控制模块电路故障。
(6)能在维修过程中做好车辆防护和个人防护工作。

素质目标

培养敬业爱岗、求真务实、精益求精的工作作风。

知识准备

4.1.1 组合仪表控制模块的功能与组成

4.1.1.1 功能

汽车组合仪表指示汽车运行以及驱动系统工作状况，是汽车与驾驶员进行信息交互的界面，让驾驶员随时了解汽车各系统的工作状态，保证汽车安全而可靠地行驶。组合仪表安装在驾驶室方向盘前方的仪表板上，组合仪表上有各种指示仪表、指示灯和报警灯，因此组合仪表也是维修人员发现和排除故障的重要参考装置。

4.1.1.2　组成

汽车的仪表系统主要由汽车仪表与报警装置两部分构成，常见的汽车仪表有机油压力表、冷却液温度表、燃油表、车速里程表和发动机转速表等。仪表的安装形式有两种：分体式和组合式。目前组合式结构是最为常见的形式，组合式仪表一般装在组合仪表上。

比亚迪秦EV轿车的组合仪表是一种机电组合仪表，位于驾驶员正前方、转向管柱的上部，它包括安装件和电气连接等部分。所有组合仪表的电路组成单一线束，用接插件在组合仪表壳体背面连接。组合仪表的表盘和指示灯保护在一整块透明面罩后面。透明面罩具有曲率设计，利用反射的原理改变周围入射光线的方向，以达到减轻眩光的效果。比亚迪秦EV轿车的组合仪表有计量表类、警告和指示器类，如图4-1所示。

图 4-1　比亚迪秦 EV 组合仪表

1. 计量表类

包括电流功率表、车速表、里程表、电量指示表，如表4-1所示。

表 4-1　计量表类

名称	描述
车速表	基于轮速传感器，ABS将轮速信号转化为车速信号，通过CAN将数据传给组合仪表
功率表	功率表根据电池管理器的功率计算得出合仪表通过采集CAN上动力电池管理模块发送的总电压、总电流计算功率，同时判断正、负
电量表	组合仪表采集动力电池管理模块的CAN信息，显示电池容量表
里程表	组合仪表CAN采集车速信号，计算后得到的行驶里程；短里程可以清零，总里程不可清零

2. 警告、指示器类

组合仪表中的各种警告和指示器类如表 4-2 所示。

表 4-2 警告和指示器类

名称	图标	工作逻辑
转向指示灯		仪表通过硬线采集组合开关转向信号
远光灯指示灯		组合仪表接收到远光灯"开启"的 CAN 信息时，点亮此灯并长亮；接收到远光灯"关团"的 CAN 信息时，此灯熄灭，此指示灯和远光灯同步工作
小灯指示灯		从组合开关接收小灯开关信号(CAN)
后雾灯指示灯		从组合开关接收后雾灯开关信号(CAN)
驾驶员座椅安全带指示灯		从 BCM 接收安全带开关信号(CAN)
SRS 故障警告灯		从安全气囊系统接收安全气囊故障信号
ABS 故障警告灯		接收网关发送的制动防抱死系统(anti-lock braking system，ABS)故障信息，点亮指示灯。CAN 线断线点亮
驻车制动故障警告灯		从驻车制动开关接收驻车信号(硬线)；从制动液位开关接收制动液位信号(硬线)；组合仪表采集到"EBD 故障"信号(CAN)
EPS 故障警告灯		CAN 通信传输。电动助力转向系统(electric power steering，EPS)控制单元发送 EPS 故障指示信号给组合仪表，仪表 CPU 命令指示灯点亮
智能钥匙系统警告灯		从智能钥匙系统读取钥匙信息(CAN)

续表

名称	图标	工作逻辑
定速巡航主显示指示灯		CAN 通信传输，电机控制器发送开关量信号给组合仪表。仪表 CPU 根据信号处理此指示灯状态
定速巡航主控制指示灯	SET	CAN 通信传输，电机控制器发送开关量信号给组合仪表。仪表 CPU 根据信号处理此指示灯状态
车门和行李箱状态指示灯		从 BCM 接收各门和行李箱开关状态
主告警灯		接收到故障信息及提示信息（除背光调节、车门及行李箱状态信息外）
充电系统故障警告灯		CAN 线传输 DC 及充电系统故障信号，组合仪表控制指示灯点亮
动力电池电量低指示灯		CAN 通信传输，动力电池管理模块发送电池组电量过低报警信号给组合仪表。仪表 CPU 控制此指示灯点亮，指示灯点亮需与电量表进入红色区域同步
动力电池充电连接指示灯		硬线传输，充电感应开关闭合时，仪表点亮指示灯。充电感应开关断开时，仪表熄灭此指示灯
动力系统故障警告灯		CAN 通信采集到电池管理器、M2 电机控制模块的故障信号时，CPU 驱动指示灯点亮
OK 指示灯	OK	M2 电机控制模块通过 CAN 发送"READY"指示灯点亮信号给组合仪表，仪表 CPU 控制此指示灯点亮
经济模式指示灯	ECO	CAN 线传输，组合仪表 CPU 驱动指示灯工作
运动模式指示灯	SPORT	CAN 线传输，组合仪表 CPU 驱动指示灯工作

续表

名称	图标	工作逻辑
电子驻车状态指示灯		CAN 传输，组合仪表采集网关转发的 ID 为 0x218 报文信号，并根据报文的电子驻车状态指示灯内容进行相应的指示
ESP 故障警告灯		从 ESP 系统接收到 ESP 故障信号(CAN)
ESP OFF 警告灯		接收到 ESP 系统关闭信号(CAN)
胎压故障警告灯		从胎压监测系统接收到胎压故障信号(CAN)
动力电池电量低警告灯		CAN 通信采集电池管理器的电量低信号后显示
AVH 工作指示灯		CAN 通信采集自动驻车(auto hold，AVH)系统的工作状态后显示
雪地模式指示灯		CAN 通信整车控制器模块的模式状态信号后显示
防盗指示灯		CAN 通信采集防盗系统状态
动力电池过热警告灯		CAN 通信采集电池管理器故障信号
动力电池故障警告灯		CAN 通信采集电池管理器故障信号

4.1.2 组合仪表控制模块检测维修

1. 组合仪表的拆卸

组合仪表的拆卸步骤如下：

(1) 断开蓄电池负极。

(2) 将转向管柱调节至最下端。

(3) 拆卸组合开关上护板。

(4) 拆卸组合仪表罩，如图4-2所示。

注意：在拆卸时要细心，用力均匀，请勿用蛮力，否则会损坏卡扣，造成外罩报废。

图4-2 拆卸组合仪表罩

(5) 拆卸组合仪表固定螺栓(4个)，如图4-3所示。

(6) 取出组合仪表，拆卸组合仪表控制模块线束插头G01，如图4-4所示。

图4-3 拆卸组合仪表固定螺栓

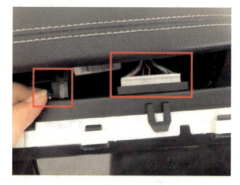

图4-4 拆卸组合仪表控制模块线束插头

2. 检测组合仪表控制模块电源电压

组合仪表线束插头G01结构如图4-5所示，其各引脚信息如表4-3所示。

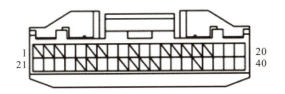

图 4-5 组合仪表线束插头 G01 结构示意图

表 4-3 G01 插头引脚信息

端子号(符号)	配线颜色	端子描述	条件	规定状态
G01-1-车身搭铁		预留		
G01-2-车身搭铁		预留		
G01-3-车身搭铁		预留		
G01-4-车身搭铁	P-车身搭铁	B-CAN H	始终	2.5～3.5 V
G01-5-车身搭铁	V-车身搭铁	B-CAN L	始终	1.5～2.5 V
G01-6-车身搭铁		预留		
G01-7-车身搭铁		预留		
G01-8-车身搭铁		预留		
G01-9-车身搭铁		预留		
G01-10-车身搭铁		预留		
G01-11-车身搭铁	B-车身搭铁	搭铁(WGD6)	始终	小于 1 Ω
G01-12-车身搭铁	B-车身搭铁	搭铁(WGD6)	始终	小于 1 Ω
G01-13-车身搭铁		预留		
G01-14-车身搭铁		预留		
G01-15-车身搭铁		冷却液的液位		
G01-16-车身搭铁		预留		
G01-17-车身搭铁	防盗指示灯输出	预留		
G01-18-车身搭铁	W/B-车身搭铁	背光调节按键+信号	按下此按键	小于 1 Ω
G01-19-车身搭铁	W/G-车身搭铁	背光调节按键+信号	按下此按键	小于 1 Ω
G01-20-车身搭铁	Y/W-车身搭铁	(ODO/TRIP)里程切换按键-信号	按下此按键	小于 1 Ω
G01-21-车身搭铁	L-车身搭铁	背光调节输出	打小灯，调背光亮度	电压信号

续表

端子号(符号)	配线颜色	端子描述	条件	规定状态
G01-22-车身搭铁	R/Y 车身搭铁	右转向的状态信号	打右转向灯	11~14 V
G01-23-车身搭铁		预留		
G01-24-车身搭铁	G/R-车身搭铁	制动液位开关信号	浮标沉下(制动液位过低)	小于1 Ω
G01-25-车身搭铁		预留		
G01-26-车身搭铁	G-车身搭铁	(充电连接线)车载充电器-充电指示灯信号	—	—
G01-27-车身搭铁	L/O-车身搭铁	副驾驶安全带信号采集	坐下,且扣安全带	悬空
G01-27-车身搭铁	L/O-车身搭铁	副驾驶安全带信号采集	无人坐	悬空
G01-27-车身搭铁	L/O-车身搭铁	副驾驶安全带信号采集	坐下,且没扣安全带	小于1 V
G01-28-车身搭铁	Br-车身搭铁	(低配有)信息切换按钮信号地	始终	小于1 V
G01-29-车身搭铁	R/W-车身搭铁	(充电电源)充电信号输入	充电时(电压信号-高有效)	12 V
G01-30-车身搭铁		放电开关,搭铁		
G01-31-车身搭铁				
G01-32-车身搭铁				
G01-33-车身搭铁	R/L-车身搭铁	左转向的状态信号	打左转向灯	11~14 V
G01-34-车身搭铁		预留		
G01-35-车身搭铁		预留		
G01-36-车身搭铁				
G01-37-车身搭铁	W/L-车身搭铁	(低配有)信息切换按钮输入	按下"确认"	小于8.2 kΩ
G01-37-车身搭铁	W/L-车身搭铁	(低配有)信息切换按钮输入	按下"上"	约23.2 kΩ
G01-37-车身搭铁	W/L-车身搭铁	(低配有)信息切换按钮输入	按下"下"	约50.2 kΩ
G01-38-车身搭铁	Y/R-车身搭铁	1G1 电	ON 挡电	11~14 V
G01-39-车身搭铁	R/B-车身搭铁	常电	始终	11~14 V

续表

端子号(符号)	配线颜色	端子描述	条件	规定状态
G01-40-车身搭铁	Gr-车身搭铁	副驾驶安全带指示灯控制	坐下,且扣安全带	悬空
			无人坐	悬空
			坐下,且没扣安全带	小于 1 V

组合仪表电源电压的检测可按下列步骤进行。

(1)打开点火开关。

(2)取出数字万用表,选择欧姆挡对万用表进行校零。

(3)万用表校零后,选择电压挡,将万用表红表笔对应线束插头 G01/39 号端子,黑表笔搭铁,进行测量。

(4)读取数值,此数值即常供电端子电压。

(5)将万用表红表笔对应线束插头 G01/38 号端子,黑表笔搭铁,进行测量。

(6)所读取的数据即为 IG1 端子电压。

(7)将测试值与维修手册标准值比较,判断线路是否正常。

(8)取下红黑表笔,复位万用表,关闭点火开关。

3. 检测组合仪表控制模块 CAN 总线波形

(1)打开点火开关,打开"ON"挡。

(2)取出示波器,将示波器正极接头 1 对应 G01/4 号端子,负极接头 1 对应 G01/11 号端子;正极 2 对应 G01/5 端子,负极接头 2 对应 G01/12 号端子,进行测量,读取波形,如图 4-6 所示。

(3)观察波形及波形幅值,判断波形信号是否正常。

(4)关闭点火开关,取下测试接头,复位示波器。

(5)整理工具,清洁场地,设备复位。

4. 安装组合仪表

(1)连接好仪表连接器。

(2)将定位孔对准定位点放置好组合仪表。

(3)安装 4 个固定螺钉。

(4)安装组合仪表罩。

注意:将组合仪表罩对准卡扣位置用力按下,保证各卡扣固定点安装到位。

(5)安装组合开关上护板。

(6)将转向管柱调节至适当位置。

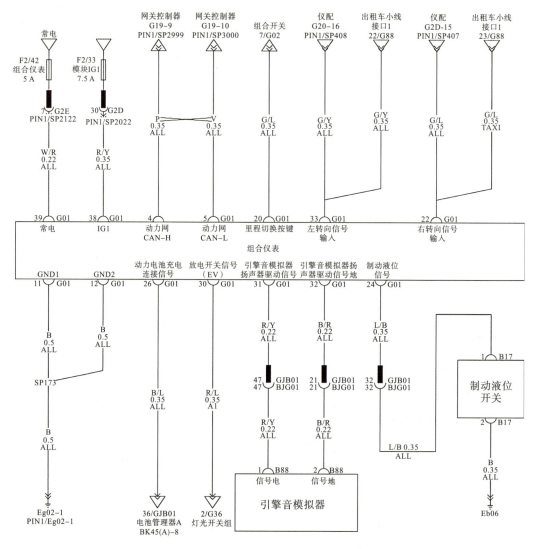

图 4-6 比亚迪秦 EV 组合仪表电路图

(7)安装蓄电池负极,测试。

任务实施

1. 作业说明

比亚迪秦 EV 轿车组合仪表黑屏,根据汽车电器元件的工作原理,出现这种故障的可能原因是组合仪表供电出现故障、仪表自身故障等。需通过检测并排除故障,现需要对组合仪表控制模块及相关电控元件进行电路检测,才能确定故障原因,帮助客户排除车辆故障。

2. 技术标准与要求

项目	内容
蓄电池电压	
组合仪表控制模块电源电压	
组合仪表控制模块 CAN 总线波形	

注：请学员查阅维修资料后填写。

3. 设备器材

(1)检测仪器。

_____

_____

(2)常用工具。

_____

_____

(3)耗材及其他。

_____

_____

注：请学员根据场地实际设备器材填写。

4. 作业流程

(1)实训车辆安全防护。

(2)拆卸组合仪表。

(3)检测组合仪表控制模块电源和搭铁端子电压。

(4)查阅电路图绘制组合仪表控制模块网络拓扑图。

(5)检测组合仪表控制模块 CAN 总线波形。

(6)安装组合仪表。

(7)进行以上步骤的同时根据需求进行工单填写。

(8)恢复车辆，7S 整理。

新能源汽车网关控制娱乐**系统技术**

5. 填写考核工单

一、查询并记录车辆信息					
电机类型		峰值功率		电机最高转速	
峰值电流		额定扭矩		工作电压	
二、检测过程					

1. 确认组合仪表控制模块端子信息

组合仪表控制模块端子信息和标准值在维修手册中的页码：_____、_____

元件名称	针脚号	线束颜色/导线编码	线束说明
仪表控制模块	G01/4		□CAN-H线　□CAN-L线　□电源线　□接地线
	G01/5		□CAN-H线　□CAN-L线　□电源线　□接地线
	G01/11		□CAN-H线　□CAN-L线　□电源线　□接地线
	G01/12		□CAN-H线　□CAN-L线　□电源线　□接地线
	G01/38		□CAN-H线　□CAN-L线　□电源线　□接地线
	G01/39		□CAN-H线　□CAN-L线　□电源线　□接地线

2. 检测组合仪表控制模块电源和搭铁端子电压

组合仪表控制模块电源和搭铁端子电压：_____伏；

组合仪表控制模块接地电压：_____伏

3. 绘制组合仪表控制模块网络拓扑图

4. 检测组合仪表控制模块CAN总线波形（读取到波形后需考官确认）

5. 与标准值比较是否正常：

组合仪表控制模块电源和搭铁端子电压检测　　　　是□　　否□；

组合仪表控制模块接地电压检测　　　　　　　　　是□　　否□；

组合仪表控制模块CAN总线波形　　　　　　　　　是□　　否□；

若不正常请分析可能的原因(若正常则不填写)：_____

_____

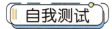

(1)简述轿车仪表的功能和组成。

(2)列举比亚迪秦 EV 轿车 5~8 项仪表指示灯和警告灯,并说明含义。

(3)比亚迪秦 EV 轿车组合仪表有几个供电端子?分别是哪几个端子?

智能座舱仪表技术的突破

黑龙江天有为电子有限责任公司(以下简称天有为)是一家产销研一体的生产汽车组合仪表的民营企业。天有为十分重视技术研发、技术创新等方面的投入,不断研发出智能座舱仪表等创新型技术产品。其产品销量占国内汽车仪表市场份额的 12%,连续 6 年保持国内自主品牌销量第一,企业总资产达 10 亿元。天有为已从前期的"以创新技术占领市场"发展到现在的"以创新技术引领市场"。取得这样的成绩源于天有为大力创新技术,使科技成果精准转化落地,用硬实力成就大作为。

目前天有为拥有 51 项专利、软件著作权,3 项国际专利,科技成果已转化为 700 多种汽车电子组合仪表产品,产品全部通过检验、批量生产,且产品的关键技术全部具有自主知识产权。合作方包括韩国现代、法国标致、上汽通用五菱、长安、吉利、奇瑞、东风等 40 多家国内外知名车企。

天有为首创的汽车仪表用步进电机关键技术、汽车组合仪表复合屏技术、智能座舱(联屏)技术等应用技术,均填补了我国汽车行业的空白。

其中汽车组合仪表复合屏技术,打破了国外对高端智能产品技术的长期垄断。天有为研发团队攻克了屏幕驱动 IC 芯片技术、彩色印刷背板技术以及贴合工艺技术等多项关键技术,取得了 12 项国家专利,其中发明专利 3 项,最终研发出段码屏与彩色屏拼接的复合屏汽车仪表。目前复合屏汽车组合仪表已经出口到韩国和马来西亚等国车企,得到国际市场认可。

任务 4.2

中央门锁控制模块检测维修

任务引入

一客户反映一辆比亚迪秦 EV 轿车右后门无法上锁。经比亚迪 4S 店技术经理诊断，现需要对中央门锁控制模块及相关电控元件进行电路检测。请学习相关知识，完成对整车控制模块及相关电控元件检测，帮助客户排除车辆故障。

学习目标

（1）掌握中央门锁控制系统的组成与控制原理。
（2）掌握中央门锁控制模块插头端子的电压、线束电阻的检测方法。
（3）能正确检测中央门锁控制模块插头端子电压、线束电阻。
（4）能正确检查门锁电机。
（5）能通过检测数据分析判断中央门锁控制模块电路故障。

素质目标

（1）培养学生团队协作、精益求精的作风；
（2）培养学生安全生产、绿色环保的意识。

知识准备

4.2.1 中央门锁控制系统的功能与结构组成

1. 中央门锁控制系统的功能

为了使汽车的使用更加方便安全，现代轿车多数都安装了中央门锁控制系统，简称中控门锁。安装中控门锁后可实现以下功能：

（1）驾驶员车门门锁扣一锁，其余车门及行李箱门能自动锁定。用钥匙锁门，也可同时锁好其他车门和行李舱门。

（2）驾驶员车门锁扣拉起时，其余车门及行李箱门锁都能同时打开用钥匙开关，可实现此动作。

（3）车内个别车门需打开时，可分别拉开各自的锁扣。

（4）配合防盗系统进行防盗。

2. 中央门锁控制系统的组成

（1）门锁开关。控制门锁控制器的工作状态。包括按钮式控制开关和钥匙控制开关两种。

（2）门锁控制器。控制门锁执行机构动作，使门锁打开或锁止。包括电子式、车速感应式、车身电控单元控制式。

（3）门锁执行机构。根据电路中电流方向的不同进行开锁和闭锁。包括电动机式、电磁式、真空式和电子式。

3. 比亚迪秦 EV 轿车中央门锁控制系统

比亚迪秦 EV 轿车中央门锁控制系统零部件位置如图 4-7 所示。

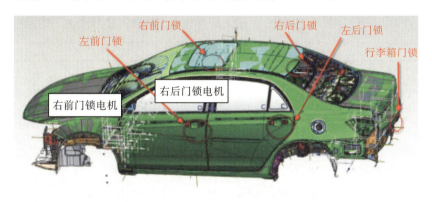

图 4-7 比亚迪秦 EV 轿车中央门锁控制系统零部件位置

4.2.2 中央门锁控制系统的控制原理

1. 比亚迪秦 EV 中央门锁控制系统

比亚迪秦 EV 中央门锁控制系统控制原理框图，如图 4-8 所示。

比亚迪秦 EV 中央门锁控制系统是由多路集成控制模块（BCM）控制电动门锁解锁/闭锁的系统，其操作方式分为两种：

（1）按下左前玻璃升降器开关组上的门锁总开关，向 BCM 发送解锁/闭锁请求信号，BCM 接收并处理开关信号，驱动相应的门锁电机解锁/闭锁。

（2）用机械钥匙开车门时，钥匙锁芯开关发送解锁/闭锁请求信号给 BCM，BCM 接收并处理开关信号，驱动相应的门锁电机解锁/闭锁。

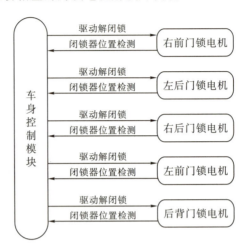

图 4-8 比亚迪秦 EV 中央门锁控制系统控制原理框图

2. 中央门锁控制模块

中央门锁控制模块 G2K、G2I、G2G、G2E、G2H 插头端子电压，如表 4-4 所示。

表 4-4 中央门锁控制模块各端子电压

端子号	端子描述	条件	正常值
G2E-26-车身地	左前门锁电机开锁驱动	左前门解锁瞬间	11～14 V
G2E-34-车身地	左前门锁电机闭锁驱动	左前门闭锁瞬间	11～14 V
G2H-19-车身地	左前门门锁位置反馈	左前门门锁开锁	小于 1 V
G2E-33-车身地	右前门锁电机开锁驱动	右前门解锁瞬间	11～14 V
G2E-35-车身地	右前门锁电机闭锁驱动	右前门闭锁瞬间	11～14 V
G2H-20-车身地	右前门门锁位置反馈	右前门门锁开锁	小于 1 V
K2G-6-车身地	左后门锁电机开锁驱动	左后门锁解锁瞬间	11～14 V
K2G-8-车身地	左后门锁电机闭锁驱动	左后门锁闭锁瞬间	11～14 V
G2J-9-车身地	左后门门锁位置反馈	左后门门锁开锁	小于 1 V
K2G-7-车身地	右后门锁电机开锁驱动	右后门解锁瞬间	11～14 V
K2G-9-车身地	右后门锁电机闭锁驱动	右后门闭锁瞬间	11～14 V
G2J-10-车身地	右后门门锁位置反馈	右后门门锁开锁	小于 1 V
K2G-10-车身地	后背门锁解锁驱动	后背门解锁瞬间	11～14 V

4.2.3 中央门锁控制模块检测维修

1. 拆卸门护板(右后)

1)实训车辆安全防护

(1)安装座椅套、方向盘套、换挡杆护套、脚垫并检查驻车制动。

(2)安装车外防护用具安装翼子板护围,前格栅布、车轮挡块。

(3)铺设绝缘垫,检查绝缘电阻,穿绝缘鞋,戴好护目镜。

2)拆卸门护板

(1)断开蓄电池负极。

(2)使用门板拆卸工具将1号位置内扣手盖板、2号位置拉手盖板卸下。注意不要划伤内扣手手柄、内扣手亮饰条、扣手装饰板、拉手面板等部件,如图4-9所示。

图4-9 拆卸内扣手、拉手盖板

(3)用十字螺丝刀将内扣手位置螺钉卸下,拉手面板拉手盒内的螺钉卸下,并注意妥善存放螺钉,以免丢失,如图4-10所示。

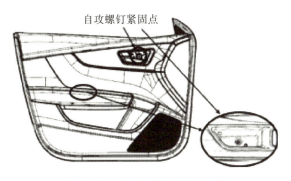

图4-10 拆卸门护板固定螺栓

(4)使用门板拆卸工具从A位置开始撬起,沿顺时针方向,使1~10号位置卡扣从门钣金上脱离,拆卸时需用力。护板容易出现整体脱出的情况,注意保证门护板不会直接掉落,同时注意不要划伤门护板及钣金外露漆面,如图4-11所示。

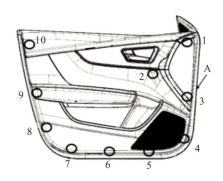

图 4-11 拆卸门护板

(5)将门护板拆卸下来后,注意将扣手座与门锁锁线、窗控开关与线束接插件脱离,就可将门护板总成拆下。安装顺序与以上拆卸顺序相反,但需注意门护板上边界在装配时需对准内水切并卡紧。

(6)将拆卸过程中掉落的塑料废件合理回收。

2. 检查门锁电机(右后)

(1)右后门锁电机线束插头如图 4-12 所示,右后门锁电机电路图如图 4-13 所示。

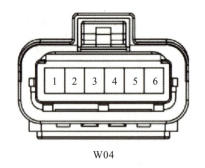

W04

图 4-12 右后门锁电机线束插头图

(2)检查右后门锁电机。

①拆下右后门锁电机插头。

②给门锁电机两端通蓄电池电压,检查门锁电机是否正常工作,如表 4-5 所示。

表 4-5 门锁电机工作状态

端子	条件	正常值
W04-3-W04-4	W04-3-蓄电池(+) W04-4-蓄电池(-)	电机闭锁
W04-3-W04-4	W04-4-蓄电池(+) W04-3-蓄电池(-)	电机解锁

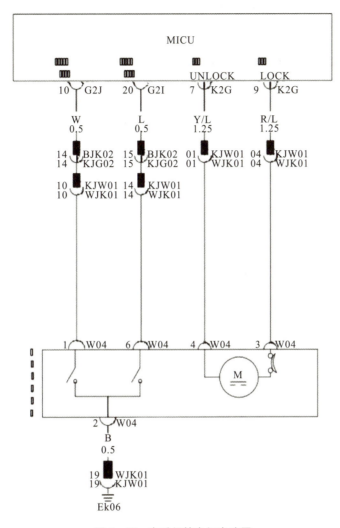

图 4－13　右后门锁电机电路图

3. 检测右后门锁电机开锁/闭锁电源线束电阻

(1) 关闭点火开关，拔下 BCM 线束插头。

(2) 取出数字万用表，选择电阻挡对万用表进行校零。

(3) 万用表校零后，选择电阻挡，将万用表红表笔对应电机线束插头 W04/3 号端子，黑表笔对应 BCM 线束插头 K2G/9 号端子，进行测量。

(4) 读取数值，此数值即门锁电机闭锁电源线束电阻值。

(5) 将万用表红表笔对应电机线束插头 W04/4 号端子，黑表笔对应 BCM 线束插头 K2G/7 号端子，进行测量。

(6) 读取数值，此数值即门锁电机开锁电源线束电阻值。

(7)将测试值与维修手册标准值比较,判断线路是否正常。

(8)取下红黑表笔,复位万用表,关闭点火开关。

4. 检测中央门锁控制模块 BCM 输出电压

(1)打开点火开关,打开"ON"挡。

(2)使用万用表,红表笔用背插针连接 BCM－K2G/7 号端子,黑表笔接地,按下中控门锁开关至开锁位置,进行测量。

(3)读取数值,此数值即开锁时 BCM 输出电压。

(4)将测试值与维修手册标准值比较,判断 BCM 输出电压是否正常。

(5)使用万用表,红表笔用背插针连接 BCM－K2G/9 号端子,黑表笔接地,按下中控门锁开关至闭锁位置,进行测量。

(6)读取数值,此数值即闭锁时 BCM 输出电压。

(7)将测试值与维修手册标准值比较,判断 BCM 输出电压是否正常。

5. 安装门护板

(1)按照拆卸的相反顺序依次安装。

(2)安装蓄电池负极,测试。

任务实施

1. 作业说明

比亚迪秦 EV 轿车右后车门无法上锁,根据比亚迪秦 EV 中央门锁控制系统框图和控制原理,出现这种故障的原因可能是右后门锁电机出现故障,BCM－门锁电机间的线路故障,BCM 局部故障和门锁机械故障。需通过检测并排除故障,现需要对中央门锁控制系统控制模块及相关元件进行电路检测,才能确定故障原因,帮助客户排除车辆故障。本作业是在 BCM 控制单元已拆卸下来的情况下进行。

2. 技术标准与要求

项目	内容
蓄电池电压	
中央门锁控制模块开锁时的电压	
中央门锁控制模块闭锁时的电压	

注:请学员查阅维修资料后填写。

3. 设备器材

(1)检测仪器。

_____

_____

(2)常用工具。

_____

_____

(3)耗材及其他。

_____

_____

注：请学员根据场地实际设备器材填写。

4. 作业流程

(1)实训车辆安全防护。

(2)拆卸门护板。

(3)检测右后门锁电机。

(4)检测右后门锁电机开锁/闭锁电源线束电阻。

(5)检测中央门锁控制模块输出电压。

(6)安装门护板。

(7)恢复工位。

5. 填写考核工单

一、查询并记录车辆信息					
电机类型		峰值功率		电机最高转速	
峰值电流		额定扭矩		工作电压	
二、检测过程					

1. 右后门锁电机
(1) 中央门锁控制模块的端子信息和标准值分别在维修手册中的页码_____、_____。
(2) 确认右后门锁电机插头端子信息

元件名称	针脚号	线束颜色/导线编码	线束说明
右后门锁电机	W04/1		□电源线　□接地线　□信号线
	W04/2		□电源线　□接地线　□信号线
	W04/3		□电源线　□接地线　□信号线
	W04/4		□电源线　□接地线　□信号线
	W04/5		□电源线　□接地线　□信号线
	W04/6		□电源线　□接地线　□信号线

2. 右后门锁电机开锁/闭锁电源线束电阻

线束	电阻值
W04/3-中央门锁控制模块	
W04/4-中央门锁控制模块	

3. 中央门锁控制模块 BCM 输出电压
门锁开关开锁时中央门锁控制模块输出电压：_____V；
门锁开关闭锁时中央门锁控制模块输出电压：_____V

4. 与标准值比较是否正常：
门锁电机是否正常　　　　　　　　　　　　　　是□　否□；
门锁电机开锁电源线束电阻值　　　　　　　　　是□　否□；
门锁电机闭锁电源线束电阻值　　　　　　　　　是□　否□；
门锁开关开锁时 BCM 输出电压　　　　　　　　是□　否□；
门锁开关闭锁时 BCM 输出电压　　　　　　　　是□　否□；
若不正常请分析可能的原因(若正常则不填写)：_____
_____
_____

自我测试

(1) 简述比亚迪秦 EV 中央门锁控制系统控制原理。

_____

_____

(2) 简述永磁直流电机的检测方法。

_____

_____

(3) 请分析比亚迪秦 EV 轿车所有车门无法上锁的故障原因。

_____

_____

拓展学习

NFC 车钥匙实现一碰解锁

近年来,解锁车门的新技术层出不穷,像人脸识别解锁车门、手机 App 解锁车门等技术已经在很多车型上应用。NFC 车钥匙,因为具有"无电无网也可打开车门"的独特魅力,将被应用在护卫舰 07、2023 款海豚、汉 EV 冠军版和唐 DM-i 冠军版等车型上。

NFC,即"近场无线通信",是一种短距离的中频无线通信技术,由无线射频识别及互联互通技术整合演变而来,"近场"是指临近电磁场的无线电波。

NFC 通过在单一芯片上集成感应式读卡器、感应式卡片和点对点通信的功能,利用移动终端实现移动支付、电子票务、门禁、移动身份识别、防伪等应用。NFC 与其他的无线通信(如蓝牙、Wi-Fi)相比,具有建立连接迅速、安全性高、功耗低等优点。

电场和磁场在从发射天线传播到接收天线的过程会一直交替进行能量转换,并在进行转换时相互增强,我们的手机所使用的无线电信号就是利用这种原理进行传播的,这种方法称作远场通信。而在电磁波 10 个波长以内,电场和磁场是相互独立的,这时的电场没有多大意义,但磁场却可以用于短距离通信,称之为近场通信,NFC 技术便是以近场通信的方式实现数据传输。要让两台 NFC 设备正常通信,离不开硬件架设、软件开发、通信协议制定等技术。也就是说,想要实现手机 NFC 解锁车门,手机和汽车都需要具备实现 NFC 功能的芯片,用软件来驱动芯片后产生可以互相识别与交流的同种通信协议,手机和汽车对上了"要打开车门的加密暗号",车门就可以解锁了。

任务4.3

新能源汽车空调系统控制模块检测维修

任务引入

一辆比亚迪秦EV轿车空调系统失效,经过厂内高级技师检查发现,仪表右上角外界温度信息无显示,PDA屏幕上的按键功能失效且变灰,屏幕显示"请检查空调系统"。现需要对空调控制模块及相关电控元件进行电路检测。请学习相关知识,完成对空调控制模块及相关电控元件检测,帮助客户排除车辆故障。

学习目标

(1)掌握空调控制系统的组成与控制原理。
(2)掌握空调控制模块插头端子的电压、电阻检测方法。
(3)能正确地使用汽车诊断仪。
(4)能正确检测空调控制模块电源电压、线束电阻。
(5)能通过检测数据分析判断空调控制模块电路故障。
(6)能正确穿戴高压防护服和安全鞋。

素质目标

(1)提升故障诊断思维能力。
(2)培养良好的行为习惯、规范的操作技能。

4.3.1 新能源汽车空调系统概述

4.3.1.1 空调系统的功用

1. 温度调节

温度调节是汽车空调的主要功用，目前多数汽车的空调只具有这项单一功用。空调系统在夏季由空调制冷系统对车厢进行降温；冬季除大型商用车采用独立燃烧式加热器采暖外，其他车辆基本上采用汽车余热进行采暖。

2. 湿度调节

湿度对车内乘员的热舒适感有很大影响。车厢内的湿度一般应保持在30%～70%。普通汽车空调不具备调节车内湿度的功用，而是通过使用通风装置或打开车窗靠车外空气来调节湿度。高级豪华汽车采用的冷暖一体化空调器，通过制冷和采暖的共同使用对车内的湿度进行适当的调节。

3. 气流调节

气流的流速和方向对人的舒适性影响很大。

4. 空气净化

车厢内空气的质量是舒适度的重要保证。一般在汽车空调的进风口装有空气过滤装置和空气净化装置。

比亚迪秦EV汽车空调系统除了有温度调节、湿度调节、气流调节、空气净化等功能，还有电池热管理功能包括电池冷却、电池加热和电池内循环功能。

4.3.1.2 新能源汽车空调系统的组成

比亚迪秦EV汽车空调系统为单蒸自动调节空调。系统主要由压缩机、冷凝器、供热通风与空气调节(heating, ventilation and air conditioning，HVAC)总成、制冷管路、暖风水管、风道、空调控制器等零部件组成，具有制冷、采暖、除霜除雾、通风换气等功能。该系统利用加热PTC来采暖，利用蒸汽压缩式制冷循环制冷，制冷剂为四氟乙烷(R134a)，控制方式为按键操纵式。自动空调箱体的模式风门、冷暖混合风门和内外循环风门都是电机控制。

4.3.2 新能源汽车空调系统的工作原理

4.3.2.1 制冷系统工作原理

比亚迪秦EV汽车制冷是通过电动压缩机、冷凝器、电子膨胀阀、蒸发器、鼓风机、空调控制器(集成式车身控制器)和空调制冷管路等组件组合成的系统来实现的。空调制冷系统框图(包含电池冷却),空调控制器(集成式车身控制器)如图 4-14 所示。通过控制电动压缩机转速、电子膨胀阀、鼓风机和冷暖风门来实现空调的制冷。

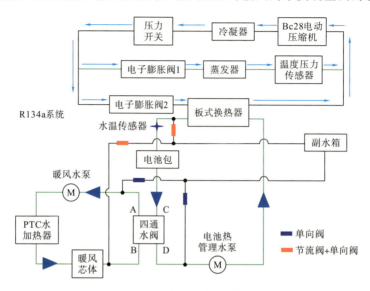

图 4-14 空调制冷系统框图

4.3.2.2 采暖系统工作原理

比亚迪秦 EV 汽车采暖是通过水加热正温度系数热敏电阻、暖风水泵、暖风芯体、鼓风机、空调控制器(集成式车身控制器)和空调采暖管路等组件组合成的系统来实现,空调采暖系统框图如图 4-15 所示。空调控制器(集成式车身控制器)通过控制 PTC 水加热器、暖风电动水泵、鼓风机和冷暖风门来实现空调的采暖。

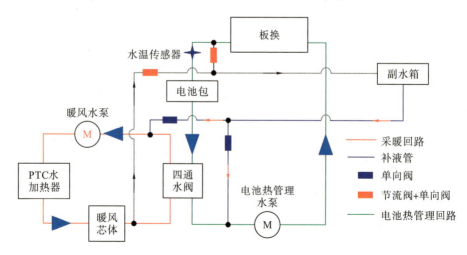

图 4-15 采暖系统框图

4.3.3 空调系统控制模块检测维修

4.3.3.1 读取故障码

(1)关闭点火开关,连接诊断仪至车辆诊断接口。

(2)打开点火开关,检查诊断仪与车辆连接情况。

(3)打开诊断仪软件。

(4)选择车辆品牌、年限。

(5)点击"快速检测"查看整车系统故障。

(6)选择空调控制系统,读取故障码,并记录于作业单。

(7)关闭点火开关,取下测试接头,复位诊断仪。

4.3.3.2 空调控制模块 CAN 总线电压、终端电阻的检测

1. 确认 G21(A)、G21(B)插头引脚信息

确认 G21(A)、G21(B)插头引脚信息,如图 4-16 和表 4-6 所示。

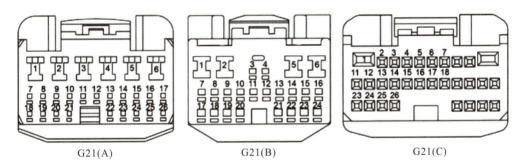

图 4-16 空调控制器线束插头图

表 4-6 空调控制模块端子定义

端子号	导线颜色	端子描述
A1	Gr/L	ON 挡电
A2	G	空调回路电子膨胀阀 C 端驱动
A4	W/G	空调回路水阀驱动电源二(CW:-。CCW:+)
A5	Y/L	冷暖电机驱动电源二(CW:-。CCW:+)
A7	G/L	电池热管理电子膨胀阀 C 端驱动
A8	W/B	电池热管理电子膨胀阀 D 端驱动
A9	L/W	空调回路电子膨胀阀端驱动

续表

端子号	导线颜色	端子描述
A10	G/W	空调回路电子膨胀阀 B 端驱动
A11	G/Y	空调回路电子膨胀阀 A 端驱动
A13	E/Y	空调回路水阀驱动电源一(CW：＋。CCW：－)
A14	Y/W	冷暖电机驱动电源(CW：＋。CCW：－)
A15	L/W	模式电机驱动电源一(CW：＋。CCW：－)
A16	L	模式电机驱动电源二(CW：－。CCW：＋)
A18	B/W	电池热管理电子膨胀阀 A 端驱动
A19	L/Y	电池热管理电子膨胀阀 B 端驱动
A20	R	常电
A21	R/Y	压力传感器电源和 P＋T 传感器电源(输出 5 V)
A22	B	搭铁
A25	W/L	循环电机驱动电源二(CW：－。CCW：＋)
A26	W	循环电机驱动电源一(CW：＋。CCW：－)
B3	R/G	空调回路水泵继电器
B5	G/B	前排鼓风机调速信号
B6	B/L	电池热管理水泵 PWM 控制、反馈
B11	W/R	循环电机反馈电源
B17	P	整车舒适网 2 CAH 高
B18	V	整车舒适网 2 CAN 低
B20	L/R	模式电机反馈电源
B21	L/Y	空调回路水阀反馈电源
B23	L/Y	P＋T 传感器压力信号采集
C2	L/W	P＋T 传感器温度信号采集
C4	Br/Y	水温传感器
C5	B	接地
C6	W	车外温度
C7	B/L	主驾吹面出风口温度
C8	W/Br	中压信号
C10	L	车内温度

续表

端子号	导线颜色	端子描述
C11	G/B	主驾吹脚出风口温度
C12	P/B	蒸发器温度
C13	Gr/L	高低压信号
C14	R/W	日光照射传感器
C16	LR	空调回路水阀反馈信号
C17	W/R	循环电机反馈信号
C18	L/B	模式电机反馈信号
C19	Y/B	冷暖电机反馈信号
C23	Y/R	冷暖电机反馈电源
C24	R/L	前鼓风机反馈信号
C27	G/B	日光照射传感器电源

2. 检测空调控制器 CAN 总线电压

(1)打开点火开关，取出数字万用表，使用电阻挡，对万用表进行校零。

(2)校零后选择电压挡，将万用表红表笔插入空调控制器 G21(B)/17 号端子上，黑表笔连接电源接地，进行测量。

(3)读取数值，此数值即空调控制器 CAN‑H 电压。

(4)万用表红表笔插入空调控制器 G21(B)/18 号端子上，黑表笔连接电源接地，进行测量。

(5)读取数值，此数值即空调控制器 CAN‑L 电压。

(6)将测试值与标准值比较，判断空调控制器 CAN 总线电压是否正常。

(7)取下表笔，复位万用表，关闭点火开关。

3. 检测空调控制器 CAN 总线终端电阻

(1)断开空调控制器线束插头 G21(C)。

(2)断开蓄电池负极。

(3)使用万用表红表笔插入空调控制器 G21(B)/17 号端子上，黑表笔连接 G21(B)/18 号端子，进行测量。

(4)读取数值，此数值即空调控制器 CAN 总线终端电阻。

(5)将测试值与标准值比较，判断空调控制器 CAN 总线终端电阻是否正常。

(6)取下表笔，复位万用表，恢复空调控制器线束插头。

4.3.3.3 检测空调控制模块电源电压、接地电阻

（1）用背插针连接空调控制器 G21（A）/20 号端子，并连接万用表红表笔，黑表笔接地，进行测量。

（2）读取数值，此数值即空调控制器＋B 电源电压。

（3）打开点火开关，打开"ON"挡。

（4）用背插针连接空调控制器 G21（A）/1 号端子，并连接万用表红表笔，黑表笔接地，进行测量。

（5）读取数值，此数值即空调控制器 IG4 电源电压。

（6）校零后选择电阻挡，用背插针连接空调控制器 G21（A）/22 号端子，并连接万用表红表笔，黑表笔接地，进行测量。

（7）读取数值，此数值即搭铁端子电阻。

（8）将测试值与维修手册标准值比较，判断供电线路是否正常。

（9）取下红黑表笔，复位万用表，关闭点火开关。

4.3.3.4 检测空调控制模块电源线路的电阻

（1）关闭点火开关，拔下空调控制模块 G21（A）线束插头和 F1/10、F2/38 保险丝。

（2）万用表校零后，选择电阻挡，将万用表红表笔对应线束插头 G21（A）/20 号端子，黑表笔对应 F2/38 号保险丝下游，进行测量。

（3）读取数值，此数值即空调控制器＋B 电源线束电阻值。

（4）将万用表红表笔对应线束插头 G21（A）/1 号端子，黑表笔对应 F1/10 号保险丝下游，进行测量。

（5）读取数值，此数值即空调控制器 IG4 电源线束电阻值。

（6）将测试值与维修手册标准值比较，判断线路是否正常。

（7）取下红黑表笔，复位万用表，恢复空调控制模块 G21（A）线束插头和 F1/10、F2/38 保险丝。

任务实施

1. 作业说明

比亚迪秦 EV 轿车空调系统失效，根据比亚迪秦 EV 空调控制系统电路图和控制原理分析，出现这种故障的可能原因是空调控制器电源或搭铁线路故障、空调控制器通信线路故障、空调控制器自身故障。现需要对空调系统控制模块及相关元件进行电路检测，才能确定故障原因，帮助客户排除车辆故障。本作业在空调控制器和控制面板已拆卸的情况下进行。

2. 技术标准与要求

项目	内容
蓄电池电压	
空调控制器 CAN-H 电压	
空调控制器 CAN-L 电压	
空调控制器 CAN 总线终端电阻	
空调控制器+B 电源电压	
空调控制器电源线路的电阻	

注：请学员查阅维修资料后填写。

3. 设备器材

(1)检测仪器。

_____

_____

(2)常用工具。

_____

_____

(3)耗材及其他。

_____

_____

注：请学员根据场地实际设备器材填写。

4. 作业流程

(1)实训车辆安全防护。
(2)连接诊断仪器访问空调控制器读取故障码。
(3)检测空调控制模块 CAN 总线电压、终端电阻。
(4)检测空调控制模块电源和搭铁端子电压。
(5)检测空调控制模块电源线路的导通性。
(6)填写作业单，分析检测结果，判定故障点。
(7)恢复工位，做好 7S。

5. 填写考核工单

一、查询并记录车辆信息					
电机类型		峰值功率		电机最高转速	
峰值电流		额定扭矩		工作电压	
二、检测过程					

1. 读取故障码

故障码	含义

2. 确认右后门锁电机插头端子信息

空调控制器的端子信息和标准值分别在维修手册中的页码_____、_____。

元件名称	针脚号	线束颜色/导线编码	线束说明			
空调控制器	G21(A)/1		□CAN-H	□CAN-L	□电源线	□接地线
	G21(A)/20		□CAN-H	□CAN-L	□电源线	□接地线
	G21(A)/22		□CAN-H	□CAN-L	□电源线	□接地线
	G21(B)/17		□CAN-H	□CAN-L	□电源线	□接地线
	G21(B)/18		□CAN-H	□CAN-L	□电源线	□接地线
	G21(C)/5		□CAN-H	□CAN-L	□电源线	□接地线

3. 检测空调控制模块 CAN 总线电压、终端电阻，线束电阻

空调控制器 CAN-H 电压；CAN-L 电压	_____ V
空调控制器 CAN-H 电压；CAN-L 电压	_____ V
空调控制器 CAN 总线终端电阻	_____ Ω
空调控制器＋B 电源电压	_____ V
IG4 电源电压	_____ V
空调控制模块电源线路的电阻	_____ Ω

续表

4. 与标准值比较是否正常：		
空调控制器 CAN 线电压	是□	否□；
空调控制器 CAN 总线终端电阻的电阻值	是□	否□；
空调控制器＋B 电源电压	是□	否□；
空调控制器 IG4 电源电压	是□	否□；
空调控制器电源线束电阻值	是□	否□；
若不正常请分析可能的原因（若正常则不填写）：_____		

自我测试

(1) 简述汽车空调系统的功用。

(2) 简述比亚迪秦 EV 汽车空调系统组成。

(3) 简述比亚迪秦 EV 轿车采暖系统工作原理。

拓展学习

规范合理的维修要点——保障新能源汽车空调系统正常运行

新能源汽车空调系统维修的注意事项如下：

(1) 保养空调系统必须由专业技术人员进行。

(2) 维修前应保证维修区域通风，请勿在封闭的空间或接近明火的地方操作。

(3) 维修前应戴好眼罩，保持至维修完毕。

(4) 避免液体制冷剂接触眼睛和皮肤。若液体制冷剂接触眼睛和皮肤，应用冷水冲洗。并注意不要揉眼睛或擦皮肤。在皮肤上涂凡士林软膏，严重的要立刻找医生或医院寻求专业治疗。

(5) 制冷系统中如果没有足够的制冷剂，请勿运转压缩机。避免由于系统中无充足的制冷剂并且油润滑不足造成的压缩机可能烧坏的情况。

(6) 压缩机运转时不要打开压力表高压阀。

(7) 冷冻油必须使用专用冷冻油，不可使用其他品牌的冷冻油代替，更不能混用（不同牌号）。HDE 空调系统冷媒加注量为 550 g，冷冻油总量为 160 ml，当系统因渗漏导致冷冻油总量低于 55 ml 时，就有可能造成压缩机的过度磨损，因此维修站应视情况补加冷冻油。

(8) 空调压力保护方式是通过压力传感器采集高压管路压力信息和低压管路压力信息，高压侧压力过高达到 3.2 MPa 或低压侧压力低于 0.19 MPa 时停止吸合压缩机继电器进行保护。温度保护方式分为蒸发器温度保护（低温保护 −3～0 ℃）；压缩机温度过高保护[高温保护(130±5)℃]。维修时应注意,打开管路的"O"形圈必须更换,并在装配前在密封圈上涂冷冻油后按要求力矩连接。

(9)维修中严格按技术要求操作(充注量、冷冻油型号、力矩要求等),按照要求检修空调,保证空调系统的正常工作和使用寿命。

(10)因冷冻油具有较强的吸水性,在拆下管路时要立即用堵塞或口盖堵住管口,不要使湿气或灰尘进入制冷系统。

(11)在排放系统中过多的制冷剂时,不要排放过快,以免将系统中的压缩机油也抽出来。定期清洁空气过滤网,保持良好的空气调节质量。

(12)检查冷凝器散热片表面是否有脏污,不要用蒸汽或高压水枪冲洗,以免损坏冷凝器散热片,应用软毛刷刷洗。

(13)避免制冷剂过量。若制冷剂过量,会导致制冷不良。

模块五

新能源汽车底盘网关控制系统检测维修

任务 5.1

电控悬架控制模块检测维修

任务引入

某车主的 2022 款比亚迪-汉 EV 四驱轿车出现车身高度不能调节的故障，仪表信息系统出现提示：请检查主动悬架系统，您可继续行驶。根据提示，初步判断为主动悬架系统故障，需要查阅电路图并使用专业诊断工具对主动悬架系统进行检查，确定具体故障点。

学习目标

（1）能区分不同类型的新能源汽车悬挂系统。
（2）能描述电控悬架系统的工作原理与控制逻辑。
（3）能够对电控悬架系统进行基本检查和维护。
（4）能检测电控悬架系统控制模块、电控元件及线束的性能好坏。
（5）能读取和清除电控悬架控制模块相关故障码。
（6）能读取电控悬架控制模块相关数据流，分析是否正常。

素质目标

（1）具有良好的工作责任心和职业道德。
（2）具有安全操作意识和良好的 5S 现场作业管理意识。
（3）树立科技自信、科技报国的家国情怀。

> 知识准备

5.1.1 新能源汽车电控悬架系统基本知识

5.1.1.1 悬架系统的作用与分类

1. 悬架系统的作用

悬架是指由弹簧和减震器组成的连接车身和轮胎间的整个支撑系统。悬架系统的功能是在汽车行驶时与轮胎一起吸收和缓冲因路面不规则而受到各种震动，摆动和冲击，并改善驾驶的稳定性。在汽车行驶过程中，汽车悬架传递车轮和路面之间的驱动力和制动力；在汽车转向时，悬架还要承受来自车身的侧向力，并在汽车起步和制动时，抑制车身的俯仰振动。

2. 悬架系统的分类

按照悬架系统控制方式的不同，汽车悬架可分为被动式悬架和主动式悬架。

1) 被动式悬架

被动式悬架是指悬架的刚度和阻尼都不能调整，工作时无需额外动力。被动式悬架由弹簧、减振器和导向机构等组成。被动式悬架是传统的机械结构，它结构简单、性能可靠，成本低且不需额外提供能量。被动式悬架的刚度和阻尼都是不可调的，它只能保证在特定的工况下达到最优减振效果，难以适应不同的道路和工况，乘坐舒适性和操纵稳定性较差。

2) 主动式悬架

主动式悬架是指悬架系统的刚度和阻尼特性能根据汽车的行驶条件、车辆的运动状态和路面状况等进行动态自适应调节，使悬架系统始终处于最佳减震状态。当承载质量发生变化或道路条件发生变化时，主动式悬架可以调整自身参数，使车身的离地高度保持在合理的数值上，从而提高汽车的操纵稳定性、平顺性和通过性。

5.1.1.2 电控悬架系统的控制功能和分类

1. 电子控制悬架系统的控制功能

1) 减振器阻尼力控制

通过对减振器阻尼系数的调整控制，可以实现：
①抑制汽车急速起步或急加速时车辆的后坐；②抑制紧急制动时车辆的点头；③抑制汽车急转弯时车身的横向振动；④抑制汽车换挡时车身纵向摆动等，从而提高汽车行驶的平顺性和操纵稳定性。

2) 弹簧刚度控制

通过对弹簧弹性系数的调整控制，来改变悬架的刚度，从而改善汽车的乘坐舒适性和操纵稳定性。

3) 车身高度控制

在车辆负载变化时，车身高度可以保持一定，车身能保持水平，从而使汽车的大灯光束方向保持不变；当汽车在破损路面上行驶时，可以使车身高度升高，防止底盘的刮碰；当汽车高速行驶时，又可以使车身高度降低，降低车辆重心，以便减少空气阻力，提高操纵稳定性。

大多数车型具有以上三个功能中的一个或两个，而有些车型同时具有以上三个功能。

2. 电控悬架系统的分类

1) 按悬架工作介质的不同分

按悬架工作介质的不同可分为电控油气悬架、电控空气悬架。

① 电控油气悬架。系统以油为介质压缩气室中的氮气，实现刚度调节，以管路中的小孔节流形成阻尼特性。

② 电控空气悬架。采用空气弹簧，通过改变空气弹簧中主、副空气室之间通气孔的截面积来改变气室压力，以实现悬架刚度控制，并通过对气室充气或排气实现汽车车身高度调节控制。

2) 按有无动力源分

按有无动力源，电控悬架可分为半主动式电控悬架和全主动式电控悬架。

① 半主动式电控悬架。半主动式电控悬架是指悬架弹性元件的刚度和减振器的阻尼系数之一，可以根据需要进行调节控制的悬架。由于弹簧刚度调节相对较难，所以一般的半主动式悬架不考虑改变悬架的刚度。半主动式悬架工作时无需提供动力源，通过调节悬架减振器阻尼系数改变悬架工作状态。它不能对悬架的刚度和阻尼进行有效的控制，但可以根据汽车运行时的振动及行驶工况变化情况，对悬架阻尼参数进行自动调整。

② 全主动式电控悬架。全主动式电控悬架又称主动式电控悬架，是一种有源控制悬架，它的附加装置用来提供能量和控制作用力。主动式悬架可以在汽车行驶过程中，根据行驶状况自动调整弹簧刚度和减振器阻尼以及前、后悬架的匹配，抑制车身姿态变化，防止转弯、制动、加速等工况造成车身姿态的改变，还可以根据路面起伏、车速高低、载荷大小自动控制车身高度变化，确保汽车行驶平顺性和操纵稳定性。

5.1.2 新能源汽车电控悬架系统的结构组成与控制原理

2022款比亚迪-汉EV采用了DiSus-C智能电控主动悬架。DiSus-C主动悬架控制器接收车轮加速度传感器、车身高度传感器、车身惯性传感器等传感器信号,采集车速、加速度等车辆姿态信息,经过控制器计算,向四个车轮减震器调节装置输出软硬不同的阻尼控制信号,通过控制四个减震器内部的电磁阀开启程度来动态调整悬架的软硬程度。

5.1.2.1 比亚迪-汉 EV DiSus-C 智能电控主动悬架系统的组成

如图 5-1 所示,DiSus-C 智能电控主动悬架系统主要由车轮加速度传感器,车身高度传感器,车身惯性传感器 IMU,控制器和电控减震器组成。

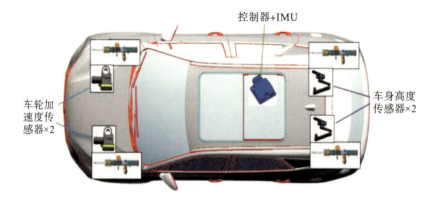

图 5-1 DiSus-C 智能电控主动悬架系统的组成

1. 传感器

1) 车轮加速度传感器

如图 5-2 所示,车轮加速度传感器安装在前轮转向节上方,用于采集车轮震动的信号。

2) 车身高度传感器

车身高度传感器固定在后副车架上,传感器的连杆固定在后悬架牵引臂上,如图 5-3 所示。2 个车身高度传感器把车身后部高度即汽车两个后悬架装置的位移量转化成电信号,输送给控制器。

3) 车身惯性传感器 IMU

车身惯性传感器 IMU 是一个六轴传感器,安装在控制器上,检测转向时横摆角速度的大小。

2. 控制器

控制器也叫控制模块,是 DiSus-C 智能电控主动悬架系统电子控制单元,它接收车轮加速度传感器、车身高度传感器、车身惯性传感器 IMU 等传感器的信号,经过计算,分析车辆姿态,向减震器阻尼调节装置输出软硬不同的控制信号。

模块五
新能源汽车底盘网关控制系统检测维修

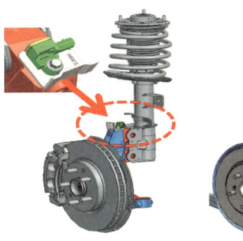 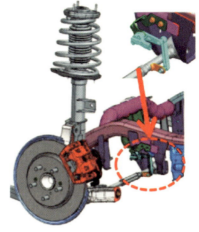

图 5-2 加速度传感器安装位置　　图 5-3 车身高度传感器安装位置

3. 减震器电磁阀

如图 5-4 所示，减震器电磁阀安装在减震器上，根据控制信号占空比的不同，调节阻尼孔截面积的大小，从而调节减震器的阻尼系数。

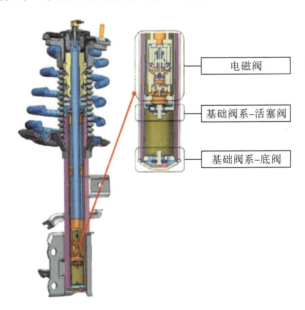

图 5-4 减震器电磁阀的安装位置

5.1.2.2　比亚迪-汉 EV DiSus-C 智能电控主动悬架系统的控制原理

如图 5-5 所示，DiSus-C 控制器通过底盘 CAN 线接收车速、方向盘转角、加速踏板、制动踏板、驾驶模式等信号，同时接收车身高度传感器、车轮加速度传感器的

· 167 ·

信号，通过分析处理，驱动减震器电磁阀动作，调节减震器的阻尼系数。电磁阀动作时，调整阻尼控制阀开口的大小，控制减震器阻尼阀门内部油液流量，实现对减震器阻尼的控制。

在车辆通过颠簸或粗糙路面时，输出较低的阻尼，经过减速带时迅速降低后悬架减震器阻尼，提升后排的乘坐舒适性；转弯或变道时，输出较硬的阻尼，让车辆倾角更小，提升车辆操控性；当车辆高速制动或急加速时，通过主动调硬悬架，使车辆能始终保持平稳姿态，抑制出现"点头"和"抬头"等情形。

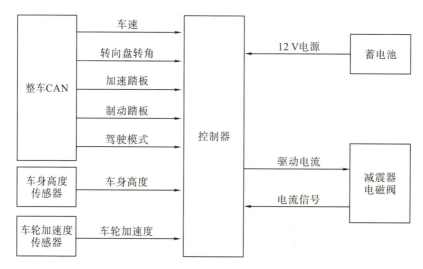

图 5-5　DiSus-C 智能电控主动悬架系统的控制原理

5.1.3　比亚迪-汉 EV DiSus-C 智能电控主动悬架系统的控制电路分析

比亚迪-汉 EV DiSus-C 智能电控主动悬架系统的控制电路如图 5-6 所示。DiSus-C 电子控制单元插接器 a、b 的针脚布置如图 5-7 所示，各针脚的定义见表 5-1。

针脚 a10 为 DiSus-C 控制模块提供了 12 V 的供电电压，DiSus-C 电子控制单元通过针脚 a12 搭铁。针脚 a6、a7 分别为底盘 CAN 线的 CAN-H、CAN-L 线端子。

DiSus-C 电子控制单元通过针脚 b2、b4 分别为左后、右后悬架高度传感器提供参考电压，通过针脚 b12、b14 分别为左后、右后悬架高度传感器提供搭铁。

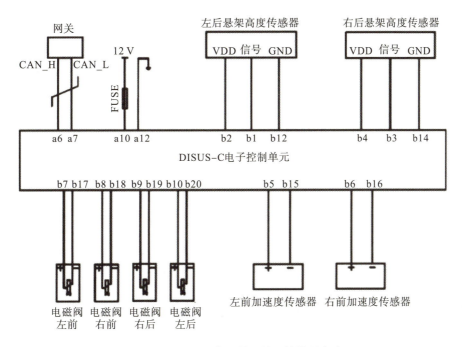

图 5-6 DiSus-C 电子控制单元的控制电路

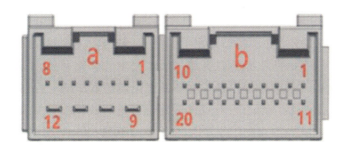

图 5-7 插接器 a、b 针脚布置

表 5-1 电子控制单元各针脚的定义

针脚号	针脚定义	针脚号	针脚定义
a6	CAN 低	b8	电磁阀 2 驱动（右前）
a7	CAN 高	b9	电磁阀 3 驱动（左后）
a10	电源端子	b10	电磁阀 4 驱动（右后）
a12	搭铁端子	b12	PWM1 信号参考地（左后悬架高度传感器）

续表

针脚号	针脚定义	针脚号	针脚定义
b1	PWM1 信号输入（左后悬架高度传感器）	b14	PWM2 信号参考地（右后悬架高度传感器）
b2	PWM 接口 1 传感器 5 V 供电（左后悬架高度传感器）	b15	PSI5 接口 2 参考地（右前加速度传感器）
b3	PWM2 信号输入（右后悬架高度传感器）	b16	PSI5 接口 1 参考地（左前加速度传感器）
b4	PWM 接口 2 传感器 5 V 供电（右后悬架高度传感器）	b17	电磁阀 1 驱动参考地（左前）
b5	PSI5 接口 2＋（右前加速度传感器）	b18	电磁阀 2 驱动参考地（右前）
b6	PSI5 接口 1＋（左前加速度传感器）	b19	电磁阀 3 驱动参考地（左后）
b7	电磁阀 1 驱动（左前）	b20	电磁阀 4 驱动参考地（右后）

任务实施

1. 作业说明

2022 款比亚迪-汉 EV 四驱轿车采用 DiSus-C 智能电控主动悬架，出现车身高度不能调节的故障，仪表信息系统出现提示：请检查主动悬架系统，您可继续行驶。根据提示，需对主动悬架系统进行检查。可借助解码器读取车辆电控悬架系统的故障信息、数据流。使用示波器、万用表对可能故障部件进行检查时，需要通过拆卸、检查和重新装配来消除故障。本作业任务是以 2022 款比亚迪-汉 EV 四驱轿车智能电控主动悬架为例进行。也可选用其他装有电控悬架系统的电动或混合动力汽车进行，检测部件及检测参数应根据车型做相应调整。

2. 技术标准与要求

项目	内容
悬架控制模块电源端子标准电压值	
悬架控制模块搭铁端子与蓄电池负极之间的标准电阻值	
传感器、执行器与悬架控制模块之间的相应线束的标准电阻值	
悬架控制模块的 CAN-H 线和 CAN-L 线上的总线标准波形	

3. 设备器材

(1)设备与零件总成。
_____
_____

(2)常用工具。
_____
_____

(3)耗材及其他。
_____
_____

注：请学员根据场地实际车辆、设备、器材、工具填写。

4. 作业流程

(1)读取车辆故障信息。

(2)检测 DiSus-C 电子控制单元的供电电路和搭铁电路是否正常。

(3)检测车轮加速度传感器输出信号电压。

(4)检测车身高度传感器的参考电压、信号电压。

(5)检测 DiSus-C 电子控制单元 CAN-H、CAN-L 信号波形，判断 CAN 线有无故障。

(6)作业完成后按照 7S 管理标准，整理工具和场地。

5. 填写考核工单

一、查询并记录车辆信息					
品牌		整车型号		生产日期	
发动机型号		驱动电机型号		工作电压	
车辆识别码				行驶里程	
二、进行故障诊断，记录故障现象、相关信息及诊断过程（结合具体车型答题）					
故障现象					
故障码					
数据流					
相关电路图位置			记录所查询的电路图在维修手册的位置		
可能故障原因分析：□元件本体　　□电路线束　　□模块 ECU　　□其他_____					
三、对电控悬架控制模块进行检测：					
1. 检测控制单元的电源电路					
控制单元的电源电压 （常火线）		标准值_____V 检测值_____V		判断	正常□ 异常□
控制单元的搭铁端子电压		标准值_____V 检测值_____V		判断	正常□ 异常□
2. 检测控制单元 CAN-H 与 CAN-L 之间的内阻					
检测值		_____Ω		判断	正常□ 异常□
标准值		_____Ω			

续表

3. 检测后悬架高度传感器的电源电压和信号电压				
左后悬架高度 传感器的电源电压	标准值_____V 检测值_____V		判断	正常□ 异常□
左后悬架高度 传感器的信号电压	标准值_____V 检测值_____V		判断	正常□ 异常□
右后悬架高度 传感器的电源电压	标准值_____V 检测值_____V		判断	正常□ 异常□
右后悬架高度 传感器的信号电压	标准值_____V 检测值_____V		判断	正常□ 异常□

4. 悬架控制模块 CAN-H、CAN-L 信号波形检测（读取到波形后需考官确认）				
波形采集插接器 代号/针脚	电路图页码		与控制模块 针脚是否导通	信号波形 类型
			正常□ 异常□	CAN 波形
检测通道		波形绘制		
检测工况	□ON □怠速/上电			
每格电压				
最大信号电压值				
周期				
波形判断	□正常 □异常			
故障说明				
故障点确认				
故障机理分析				

新能源汽车网关控制娱乐**系统技术**

自我测试

(1)简述电控悬架系统的控制功能。

(2)DiSus-C智能电控主动悬架系统主要由哪些部件组成？这些部件分别起什么作用？

(3)按有无动力源，电控悬架可分为哪几种类型？它们各有何特点？

拓展学习

像弹簧床一般舒适的岚图 FREE 汽车空气悬架

岚图汽车是国内首家自主掌握空气悬架核心技术的整车企业，攻克气密性、耐久性、可靠性、车辆动力学几大核心技术，填补了国内产业的空白。

乘用车空气悬架系统结构复杂，部分零部件需进行耗资大、耗时长的车型适配性开发，技术门槛较高。因此，很长一段时间以来，乘用车空气悬架系统部件均以外资供应商为主，本土零部件供应商鲜少有机会涉足。

浙江孔辉汽车科技有限公司与岚图汽车共同填补国内产业空白、打破国外企业垄断，2021 年 6 月成功量产乘用车空气悬架系统并供货岚图 FREE。岚图 FREE 汽车空气悬架主要由前空气弹簧、后空气弹簧、控制器、气泵、分配阀总成、车身高度传感器、主副储气罐以及管路组成。其主要部件空气弹簧、油泵、控制阀、电控系统等，都是中国企业配套的，实现了国产化。

该空气悬架上下 100 mm 自适应高低可调，匹配经济、舒适、高能、郊游、自定义五种驾驶模式，适应各种复杂路况。

1)经济、舒适模式

空气悬架适中，底盘高度为 163 mm，减震器行程居中，调节余量比较大，有较好的舒适性。

2)高能模式

空气悬架自动调节，底盘高度 133 mm，悬架刚度最大，重心更低，行驶稳定性好，高速转弯车身的侧倾会减小。

3)郊游模式

悬架高度最大，底盘高度调至 213 mm，爬坡性能好，提高了车辆的通过性。

4)迎宾模式

空气悬架降到最低，底盘高度降到最低 113 mm，方便老人小孩上下车。

任务 5.2

转向系统控制模块检测维修

任务引入

某车主的比亚迪秦 EV 轿车最近出现低速行驶时转向费力的问题，经维修技师诊断后，将问题锁定在转向系统控制模块上，需要查阅电路图、使用专业诊断工具对主动悬架系统进行检查，确定具体故障点。

学习目标

(1) 掌握电控动力转向系统组成及工作原理。
(2) 掌握电控动力转向控制模块插头线束的检查和修复方法。
(3) 能检测电控动力转向控制模块的电源电压。
(4) 能检测电控动力转向系统控制模块、电控元件及线束性能的好坏。
(5) 能读取和清除电控动力转向控制模块相关故障码。
(6) 能读取电控转向控制模块相关数据流，分析是否正常。
(7) 能够规范选择、使用检修工具。
(8) 具有安全操作意识和良好的 5S 现场作业管理意识。

素质目标

强化使命担当，培养科技报国情怀。

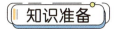

5.2.1 新能源汽车电控动力转向系统基本认知

5.2.1.1 汽车电控动力转向系统的作用

汽车转向系统是保证汽车行驶安全的关键部件，是驾驶员操纵汽车的执行机构。转向系统可以让驾驶员控制汽车的行驶方向，转向系统包括转向操纵机构、转向器、转向传动机构。当转动方向盘时，转向器通过转向杆将方向盘的转动传递给前轮实现汽车转向。

传统的液压动力转向系统的助力倍率是固定的，不能随车速变化调整转向助力作用大小。如果所设计的固定放大倍率的动力转向系统是为了减小汽车在停车或低速行驶状态下转动转向盘的力，则当汽车以高速行驶时，会使转动转向盘的力显得太小，不利于对高速行驶的汽车进行方向控制；反之，如果所设计的固定放大倍率的动力转向系统是为了增加汽车在高速行驶时的转向力，则当汽车停驶或低速行驶时，转动转向盘就会非常吃力。

新能源汽车广泛采用了电控动力转向系统(electronic power steering，EPS)，它可以根据车速、转向角度等对转向助力大小实施控制，使动力转向系统在不同行驶条件下都有最佳的放大倍率：在低速时有较大的放大倍率，可以减轻转向操纵力，使转向轻便、灵活；在高速时则适当减小放大倍率，以稳定转向手感，提高了高速行驶的操纵稳定性。

5.2.1.2 汽车电控动力转向系统的分类

根据转向动力源不同，可分为液压式电控动力转向系统（液压式 EPS）和电动式电控动力转向系统（电动式 EPS）两大类。

1. 液压式电控动力转向系统

液压式电控动力转向系统主要由储油罐、动力转向控制单元、电动液压泵、转向机、转向传感器、车速传感器等组成，其中动力转向控制单元和电动液压泵是一个整体结构。电控动力转向系统电子控制单元根据车辆的行驶速度、转向角度等信号对电动液压泵的转速进行控制。

2. 电动式电控动力转向系统

电动式电控动力转向系统是在传统机械式转向系统的基础上，利用直流电动机作为动力源，主要由扭矩传感器、车速传感器、直流电动机、减速机构和电子控制单元（ECU）等组成，电子控制单元根据转向参数和车速等信号，控制直流电动机转矩的大小和转动方向，从而提供转向助力。

5.2.2 新能源汽车电控动力转向系统的结构组成与工作原理

比亚迪秦 EV 纯电动汽车使用的是电动式 EPS，该系统通过 EPS 电机将转向助力施加在齿条上，驱动转向横拉杆左右移动，这种结构称为齿条式电控动力转向系统，简称 R‑EPS。

5.2.2.1　比亚迪秦 EV 电动式 EPS 的结构组成

比亚迪秦 EV 电动式 EPS 是在机械转向系统的基础上，增加了以下几个部件：EPS 电子控制单元、扭矩及转角传感器、EPS 电机等，它能通过 EPS 电机驱动转向横拉杆，给驾驶员提供实时转向助力。EPS 电子控制单元与 EPS 电机做成一个整体，构成了 EPS 电动助力转向器，如图 5‑8 所示。

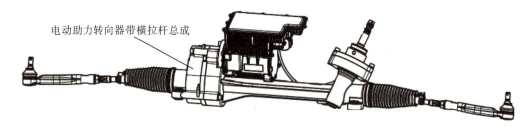

图 5‑8　EPS 电动助力转向器

1. 扭矩及转角传感器

扭矩及转角传感器采用了海拉贸易（上海）有限公司的霍尔式非接触式扭矩传感器，它取消了永磁体，通过在印刷线路板（printed circuit board，PCB）上的印制线路形成电感线圈，在线圈两端施加电压以后即在空中形成霍尔效应所需要的磁场。

2. 电机及减速机构

电机通过减速机构驱动转向横拉杆，为驾驶员提供转向助力。

3. EPS 电子控制单元

比亚迪秦 EV EPS 电子控制单元主要由壳体、盖、控制电路板等组成，如图 5‑9 所示。

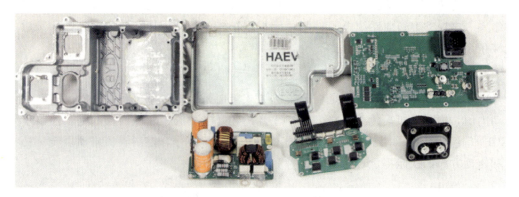

图 5‑9　EPS 电子控制单元

5.2.2.2 比亚迪秦 EV 电动式 EPS 的控制功能

1. 助力控制功能

比亚迪秦 EV 电动式 EPS 的助力特性属于车速感应型，即在同一转向盘力矩输入下，电机的目标电流随车速的变化而变化，能较好地兼顾操控轻便性与路感的要求。EPS 电机根据转向盘偏转方向施加助力转矩，以保证低速时转向轻便，高速时操作稳定并获得较好的路感。

2. 回正控制功能

EPS 系统在机械转向机构的基础上，增加了 EPS 电机和减速机构。EPS 系统通过 EPS 电子控制单元对 EPS 电机进行转向回正控制，与转向轮主销后倾角和主销内倾角产生的回正力矩一起进行车辆的转向回正动作，使转向盘迅速回正，抑制转向盘振荡，保持路感。

3. 阻尼控制功能

车辆高速行驶时，通过控制阻尼补偿电流进行阻尼控制，增强驾驶员路感，改善车辆高速行驶情况下转向的稳定性。

5.2.2.3 比亚迪秦 EV 电动式 EPS 的工作原理

EPS 系统工作原理如图 5-10 所示。汽车转向时，扭矩及转角传感器把检测到的扭矩及转角信号经处理后传送给 EPS 电子控制单元，EPS 电子控制单元同时接收车速信号，然后根据车速信号、转角和扭矩信号决定电机的旋转方向和助力扭矩的大小。同时，EPS 电子控制单元通过电流传感器检测电机驱动电路的电流，对驱动电路实施闭环控制，最后由驱动电路驱动电机工作，实施助力转向。

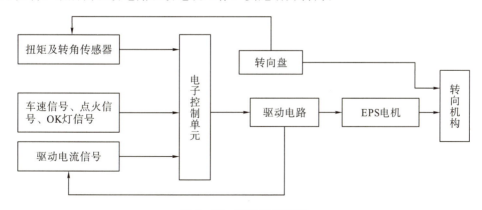

图 5-10 EPS 工作原理

5.2.2.4 比亚迪秦 EV 电动式 EPS 控制电路分析

1. 比亚迪秦 EV EPS 系统电路原理识读

比亚迪秦 EV EPS 系统电路原理图如图 5-11 所示。

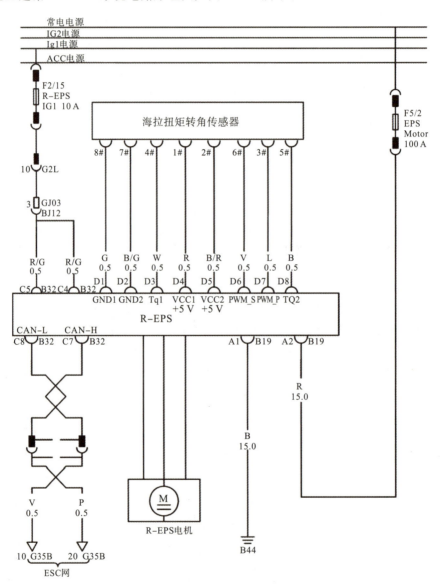

图 5-11 比亚迪秦 EV EPS 系统电路原理图

(1) R-EPS 控制模块的电源电路与 CAN 总线。

F5/2 为 EPS 电机熔断器、F2/15 为 EPS 控制模块的供电电路熔断器。R-EPS 控制模块针脚 C7、C8 为电动转向控制模块 CAN 总线的 CAN-H、CAN-L 针脚，R-

EPS 控制模块通过针脚 A1 搭铁。

(2)海拉扭矩转角传感器。

EPS 系统采用了海拉扭矩转角传感器，该传感器有 8 个针脚。R‑EPS ECU 通过 1#、2# 针脚为传感器提供参考电压，传感器 7#、8# 针脚经过 R‑EPS ECU 搭铁，传感器 4#、5# 针脚输出扭矩信号，传感器 3#、6# 针脚输出转角信号。

(3)R‑EPS 电机。

R‑EPS 电机与 R‑EPS ECU 集成在一起。

2. R‑EPS 系统与整车配线电气接口

(1)R‑EPS 线束端插接器针脚的布置。

R‑EPS 线束端插接器针脚的布置如图 5‑12 所示，整车信号(白色)插接器为 R‑EPS ECU 提供了供电、搭铁及底盘 CAN 信号；黑色插接器为海拉扭矩转角传感器的插接器；A1、A2 为电机接地线、电源线针脚。

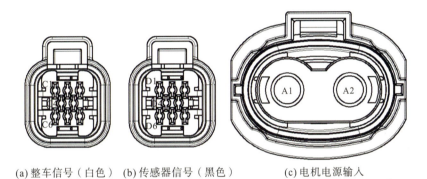

(a)整车信号（白色） (b)传感器信号（黑色） (c)电机电源输入

图 5‑12 R‑EPS 线束端插接器针脚的布置

(2)R‑EPS 控制模块各针脚的代号。

R‑EPS 控制模块各针脚代号的定义及配线颜色见表 5‑2。

表 5‑2 R‑EPS 控制模块各针脚定义及配线颜色

针脚代号	配线颜色	端子说明	测试条件	标准值
D1	G	接地	ON 挡电	和车身之间阻抗小于 1 Ω
D2	B/G	接地	ON 挡电	和车身之间阻抗小于 1 Ω
D3	W	扭矩主信号	ON 挡电	PWM 占空比：12.5%～87.5%
D4	B/R	电源正	ON 挡电	5 V
D5	R	电源正	ON 挡电	5 V
D6	V	转角 S 信号	ON 挡电	PWM 占空比：12.5%～87.5%

续表

针脚代号	配线颜色	端子说明	测试条件	标准值
D7	BL	转角P信号	ON挡电	PWM占空比：12.5%～87.5%
D8	B	扭矩辅信号	ON挡电	PWM占空比：12.5%～87.5%
C4	R/G	IG1电源	ON挡电	9～16 V
C5	R/G	IG1电源	ON挡电	9～16 V
C7	P	CAN-H	ON挡电	1.5 V或3.5 V
C8	V	CAN-L	ON挡电	2.5 V或3.5 V
A1	B	接地	始终	和车身之间阻抗小于1Ω
A2	R	电源正极	始终	9～16 V

5.2.3 新能源汽车电动转向控制模块的检测维修

5.2.3.1 读取、清除电控动力转向系统控制模块故障码，并读取相关数据流

启动发动机后，仪表板上EPS指示灯会点亮，并保持2～3 s后熄灭，此时说明EPS指示灯及系统运行正常；发动机起动后，如果系统有故障，EPS故障报警灯将立即点亮显示。

当EPS系统发生故障时，可采用手持式专用故障诊断仪或通用诊断仪读取故障代码和故障类型。以比亚迪秦EV车型为例，采用手持式专用故障诊断仪（ED400）诊断电控动力转向系统控制模块故障，一般按照以下步骤操作：

(1)将诊断仪连接至诊断接口(DLC3)，接通诊断仪。

(2)上电至ON挡，在诊断仪上进入诊断功能选择界面，选择车型诊断。

(3)进入诊断车型选择界面，选择需要诊断的车型。

(4)进入诊断系统选择界面，在系统选择界面选择电子助力转向系统(比亚迪R-EPS)选项，进入后选"读取故障码"选项，读取故障相关信息(故障码、冻结帧等)。

(5)在电子助力转向系统(比亚迪R-EPS)选择界面选择"读取数据流"选项，读取模块数据流。

(6)清除故障存储器。

(7)运行车辆，运行方式须满足相应故障诊断的条件。

(8)读取故障代码，确认故障已经排除。

5.2.3.2 检测电控动力转向系统控制模块

以比亚迪秦EV车型为例，电控动力转向系统控制模块检测包含以下内容：

1. 检测 EPS 控制模块终端电阻

断开蓄电池负极，断开电控动力转向系统控制模块接插件 B32。查询维修手册中控制单元针脚的定义，控制模块 CAN-H 端子为 B32-C7 号端子，CAN-L 端子为 B32-C8 号端子，如图 5-13 所示。万用表校零后，测量控制模块端子 B32-C7 与 B32-C8 之间电阻值。

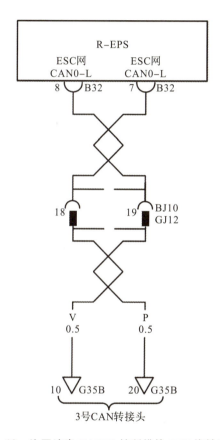

图 5-13　比亚迪秦 EV EPS 控制模块 CAN 线针脚布置

2. 检测 EPS 控制模块电源和搭铁端子电压

EPS 控制模块的供电与搭铁正常是保证控制模块能够正常工作的基础，检测控制模块供电端子和搭铁端子的电压，判断供电线路、搭铁线路是否正常。IG1 电源输入端子为 C4 与 C5 号端子，接地端子为 D1 与 D2 号端子。

上电至 ON 挡，使用背插针或转接盒，用万用表测量 C4、C5 号端子与车身搭铁之间的电压，电压值应为蓄电池电压。如果电压值远远低于蓄电池电压，说明供电线路有虚接或接触不良故障。

用万用表测量 D1、D2 号端子与车身搭铁之间的电压，电压值应为 0 V 或接近

0 V；测量 D1、D2 号端子与车身搭铁之间的电阻，电阻值应小于 1 Ω。

3. 检测 EPS 控制模块与电子元件之间线束的导通性

先断开蓄电池负极，然后断开 EPS 控制模块和电子元件线束插头，查询维修手册中控制单元针脚的定义，选择线束内待检测导线两端的端子检测其电阻值，电阻值不超过 1 Ω。

4. 检测 EPS 控制模块与扭矩转角传感器之间的供电电压

首先要查询维修手册中控制单元针脚的定义，控制模块的扭矩转角传感器 VCC1 供电端子为 D4，VCC2 供电端子为 D5。上电至 ON 挡，使用背插针或转接盒，用万用表测量 D4、D5 端子与车身搭铁之间的电压，从而判断线路和模块是否正常。

5. 检测 EPS 控制模块的 CAN-H、CAN-L 信号电压波形

使用双通道示波器检测 EPS 控制模块 CAN 总线信号电压波形，通道 CH1 测量 CAN-H 信号电压，通道 CH2 测量 CAN-L 信号电压。正常情况下，整车上电后，CAN-H、CAN-L 信号电压的波形应该在各自高、低电平范围内，并且两个信号波形对称。

任务实施

1. 作业说明

比亚迪秦 EV EPS 利用 EPS 电机提供转向动力，辅助驾驶员进行转向操作。进行电控动力转向系统故障检查时，可借助解码器读取车辆 EPS 系统的故障信息、数据流。使用示波器、万用表检查可能故障部件时，需通过拆卸、检查和重新装配来消除故障。本作业是以比亚迪秦 EV 轿车电控动力转向系统为例进行。也可选用其他装有电控动力转向系统的电动或混合动力汽车进行，检测部件及检测参数应根据车型做相应调整。

2. 技术标准与要求

项目	内容
转向控制模块电源端子标准电压值	
转向控制模块搭铁端子与蓄电池负极之间的标准电阻值	
传感器、执行器与转向控制模块之间的相应线束的标准电阻值	
转向控制模块的 CAN-H 线和 CAN-L 线上的总线标准波形	

3. 设备器材

(1)设备与零件总成。

_____

_____

(2)常用工具。

_____

_____

(3)耗材及其他。

_____

_____

注:请学员根据场地实际车辆、设备、器材、工具填写。

4. 作业流程

(1)读取车辆故障信息。

(2)检测 EPS 电子控制单元的供电电路和搭铁电路是否正常。

(3)检测 EPS 电子控制单元的端电阻。

(4)检测扭矩转角传感器的参考电压、信号电压。

(5)检测 EPS 电子控制单元 CAN‐H、CAN‐L 信号波形,判断 CAN 线有无故障。

(6)作业完成后按照 7S 管理标准,整理工具和场地。

新能源汽车网关控制娱乐**系统技术**

5. 填写考核工单

一、查询并记录车辆信息					
品牌		整车型号		生产日期	
发动机型号		驱动电机型号		工作电压	
车辆识别码				行驶里程	
二、进行故障诊断，记录故障现象、相关信息及诊断过程（结合具体车型答题）					
故障现象					
故障码					
数据流					
相关电路图位置			记录所查询的电路图在维修手册的位置		
可能故障原因分析：□元件本体　□电路线束　□模块 ECU　□其他：_____					
三、识读电路图并对电控动力转向系统控制模块进行检测					
1. 检测控制单元的电源电路					
控制单元的供电端子电压（A2）		标准值_____V 检测值_____V		判断	正常□ 异常□
控制单元的供电端子电压（C4）		标准值_____V 检测值_____V		判断	正常□ 异常□
控制单元的供电端子电压（C5）		标准值_____V 检测值_____V		判断	正常□ 异常□
控制单元的搭铁端子电压		标准值_____V 检测值_____V		判断	正常□ 异常□
2. 检测控制单元 CAN–H 与 CAN–L 端子之间的内阻（EPS 控制模块 CAN 线端电阻）					
检测值		_____Ω		判断	正常□ 异常□
标准值		_____Ω			
3. 检测扭矩转角传感器的电源电压和信号电压					
1 号端子电压		标准值_____V 检测值_____V		判断	正常□ 异常□

续表

2号端子电压	标准值_____V 检测值_____V	判断	正常□ 异常□
3号端子电压信号波形	标准波形	判断	正常□ 异常□
	检测波形		
4号端子电压信号波形	标准波形	判断	正常□ 异常□
	检测波形		
5号端子电压信号波形	标准波形	判断	正常□ 异常□
	检测波形		
6号端子电压信号波形	标准波形	判断	正常□ 异常□
	检测波形		
7号端子电压	标准值_____V 检测值_____V	判断	正常□ 异常□
8号端子电压	标准值_____V 检测值_____V	判断	正常□ 异常□

4. EPS控制模块CAN-H、CAN-L信号波形检测（读取到波形后需考官确认）

波形采集插接器代号/针脚	电路图页码	与控制模块 针脚是否导通	信号波形类型
		正常□ 异常□	CAN波形

检测通道		波形绘制
检测工况	□ON □怠速/上电	
每格电压		
最大信号电压值		
周期		
波形判断	□正常 □异常	

四、故障说明

故障点确认	
故障机理分析	

自我测试

(1) 简述电控动力转向系统的作用。

(2) 简述比亚迪秦 EV 电动式 EPS 的工作原理。

(3) 简述比亚迪秦 EV 采用的海拉扭矩转角传感器各针脚分别起什么作用。

拓展学习

线控转向系统让汽车更智慧

线控转向(steer by wire，SBW)系统、通过分布在汽车上的传感器实时获取驾驶员的操作意图和汽车行驶过程中的各种参数信息，传递给电控单元，电控单元将这些信息进行分析和处理，得到合适的控制参数传递给转向执行机构，进行对汽车的控制，极大地提高了车辆的动力性、制动性、操纵稳定性和平顺性。

SBW 作为线控底盘系统的关键组成部分，一直是国内外汽车厂商及学术界研究的热点。SBW 通过线控化、智能化实现个性驾驶、辅助驾驶、自动驾驶等目标，是智能网联汽车落地的关键技术。根据"智能网联汽车技术路线图"规划，将在 2025 年实现智能线控底盘系统产业化推广应用。

线控转向取消了转向盘与转向机构之间的机械连接，能够实现转向盘和车辆转向机构的完全解耦，在未来高端智能驾驶广泛应用之后，能够避免车辆在 ECU 控制下自动实现紧急转向时对驾驶员转向动作的干扰和可能的碰撞；同时物理结构的取消和集中也有助于提升车辆在轻量化、响应速度、座舱布局等方面的表现。

长城汽车新一代智慧底盘采用了线控转向技术并计划于 2023 年量产，SBW 有望迎来更广泛的市场验证，自主品牌有望依靠 SBW 实现弯道超车。长城汽车智慧线控底盘以 L4 级及以上自动驾驶的目标来搭建技术平台，依托全新电子电气架构，从电子机械制动器、转向器、电机、模拟器、控制器等核心硬件，到整个软件系统，全部由长城汽车自主完成设计，拥有全部自主知识产权。线控底盘采用了多重安全保障，从电源到传感器、控制器、执行器均采用三重备份设计，确保系统功能安全等级保持在最高的汽车安全完整性等级 ASIL D 级，有效地保障了智能辅助驾驶的安全性。

任务 5.3

新能源汽车制动系统控制模块检测维修

任务引入

某车主的比亚迪秦 EV 轿车行驶过程中出现 ABS 灯常亮不熄灭。维修技师采用专用诊断仪读取车辆故障码，提示"CAN 硬件故障"，初步判断可能为 ABS 控制单元故障，需要查阅电路图，使用专业检测工具检查锁定具体故障点。

学习目标

（1）具有制动系统控制模块插头端子的电阻、电压及线束导通性测量方法。

（2）具有制动控制模块电源和搭铁端子电压检测方法。

（3）掌握制动控制模块与电子元件之间供电电压检测方法。

（4）能读取和清除制动控制模块相关故障码。

（5）能检测车轮转速传感器的性能是否正常。

（6）能读取电子驻车制动控制模块相关数据流，分析是否正常。

（7）能检测制动控制模块、电子驻车制动控制模块的 CAN-H，CAN-L 的波形，并判断 CAN 线有无故障。

（8）能检查和更换制动控制模块。

（9）能够规范选择、使用检修工具。

素质目标

（1）具有良好的工作责任心和职业道德。

（2）强化"技术创新"的理念，适应汽车产业"电子化"的趋势。

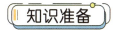

5.3.1 新能源汽车制动防抱死系统基本认知

5.3.1.1 汽车制动系统的作用

汽车制动系统是指为了在技术上保证汽车的安全行驶，提高汽车的平均速度等，而在汽车上安装的制动装置或专门的制动机构。汽车制动系统包括行车制动装置和驻车制动装置两套独立的装置。其中行车制动装置是由驾驶员用脚来操纵的，又称脚制动装置，简称脚刹。驻车制动装置是由驾驶员用手操纵的，又称手制动装置，简称手刹。

行车制动装置的作用是使正在行驶中的汽车减速或在最短的距离内停车，而驻车制动装置的作用是使已经停在各种路面上的汽车保持不动。

5.3.1.2 制动防抱死系统概述

1. 制动防抱死系统的作用

制动防抱死系统是目前汽车上应用最为广泛的主动安全系统之一。制动防抱死系统（Anti-Lock Braking System，ABS）能够防止汽车在常规制动过程中由于车轮完全抱死而出现的后轴侧滑、前轮丧失转向能力等现象，从而充分发挥轮胎与路面间的潜在附着力，最大限度地改善汽车的制动性能，达到提高汽车在制动过程中的方向稳定性和转向操纵能力的目的，以满足行车安全的需要。

ABS的优点主要包括：
(1) 保证制动时车辆的方向稳定性，避免侧滑、甩尾现象。
(2) 保证制动时车辆的转向能力。
(3) 一般情况下可以缩短制动距离。
(4) 避免轮胎拖滑磨损，延长轮胎使用寿命。

2. ABS与汽车制动效能的关系

汽车的制动性能是汽车的主要性能之一，对车辆行驶安全至关重要。评价汽车制动性能的指标主要有制动效能、制动效能的恒定性、制动时的方向稳定性三个方面。评价制动效能的指标主要包括：制动距离、制动时间和制动减速度。而由ABS系统的作用可知，ABS系统影响着汽车的制动效能以及制动时方向的稳定性。

由汽车理论相关知识可知，车辆制动时，车轮与地面之间的作用力包括车轮对地面压力、制动力（前后方向附着力）、横向附着力。制动力可使车辆产生制动减速，横向附着力防止车轮侧滑并保证车辆转向能力。制动力和横向附着力大小取决于车轮对地面的压力大小和各自的附着系数（纵向附着系数、横向附着系数）。即：制动力（纵向附着力）＝车轮对地面压力×纵向附着系数，横向附着力＝车轮对地面压力×横向附着系数。

如果路面、轮胎对地面压力等条件相同，车辆制动时，车轮与地面的附着系数是随车轮滑移率变化而变化的。滑移率是指车轮在制动过程中滑移成分在车轮纵向运动中所占的比例，用"S"表示。

$$S = \frac{v - \omega r_0}{v} \times 100\%$$

式中，S为车轮的滑移率；v为车速（车轮中心的纵向速度），m/s；ω为车轮的转动角速度，rad/s；r_0为车轮的自由滚动半径，m。

当$v = r_0\omega$时，车轮自由滚动，滑移率$S=0$；当$v > r_0\omega$时，车轮边滚边滑，滑移率$S=0\sim100\%$；当$r_0\omega = 0$时，车轮完全抱死作纯滑动，滑移率$S=100\%$。

车轮滑移率S与制动时的纵向附着系数及横向附着系数的变化关系如图5-14所示。

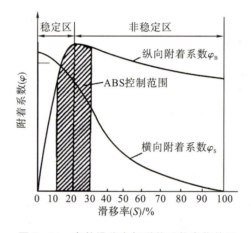

图5-14 车轮滑移率与附着系数变化关系

由图5-14可知，如果车辆行驶的路面，车辆轮胎等条件相同，车辆制动时，车轮与地面的附着系数是随车轮滑移率变化而变化的。当滑移率为100%，即车轮抱死时，制动附着系数相对较小，制动距离加长；同时横向附着系数降低到近乎为零，失去抗侧滑和转向能力。制动时车轮抱死，制动效能和制动时的方向稳定性均变坏。如果制动时将车轮滑移率S控制在20%左右时，此时制动附着系数最大，可得到最大的制动力。同时，横向附着系数也能够保持一个较大值，使汽车具有良好的抗侧滑能力及制动时的转向操纵能力，因而能够得到最佳的制动效果。

5.3.1.3 新能源汽车制动防抱死系统的结构组成与工作过程

以比亚迪秦EV为例，对制动防抱死系统（ABS）的结构组成与工作过程进行分析。

比亚迪秦 EV ABS 的液压系统有两个独立的回路。两个回路采用"X"形布置,沿着对角线布置。左前轮制动器与右后轮制动器,右前轮制动器与左后轮制动器分别共用一个制动液压管路,如图 5-15 所示。

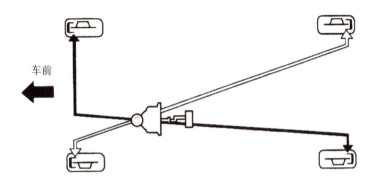

图 5-15 比亚迪秦 EV ABS 的液压系统管路的布置

1. ABS 的结构组成

ABS 主要由车轮转速传感器、ABS 控制单元、制动压力调节器、制动灯开关和 ABS 警告灯等部件组成。

(1) 车轮转速传感器。

车轮转速传感器简称轮速传感器,轮速传感器一般安装在车轮轮毂上,其作用是检测车轮的转速,并将转速信号输入 ABS ECU。

比亚迪秦 EV 采用的是 BOSCH ABS 系统,每个车轮上各有一个轮速传感器,并在半轴上各安装了一个 48 齿的齿圈。该传感器为 DF11 型主动式轮速传感器,其结构如图 5-16 所示。

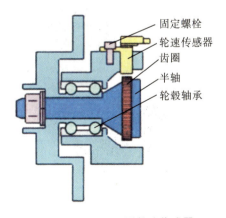

图 5-16 DF11 型轮速传感器

ABS ECU 向轮速传感器提供 12 V 的直流电源电压,使其工作。它利用霍尔效应原理，输出幅值基本恒定，低电平为 0.5 V，高电平为 1 V，占空比为 50% 的方波，如图 5-17 所示。方波频率随着车速的增大而增大，ABS ECU 根据此频率计算出车轮的转速。轮速传感器都是数字信号传感器，通过检测信号的频率变化来感应车轮转速大小。

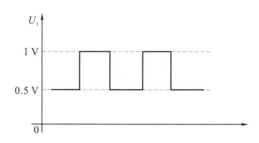

图 5-17　轮速传感器输出信号波形

（2）ABS 控制单元。

如图 5-18 所示，ABS 控制单元是整个 ABS 系统的控制中心，它和 ABS 液压调节器安装在一起，组成了 ABS 液压电子控制单元（hydraulic electronic control unit，HECU）。ABS ECU 的作用是接受轮速传感器及其他传感器输入的信号，进行测量、比较、分析和判断处理，通过精确计算，得出制动时车轮的滑移率、车轮的加速度和减速度等信息，判断车轮是否有抱死趋势。再由其输出级向电磁阀发出控制指令，进而控制液压控制系统来调节车轮的制动压力。ABS 工作所需的编程和校准数据都存储在 ABS ECU 的 ROM 中，ABS ECU 不断地进行自检，以检测并监测 ABS 系统是否发生故障。ABS 系统电子控制单元和故障诊断插座连接，可以用诊断仪进行故障诊断、匹配、升级等操作。

图 5-18　ABS 液压电子控制单元

（3）制动压力调节器。

ABS 制动压力调节装置接受 ECU 的指令，通过电磁阀的动作来实现车轮制动器制动压力的自动调节。ABS 制动压力调节装置主要有液压式、气压式和空气液压加力式等形式。目前应用最多的是液压式，即 ECU 通过 ABS 液压控制单元来实现车轮制动压力的自动调节。ABS 液压控制单元串接在制动主缸与轮缸之间，它通过安装在内部的电磁阀直接或者间接控制车轮的制动压力。

通过电磁阀直接控制轮缸制动压力的液压控制系统被称为循环式液压控制系统，间接控制制动压力的称为可变容积式液压控制系统。比亚迪秦 EV 采用的循环式液压控制系统中，在制动总缸与每个轮缸之间串联了 2 个电磁阀，直接控制轮缸的制动压力，即液压控制系统中有 8 个电磁阀。如图 5-19 所示，为比亚迪秦 EV ABS 液压制动系统管路连接图。

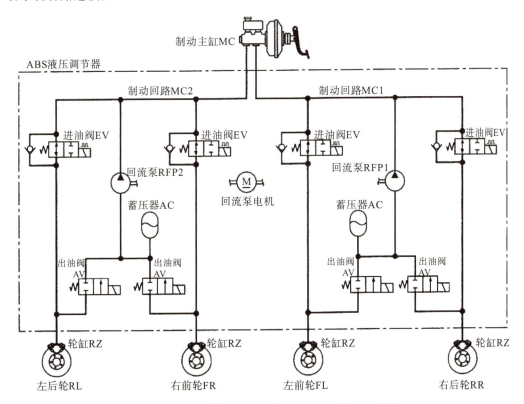

图 5-19　比亚迪秦 EV ABS 液压制动系统管路连接图

每个制动轮缸和制动主缸之间都有两个二位二通电磁阀，即常开电磁阀和常闭电磁阀。常开电磁阀和常闭电磁阀都是由 ECU 直接控制。常开电磁阀连接制动总泵和制动分泵，不通电时是常开的，通电时关闭，如图 5-20 所示；常闭电磁阀连接制动分泵和液压泵，不通电时关闭，通电时打开，如图 5-21 所示。常开电磁阀不通电时，制动液可以通过常开电磁阀从制动主缸流向制动轮缸，因此常开电磁阀也称为进油阀；常闭电磁阀通电时，制动液可以通过常闭电磁阀从制动轮缸流向蓄压器，制动轮缸压力

· 195 ·

下降，因此常闭电磁阀也称为出油阀。

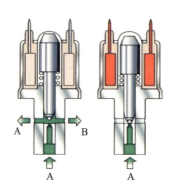
图 5-20　常开电磁阀

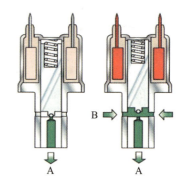
图 5-21　常闭电磁阀

（4）制动灯开关。

如图 5-22 所示，制动灯开关安装在制动踏板上，根据该开关信号 ABS ECU 控制制动灯的点亮和熄灭。当踩下制动踏板时，制动灯点亮；松开制动踏板时，制动灯熄灭。

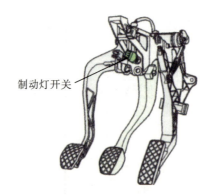
图 5-22　制动灯开关

（5）液压泵。

液压泵也叫回液泵，液压泵多为柱塞泵，由电动机带动凸轮驱动。当 ECU 控制制动分泵中的制动压力下降时，常闭电磁阀打开，制动分泵管路中部分制动液进入到蓄压器中。同时，ECU 控制液压泵开始工作，吸收蓄压器和部分管路中的制动液，将制动液泵向制动总泵管路。

2. 新能源汽车制动防抱死系统的工作过程

比亚迪秦 EV 在制动时，如果制动力足以使车轮产生抱死倾向，ECU 会通过控制两个两位两通电磁阀动作，调节制动轮缸的压力，从而限制车轮的运动状态。ECU 根据车轮的运动状态，可以实现增压、保压、减压三个压力状态控制。

（1）增压阶段（常规制动阶段）。压力上升阶段即常规制动阶段，如图 5-23 所示，当驾驶员踩下制动踏板进行制动时,如果车轮稳定运转,没有抱死趋势时,常开阀(进油阀)不通电处于导通位置,常闭阀(出油阀)也不通电处于关闭位置,此时制动总泵与制动分泵直通,由制动总泵流出的制动液经过常开阀进入制动轮缸,制动分泵的压力升高。在常规制动阶段,ECU 并没有介入控制。因此,如果 ABS 系统出现故障,并不影响车辆常规制动系统的正常工作。

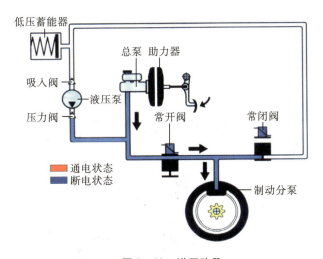

图 5-23 增压阶段

(2)保压阶段。如图 5-24 所示,当施加在车轮上的制动压力逐渐增大,制动压力进一步增大,车轮将有抱死的危险,此信息通过轮速传感器传递给 ECU,此时 ABS 液压系统进入保压阶段。ECU 给常开阀通电,控制其关闭;常闭阀不通电,即继续保持关闭状态。此时,制动分泵和制动总泵之间被隔离,无论施加在制动踏板上的力是多大,制动分泵上的制动压力都保持不变。

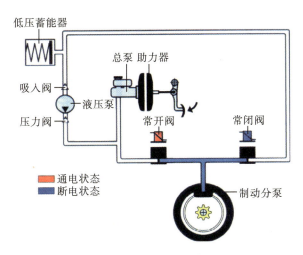

图 5-24 保压阶段

在保压阶段，如果驾驶员释放制动踏板，虽然常开电磁阀是关闭的，但解除制动阀 2 能够保证车轮快速解除制动。

（3）减压阶段。如图 5-25 所示，当车辆某个车轮处于抱死状态时，要保持制动稳定，车轮上的制动压力需要快速下降。此时 ABS 液压系统进入压力下降阶段，在压力下降阶段，ECU 给常闭阀通电，控制其处于打开状态；同时控制液压泵工作；而常开阀依然通电处于关闭状态。此时，制动分泵和制动总泵之间依然被隔离，而制动分泵和低压蓄能器、液压泵之间接通，制动分泵中的制动液流向低压储能器。同时，液压泵工作把低压储能器中的制动液泵回制动总泵，制动分泵上的制动压力急剧下降，车轮开始纯滚动。

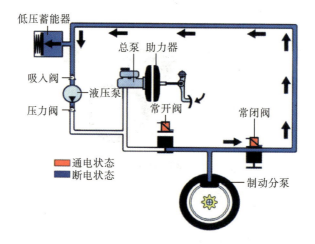

图 5-25 减压阶段

ABS 系统对制动分泵的制动压力不断进行增压、保压、减压的循环调节，使车轮滑移率保持在 20% 左右，从而使车辆达到最佳的制动性能，既保证了制动效能，又保证了制动时的方向稳定性。

5.3.2 新能源汽车电子车身稳定系统基本认知

5.3.2.1 汽车电子车身稳定系统的作用

ESP 是车辆新型的主动安全系统，是汽车防抱死制动系统（ABS）和牵引力控制系统功能的进一步扩展。ESP 是通过对从各传感器传来的车辆行驶状态信息进行分析，发出控制指令，来帮助车辆维持动态平衡。ESP 可以使车辆在各种状况下保持最佳的稳定性，在转向过度或转向不足的情形下效果更加明显。

5.3.2.2 汽车电子稳定控制系统的结构组成

如图 5-26 所示，比亚迪秦 EV EPS 由电子液压控制单元，各传感器以及制动执行器等组成。

图 5-26 比亚迪秦 EV ESP 系统组成

1. 传感器

比亚迪秦 EV ESP 包括方向盘转角传感器、压力传感器、轮速传感器、偏航率传感器等，这些传感器负责采集车身状态的数据信息。

（1）方向盘转角传感器。

该传感器检测方向盘的转向角度和转向方向，并通过 CAN 总线将信号传送给 ESP ECU。

（2）轮速传感器。

ESP 与 ABS、ASR 系统共用轮速传感器，检测各个车轮的转动速度，并将信号传递给 ESP ECU。

（3）偏航率传感器。

检测车辆在垂直方向上的横摆角速度（横摆率），及横向加速度、纵向加速度。

2. ESP 控制模块

ESP 控制模块是在 ABS 控制单元上集成了相应的控制功能，将传感器采集到的数据进行计算，算出车身状态然后跟存储器里面预先设定的数据进行比对。当电脑计算数据超出存储器预存的数值，即车身临近失控或者已经失控的时候则命令执行器工作，以保证车身行驶状态能够尽量满足驾驶员的意图。

3. 执行器

比亚迪秦 EV ESP 的执行器是一个能单独对车轮进行制动的液压调节器，液压调节器具有蓄压功能，如图 5-27 所示。控制模块可以根据需要，在驾驶员没踩刹车的时候向车轮的制动油管加压，对各个车轮单独施加精确的制动力，使车辆保持稳定行驶。比亚迪秦 EV ESP 液压调节器包含 1 个电机、2 个回液泵、2 个蓄能器、1 个压力传感器及 12 个电磁阀。

新能源汽车网关控制娱乐**系统技术**

图 5-27　比亚迪秦 EV 液压调节器

如图 5-28 所示，为比亚迪秦 EV ESP 液压制动系统管路连接图。车轮制动压力调节器中，RLEV、FREV、FLEV、RREV 分别为左后、右前、左前、右后制动分泵的进油电磁阀；RLAV、FRAV、FLAV、RRAV 分别为左后、右前、左前、右后制动分泵的出油电磁阀。这 8 个电磁阀为 ESP 与 ABS 系统共用。HSV1、HSV2 为高压开关阀，在 ESP 工作时，将高压制动液提供给相应车轮的制动压力调节器，给车轮施加制

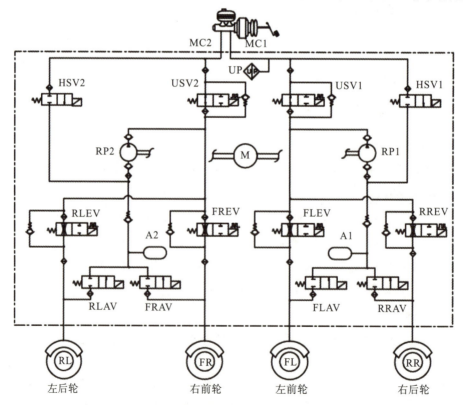

图 5-28　比亚迪秦 EV ESP 液压制动系统管路连接图

动力。USV1、USV2为回路控制阀，该电磁阀为常开电磁阀，在ESP工作时，使从回液泵来的制动液进入制动总泵管路。

5.3.2.3 汽车电子稳定控制系统的工作过程

ESP系统工作时，ESP ECU根据来自轮速传感器、偏航率传感器及转向盘转角传感器的信号，确定车辆的工作状态。ESP能够提前探测和分析汽车的行驶状况并预先纠正驾驶的错误，当出现转向过度时，ESP ECU给外侧的前轮施加制动力以恢复其附着力，产生一种与甩尾相反的转矩而使汽车保持在原来的行驶轨迹上。转向不足时，ESP ECU给内侧的后轮施加制动力以恢复其附着力，使汽车保持在原来的行驶轨迹上。

5.3.3 电子驻车系统

5.3.3.1 EPB的作用

比亚迪秦EV电子驻车（electrical parking brake，EPB）系统通过简单的电子驻车开关操作取代传统的手动拉杆，通过ECU控制电机实现驻车功能，同时此系统还可以实现辅助安全驾驶。

电子驻车系统主要功能包括：

1. 自动驻车

车辆上电开关关闭，系统会自动启动驻车。

2. 手动驻车

手动操作电子驻车开关向上抬起，系统驻车启动。

3. 自动释放驻车

（1）驻车系统启动后，启动车辆，当换挡杆处于D/R等行车挡位时，轻踩油门，电子驻车系统会自动释放。

（2）驾驶员进行换挡操作，将挡位由P/N挡换到D/R等行车挡位时，驻车系统会自动释放。

4. 手动释放驻车

驻车系统启动后，在非P挡位，踩下制动踏板，手动操作电子驻车开关向下压，系统取消驻车。

5. 应急制动功能

车辆行驶过程中，在制动踏板失效的情况下，可以通过拉起电子驻车开关，使用电子驻车系统强制制动。

5.3.3.2 EPB 的结构组成

比亚迪秦 EV EPB 电子驻车系统主要由电子驻车开关、电子驻车模块、左右驻车电机组成。电子驻车系统可以根据驾驶员对电子驻车开关的操控及车辆工况等参数，对驻车电机进行控制，对后轮实施制动。

电子驻车模块结构如图 5-29 所示，位于后排座椅下方。

图 5-29　比亚迪秦 EV EPB 电子驻车模块位置

5.3.4　制动系统控制模块的检修

5.3.4.1　制动系统控制模块的结构

1. ESP 控制模块的结构

如图 5-30 所示，比亚迪秦 EV ESP 与 ABS 控制模块集成在一起，其线束插接器为 38 针脚的插接器，插接器代号为 B05。接插器针脚定义如表 5-3 所示。

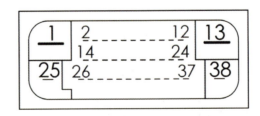

图 5-30　比亚迪秦 EV ESP 控制模块的线束插接器针脚布置图

表 5-3 比亚迪秦 EV ESP 控制模块的线束插接器各针脚的定义

针脚	功能	针脚	功能
1	电机的电源端（正）	20	未定义
2	未定义	21	未定义
3	未定义	22	未定义
4	轮速传感器的信号端（右前）	23	未定义
5	未定义	24	未定义
6	未定义	25	阀继电器的电源端
7	未定义	26	CAN-H（CAN 高）
8	轮速传感器的信号端（左前）	27	未定义
9	未定义	28	ECU 的电源端（点火电源线）
10	未定义	29	轮速传感器的信号端（右后）
11	未定义	30	制动灯开关
12	ESP 禁用开关	31	轮速传感器电源端（左后）
13	电机的接地端	32	未定义
14	CAN-L（CAN 低）	33	未定义
15	未定义	34	未定义
16	轮速传感器电源端（右前）	35	未定义
17	轮速传感器电源端（右后）	36	未定义
18	轮速传感器的信号端（左后）	37	未定义
19	轮速传感器的信号端（左前）	38	ECU 接地端

2. EPB 控制模块的结构

比亚迪秦 EV EPB 电子手刹控制模块的线束插接器 K57 如图 5-31 所示。该插接器有 32 个针脚，插接器各针脚的定义如表 5-4 所示。

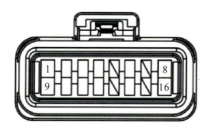

图 5-31 比亚迪秦 EV EPB 电子手刹控制模块的线束插接器

表 5-4　EPB 控制模块接插件针脚定义

端子号	线色	端子描述	条件	正常值
K57-1—车身地	R	常电电源	始终	11~14 V
K57-2—车身地	W/L	开关信号	ON 挡电	11~14 V
K57-3—车身地	G/Y	开关信号	ON 挡电	11~14 V
K57-4—车身地	Y	开关信号	ON 挡电	11~14 V
K57-6—车身地	P	CAN-H	始终	约 2.5 V
K57-8—车身地	B	接地	始终	小于 1 V
K57-9—车身地	L	开关信号	ON 挡电	11-14 V
K57-10—车身地	G	开关信号	ON 挡电	11~14 V
K57-11—车身地	R/Y	IG1	ON 挡电	11~14 V
K57-12—车身地	O	开关信号	ON 挡电	11~14 V
K57-14—车身地	V	CAN-L	始终	约 2.5 V

5.3.4.2　新能源汽车制动控制模块的检修

1. 读取和清除制动控制模块相关故障码，读取数据流

具有车载自动诊断系统的车辆，可以通过诊断仪迅速而准确地诊断发生故障的部件，提高维修效率和质量。以比亚迪秦 EV 为例，制动系统故障诊断一般按照如下步骤进行：

(1) 退电至 OFF 挡，将诊断仪连接到汽车的诊断接口，接通诊断测试设备。

(2) 上电至 ON 挡。

(3) 在诊断仪上进入诊断功能选择界面，选择车型诊断。

(4) 进入诊断车型选择界面，选择需要诊断的车型，再进入诊断系统选择界面。

(5) 在系统选择界面可以选择电子稳定系统选项及电子驻车系统选项，进入相关模块后可选择"读取故障码"选项。

(6) 在电子稳定系统或电子驻车系统选择界面选择"读取数据流"选项，读取模块开关和传感器数据流。

(7) 在系统选择界面可以选择"动作测试"，选择执行元件动作测试，对执行元件及其线路进行检测。

(8) 清除故障存储器。

(9) 运行车辆，运行方式须满足相应故障诊断的条件。

(10) 读取故障信息，确认故障已经排除。

2. 检测制动系统控制模块的终端电阻

（1）检测比亚迪秦 EV EPB 控制模块终端电阻。

断开蓄电池负极，断开 EPB 控制模块接插件 K57。查询维修手册中控制单元针脚的定义，EPB 控制模块 CAN-H 端子为 K57-6 号针脚，CAN-L 端子为 K57-14 号针脚。万用表校零后，测量控制模块端子 K57-6 与 K57-14 之间电阻值，即为 EPB 控制模块内的 CAN 线终端电阻值。

（2）检测比亚迪秦 EV ESP 控制模块终端电阻。

断开蓄电池负极，断开 ESP 控制模块接插器。查询维修手册中控制单元针脚的定义，EPB 控制模块 CAN-H 端子为 B05-26 号针脚，CAN-L 端子为 B05-14 号针脚。万用表校零后，测量控制模块端子 B05-26 与 B05-14 之间电阻值，即为 ESP 控制模块内的 CAN 线终端电阻值。

3. 检测制动系统控制模块供电和搭铁电路

制动系统控制模块的供电与搭铁是保证控制模块能够正常工作的基础，检测控制模块供电端子和搭铁端子的电压，分析判断控制模块供电线路、搭铁线路是否正常。

（1）检测比亚迪秦 EV EPB 控制模块供电和搭铁电路。

如图 5-32 所示为比亚迪秦 EV EPB 控制模块供电和搭铁电路。

EPB 电源端子为 K57-1、K57-11 号针脚，接地端子为 K57-8 号针脚。上电至 ON 挡，使用背插法或转接盒，用万用表测量 K57-1、K57-11 号端子与车身搭铁之间的电压，电压值接近低压蓄电池电压为 11～14 V，说明供电线路正常，反之则反向检查供电线路；用万用表测量 K57-8 号针脚与车身搭铁之间的电压，电压为 0 V 时说明搭铁电路正常。可采用电阻法，用万用表测量 K57-8 号针脚与车身搭铁之间的电阻，正常情况下接地端电阻值小于 1 Ω。

（2）检测比亚迪秦 EV ESP 控制模块供电和搭铁电路。

ESP 电源端子为 B05-28 号端子，ESP 接地端子为 B05-38 号端子。上电至 ON 挡，使用背插法，用万用表测量 B05-28 号端子与车身搭铁之间的电压，电压值接近低压蓄电池电压，为 11～14 V 代表供电线路正常，反之则反向检查供电线路；测量 B05-38 与车身搭铁之间的电阻，正常情况下接地端电阻值应小于 1 Ω。

4. 检测制动系统控制模块与电子元件或控制模块之间线束的导通性

检测时，首先要断开蓄电池负极，断开制动系统控制模块相关低压线束插头。查询维修手册中控制单元针脚的定义，使用电阻挡，选择线束两端的端子进行测试，导线两端的电阻不超过 1 Ω。

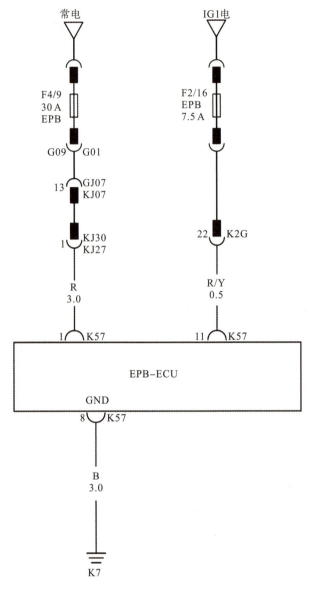

图 5-32 比亚迪秦 EV EPB 控制模块供电和搭铁电路

5. 检测制动系统主要电子元件

(1) 检测比亚迪秦 EV EPB 开关的工作情况。

比亚迪秦 EV EPB 开关电路图如图 5-33 所示。操作 EPB 开关，检查 EPB 开关插接器 K72 各针脚之间的电阻，判断 EPB 开关的好坏，EPB 开关插接器 K72 针脚布置如图 5-34 所示。检查时，正常情况下 EPB 开关各针脚之间的导通性应与表 5-5 所示一致。

模块五
新能源汽车底盘网关控制系统检测维修

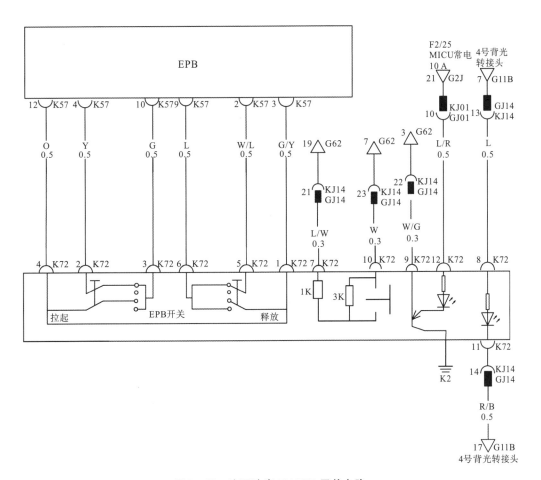

图 5-33 比亚迪秦 EV EPB 开关电路

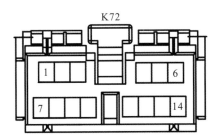

图 5-34 EPB 开关插接器 K72 针脚布置

表5-5　EPB开关各针脚之间的导通性检查

端子	测试条件	正常情况
K72-1-K72-4	开关无动作	小于1Ω
K72-2-K72-3		小于1Ω
K72-5-K72-6		小于1Ω
K72-1-K72-4	开关拉起	小于1Ω
K72-2-K72-3		大于10 kΩ
K72-5-K72-6		小于1Ω
K72-3-K72-4		小于1Ω
K72-1-K72-4	开关按下	小于1Ω
K72-2-K72-3		小于1Ω
K72-5-K72-6		大于10 kΩ
K72-6-K72-1		小于1Ω

(2)检测比亚迪秦EV ESP系统轮速传感器的供电电压。

先要查询维修手册中控制单元针脚的定义，控制模块的右前轮速传感器电源端子为B05-16。上电至ON挡，使用万用表电压挡检测该端子与车身搭铁之间的电压，从而判断线路和模块是否正常，该电压值接近于低压蓄电池电压，标准值约为11～14 V。

6. 检测读取制动系统控制模块的CAN-H和CAN-L信号电压波形

(1)检测比亚迪秦EV EPB CAN-H和CAN-L信号电压波形。

EPB控制模块CAN线电路如图5-35所示。连接示波器，使用转接盒或备插针，检测控制模块K57-6、K57-14号针脚与车身搭铁之间的信号电压波形。CAN线信号正常时，控制模块K57-6号针脚(CAN-H)信号电压为高电平电压3.6 V，低电平电压2.5 V的矩形方波信号；控制模块K57-14号针脚(CAN-L)信号电压为高电平电压2.5 V，低电平电压1.4 V的矩形方波信号。正常情况下，整车上电后，CAN-H，CAN-L的波形应该以2.5 V电压为基准对称性地显示。

(2)检测比亚迪秦EV ESP CAN-H和CAN-L信号电压波形。

连接示波器，使用转接盒或备插针，检测控制模块B05-26、B05-14号针脚与车身搭铁之间的信号电压波形。CAN线信号正常时，控制模块B05-26号针脚(CAN-H)信号电压为高电平电压3.6 V，低电平电压2.5 V的矩形方波信号；控制模块B05-14号针脚(CAN-L)信号电压为高电平电压2.5 V，低电平电压1.4 V的矩形方波信号。正常情况下，整车上电后，CAN-H，CAN-L的波形应该以2.5 V电压为基准对称性地显示。

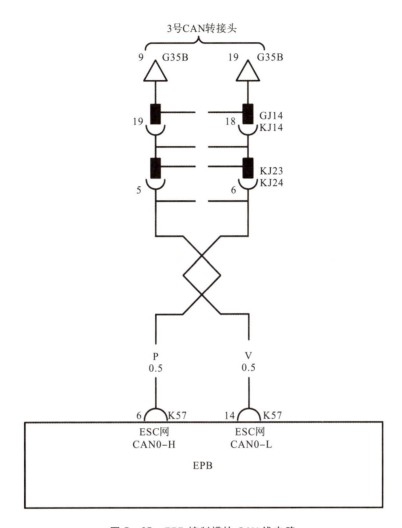

图 5-35　EPB 控制模块 CAN 线电路

任务实施

1. 作业说明

比亚迪秦 EV ESP 在汽车出现转向过度或转向不足时，通过给相应车轮施加制动力以恢复其附着力，产生一种与甩尾相反的转矩而使汽车保持在原来的行驶轨迹上。上电至 ON 挡后，ESP 警告灯保持点亮或行车过程中，警告灯保持常亮，说明 ESP 系统检测到故障。此时驾驶员还可以进行常规制动，但应尽可能减小施加的制动力，以防止车轮抱死。因此，警告灯点亮后须注意小心驾驶。ESP 系统出现故障后，必须立即进行检修，以防止更大的故障出现，导致事故发生。

新能源汽车网关控制娱乐**系统技术**

对 ESP 系统进行诊断前，如果常规制动系统存在故障，必须首先排除。ESP HECU 总成(包括 ESP 电子控制单元与液压调节器)只能整体更换，不能进行拆检或部分更换。

本作业任务是以比亚迪秦 EV 轿车制动系统控制模块为例进行。也可选用其他装有 ESP、EPB 系统的电动或混合动力汽车进行，检测部件及检测参数应根据车型配置做相应调整。

2. 技术标准与要求

项目	内容
ESP 控制模块终端电阻标准电阻值	
EPB 控制模块终端电阻标准电阻值	
ESP 控制模块电源和搭铁端子标准电压值	
EPB 控制模块电源和搭铁端子标准电压值	
ESP 控制模块与电子元件或控制模块之间线束的标准电阻值	
EPB 控制模块与电子元件或控制模块之间线束的标准电阻值	
ESP 控制模块与电子元件之间标准供电电压值	
EPB 控制模块与电子元件之间标准供电电压值	
ESP 控制模块 CAN-H 和 CAN-L 的标准波形	
EPB 控制模块 CAN-H 和 CAN-L 的标准波形	

3. 设备器材

(1)设备与零件总成。

_____

_____

(2)常用工具。

_____

_____

(3)耗材及其他。

_____

_____

注：请学员根据场地实际车辆、设备、器材、工具填写。

4. **作业流程**

(1)读取车辆故障信息。

(2)检测 ESP、EPB 控制模块的供电电路和搭铁电路是否正常。

(3)检测 ESP 系统轮速传感器的电源电压、信号电压。

(4)检测 EPB 电子手刹开关。

(5)检测 ESP、EPB 控制模块的终端电阻。

(6)检测 ESP、EPB 控制模块 CAN－H、CAN－L 信号波形，判断 CAN 线有无故障。

(7)作业完成后按照 7S 管理标准，整理工具和场地。

5. 填写考核工单

一、查询并记录车辆信息					
品牌		整车型号		生产日期	
发动机型号		驱动电机型号		工作电压	
车辆识别码				行驶里程	

二、读取并记录故障代码	
故障现象	
故障码	
数据流	
相关电路图位置	
记录所查询的电路图在维修手册的位置	

三、识读电路图并对制动控制模块进行检测				
1. 检测 ESP、EPB 控制单元的电源电路				
ESP 控制单元的供电端子电压(B05-28)	标准值_____V 检测值_____V	判断	正常□ 异常□	
ESP 控制单元的搭铁端子电压(B05-38)	标准值_____V 检测值_____V	判断	正常□ 异常□	
EPB 控制单元的供电端子电压(K57-1)	标准值_____V 检测值_____V	判断	正常□ 异常□	
EPB 控制单元的供电端子电压(K57-11)	标准值_____V 检测值_____V	判断	正常□ 异常□	
EPB 控制单元的搭铁端子电压(K57-8)	标准值_____V 检测值_____V	判断	正常□ 异常□	
2. 检测控制单元 CAN-H 与 CAN-L 端子之间的内阻				
ESP 控制模块 CAN 线终端电阻	检测值_____Ω 标准值_____Ω	判断	正常□ 异常□	
EPB 控制模块 CAN 线终端电阻	检测值_____Ω 标准值_____Ω	判断	正常□ 异常□	

续表

3. 检测轮速传感器的电源电压及轮速传感器的信号电压、电子手刹开关的性能好坏					
右前轮速传感器的电源电压		标准值_____V		判断	正常□ 异常□
^		检测值_____V			
左前轮速传感器的电源电压		标准值_____V		判断	正常□ 异常□
^		检测值_____V			
右前轮速传感器的信号电压		标准波形		判断	正常□ 异常□
^		检测波形			
左前轮速传感器的信号电压		标准波形		判断	正常□ 异常□
^		检测波形			
EPB开关各针脚导通性	K72-1-K72-4	开关无动作	标准值_____V	判断	正常□ 异常□
^	^	^	检测值_____V	^	^
^	K72-2-K72-3	^	标准值_____V	判断	正常□ 异常□
^	^	^	检测值_____V	^	^
^	K72-5-K72-6	^	标准值_____V	判断	正常□ 异常□
^	^	^	检测值_____V	^	^
^	K72-1-K72-4	开关拉起	标准值_____V	判断	正常□ 异常□
^	^	^	检测值_____V	^	^
^	K72-2-K72-3	^	标准值_____V	判断	正常□ 异常□
^	^	^	检测值_____V	^	^
^	K72-5-K72-6	^	标准值_____V	判断	正常□ 异常□
^	^	^	检测值_____V	^	^
^	K72-6-K72-1	^	标准值_____V	判断	正常□ 异常□
^	^	^	检测值_____V	^	^
^	K72-1-K72-4	开关按下	标准值_____V	判断	正常□ 异常□
^	^	^	检测值_____V	^	^
^	K72-2-K72-3	^	标准值_____V	判断	正常□ 异常□
^	^	^	检测值_____V	^	^
^	K72-5-K72-6	^	标准值_____V	判断	正常□ 异常□
^	^	^	检测值_____V	^	^
^	K72-3-K72-4	^	标准值_____V	判断	正常□ 异常□
^	^	^	检测值_____V	^	^

续表

4. 检测制动控制模块 CAN-H、CAN-L 信号波形					
检测并绘制 ESP 控制模块 CAN-H、CAN-L 信号波形	标准波形		判断	正常□ 异常□	
	检测波形		判断	正常□ 异常□	
检测并绘制 EPB 控制模块 CAN-H、CAN-L 信号波形	标准波形		判断	正常□ 异常□	
	检测波形		判断	正常□ 异常□	
故障说明						
故障点确认					
故障机理分析					

自我测试

（1）简述比亚迪秦 EV ESP 系统包括哪些传感器，这些传感器分别起什么作用。

_____

_____

（2）简述比亚迪秦 EV ESP 液压调节器包含哪些部件，这些部件分别起什么作用。

_____

_____

（3）简述比亚迪秦 EV EPB 有哪些功能。

_____

_____

拓展学习

让制动效率更高——比亚迪 BSC 制动安全控制系统

比亚迪自主研发的线控制动系统——BSC 制动安全控制系统（braking safety control system，BSC），制动效率更高，行驶更平稳。

比亚迪 BSC 系统由主缸、储液壶、液压单元组件、电机、活塞泵、电控单元、模拟器以及电路板等零部件组成，采用高度集成轻量化设计。整体的长宽高为 180 mm×200 mm×230 mm，总成质量仅 6.5 kg，具有体积紧凑、重量轻的特征。

"ONEBOX"系统方案使得制动系统高度集成化，将传统的电子真空泵系统六大零部件综合为一个，大大减少了体积和重量，为前舱空间留出更多位置。

BSC 的优势：

（1）制动距离更短。

BSC 2.0 硬件采用 600 W 的大功率电机，转速达 9000 r/min，可在 140 ms 内建立最大制动力，响应迅速、建压压强大，相比传统燃油车的制动响应速度提升 4 倍以上，制动距离明显缩短，BSC 能将百公里制动距离缩短 3～5 m。

（2）系统更安全。

BSC 为车辆在静止时提供基础制动力为 10 MPa，行车时最大允许制动力 15 MPa，在紧急制动情况下，系统施加最大制动力为 18 MPa，可实现快速停车、躲避危险，系统能产生的机械制动减速度达 4.88 m/s^2 以上。

(3) 踏板感更优越。

BSC 可提供定制化的驾驶感受，可以设定不同的"刹车脚感"，从舒适制动到运动感更强的制动体验都可以个性化选择。

(4) 空间布置更舒适。

BSC 可继承 EPB 控制器及间接式胎压监测，体积也较小，同时减少了整车布置难度。

(5) 整车更节能。

BSC 系统优先电机制动，以液压制动作补偿，百公里能量回收提升 0.5 kW·h 以上，带来高效的能量回收，增加续航里程的体验。BSC 2.0 在 WLTC 工况测试下，能有效提高续航里程 20%。

BSC 系统能给整车带来灵活多功能的配置方案，包括防抱死制动系统（anti-lock braking system，ABS）、电子制动力分配系统（electric brakeforce dis-tribution，EBD）、牵引力控制系统（traction control system，TCS）、车辆动态控制系统（vehicle dynamic control，VDC）等基础功能，也可以实现陡坡缓降、自动驻车等辅助制动功能。此外，与主动安全功能相关的主动刹车功能和自适应巡航功能都能通过它来实现。未来，BSC 第二代产品（BSC+RC）/（BSR+ESC）支持冗余制动，并将应用在 L3 等级以上智能驾驶和无人驾驶中。

模块六
新能源汽车车身网关控制系统检测维修

任务 6.1

汽车车身控制模块检测维修

任务引入

一客户的比亚迪 E5 纯电动汽车突然出现电动车窗、电动座椅、中控门锁等多个系统失效的问题,经维修技师综合诊断后,怀疑该车车身控制模块损坏或信号传输故障,需对车身控制模块进行检测维修。

学习目标

(1) 熟知新能源汽车车身控制模块的作用。

(2) 掌握车身控制模块插头的断开和插接方法、线束的检查与修复方法、插头端子的电阻、电压、线束导通性方法。

(3) 掌握车身控制模块相关数据流标准范围、总线标准波形。

(4) 能检测车身控制模块插头端子的电阻、电压、线束导通性。

(5) 能使用诊断仪读取车身控制模块故障码、数据流,并执行动作测试;使用示波器检测并分析车身控制模块的总线波形。

素质目标

(1) 培养主动探索深入思考,并能举一反三的学习习惯。

(2) 建立良性竞争意识,努力追求精益求精的工匠精神。

(3) 持续提升民族自豪感与创新能力。

(4) 培养分析问题、解决问题的能力。

新能源汽车网关控制娱乐**系统技术**

知识准备

新能源汽车车身控制模块（Body Control Module，BCM），是指用于控制车身电气系统的电子控制单元（Electronic Control Unit，ECU），是新能源汽车的重要组成部分之一。车身控制模块常见的功能包括控制电动车窗、电动后视镜、空调、大灯、转向灯、防盗系统、中控锁等。车身控制模块可以通过总线与其他车载 ECU 相连。

本任务主要介绍新能源汽车车身控制模块的概述，并以比亚迪车型为例介绍其主要功能、组成、电路检测与维修。

6.1.1 汽车车身控制模块概述

车身控制模块具有车身网关作用，通过网络总线在不同模块间实现数据传输和数据共享。新能源汽车车身控制模块包括汽车安全、舒适性控制和信息通信系统，主要是用于提升汽车的安全性、舒适性和便捷性。提升汽车安全性主要包括控制安全气囊、安全带、中控门锁、防盗系统；提升汽车舒适性主要包括控制自动空调、电动座椅等；提升汽车便捷性主要包括控制电动车窗、电动后视镜、电动天窗和满足多种用电设备需求的电源管理系统等。同时还要实现部分车外通信，以及协调整车各部分电子控制单元的功能，将大量计算机、传感器与交通管理服务系统联结在一起的综合显示系统、驾驶员信息系统、导航系统、计算机网络系统、状态监测与故障诊断系统等。BCM 的工作可大致分为两部分：控制部分，包括 MCU、传感器和车内网络；电源部分，包括可提供大功率信号以驱动各种负载的功率器件。

随着汽车电子技术的发展，新能源车身控制模块的功能也在不断扩展和增加，主要有以下几类功能：

（1）低压电源管理。BCM 具有电源管理功能，将车上低压用电设备电源集成在 BCM 内，节约线束，便于后期维修。

（2）灯光控制与监测。除对灯光进行控制以外，BCM 检测到小灯电路对地短路或电路电流过大时，会启动保护功能，防止线束因电流过大烧结。

（3）雨刮控制。新能源汽车雨刮电路采用 BCM 控制，节约线束、可实现雨刮间歇挡的快慢功能。

（4）中控门锁、遥控接收控制。BCM 检测车速可实现自动落锁功能，遥控器向 BCM 发送一个信号可以进行上锁、开锁、开启尾门、寻车等控制。

（5）防盗。具有车身防盗系统的新能源车辆，当被非法侵入时，车辆会通过 BCM 实现喇叭蜂鸣、报警灯闪烁。

（6）自诊断控制。当 BCM 检测内部有故障时，会启动自诊断功能，在仪表上显示故障指示灯提醒驾驶人员，也可以通过专用设备读取 BCM 数据来帮助维修。

随着新能源汽车集成化程度越来越高,车身控制模块的功能也随之增加。胎压监测、高级驾驶辅助控制等功能逐渐运用到 BCM 控制模块中,可以满足人们对安全性、舒适性等方面的要求。

6.1.2　新能源汽车车身控制模块的功能与元件

下面以比亚迪 E5 电动汽车的车身控制模块为例进行说明。

如图 6-1 所示,比亚迪 E5 电动汽车的车身控制模块 BCM 位于中控仪表盘下方仪表盘配电盒中。作为控制部分,车身控制模块主要控制室外灯光系统、室内灯光系统、制动系统、启动系统、交流充电口、转向轴锁与门锁等系统或部件;作为电源部分,车身控制模块主要为转向轴锁、电动后视镜电机、门锁电机、行李箱盖开启电机等功率器件或传感器提供电源。

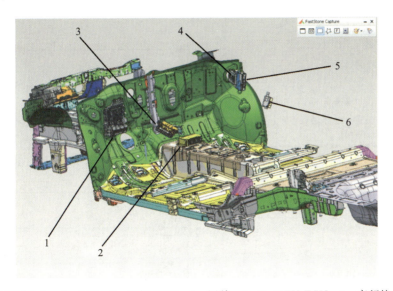

1—仪表板配电盒;2—SRS;3—空调 ECU;4—网关;5—I-KEY ECU;6—高频接收模块。

图 6-1　电器件位置分布图

比亚迪 E5 车身控制模块的电路原理图如图 6-2、图 6-3、图 6-4、图 6-5 所示。

比亚迪 E5 车身控制模块的线束插接件有 G2A、G2R、K2B、K2G、G2Q、G2K、G2P、G2L 等,插接件位置及外形可查询比亚迪 E5 维修手册中的电器原理图。接插件端子定义如表 6-1 所示。

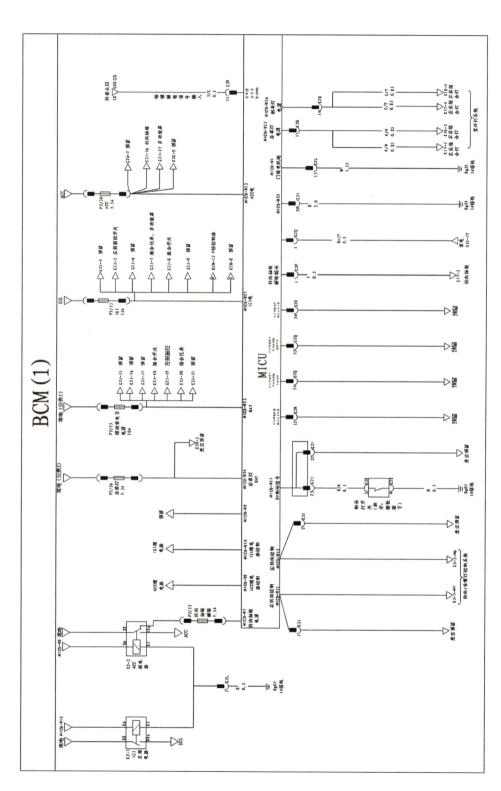

图 6-2　BCM 电路原理图(1)

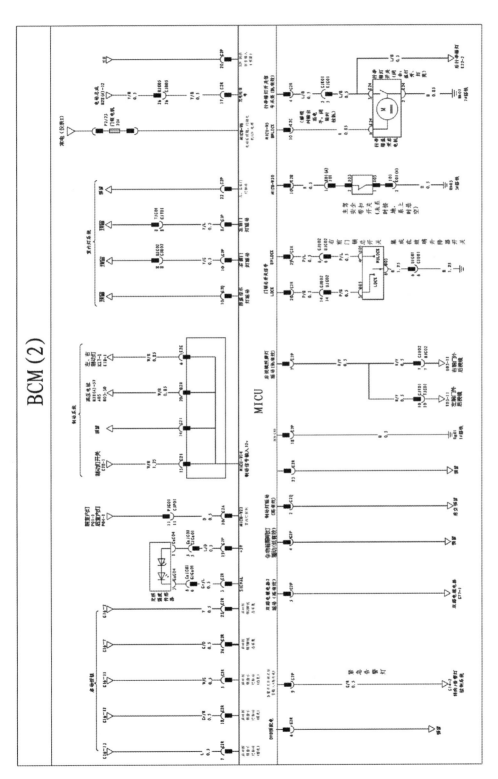

图 6-3 BCM 电路原理图(2)

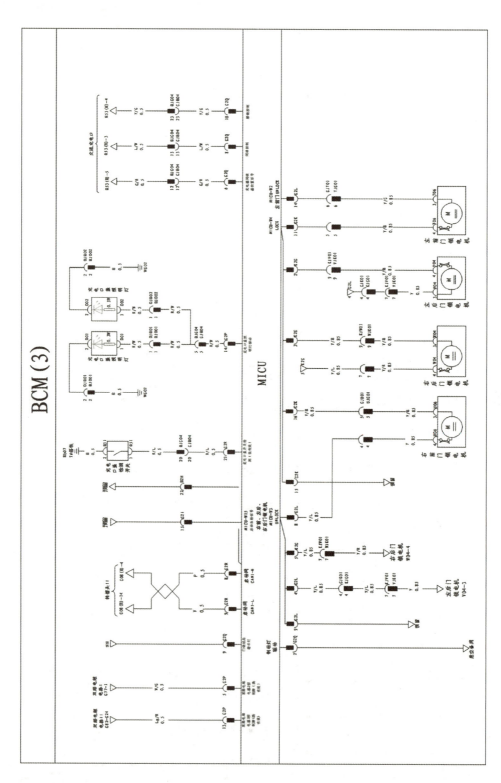

图 6-4 BCM电路原理图(3)

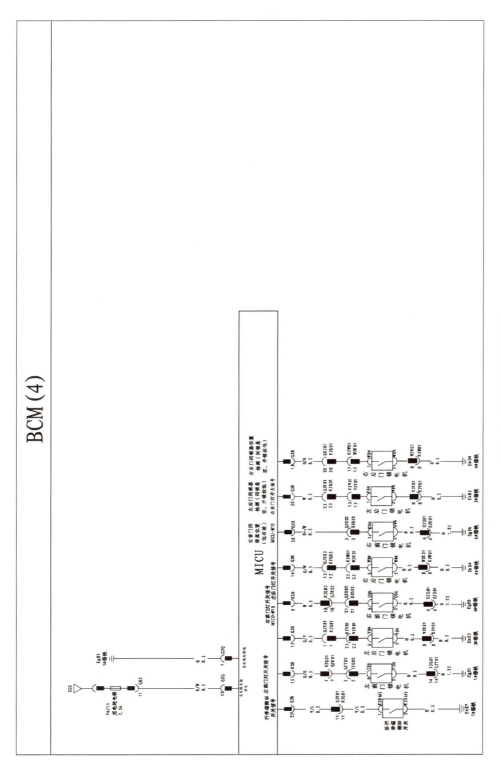

图 6-5 BCM 电路原理图(4)

表 6-1　车身控制模块接插件端子定义

针脚	端子描述	针脚	端子描述
G2R-11	前碰撞信号采集	K2B-14	倒车灯电源
K2B-1	后雾灯电源	G2L-13	门锁电机接地
G2Q-1	MICU 常电电源	G2P-1	转向轴锁解锁驱动
G2Q-24	外后视镜展开驱动信号采集	G2R-12	外后视镜折叠驱动信号采集
G2P-3	光照强度传感器 5 V 供电	G2R-7	启动按键指示灯驱动(橙色)
G2R-18	启动按键指示灯驱动(绿色)	G2R-5	启动按键指示灯驱动(白色)
G2A-10	室内灯光控制	G2P-18	BCM 控制模块接地
G2R-20	门锁总开关信号 LOCK	G2R-29	门锁总开关信号 UNLOCK
K2G-10	行李箱盖开启电机电源	G2R-4	行李箱灯开关信号采集
G2Q-9	门锁状态指示灯	G2R-8	启动网 CAN-H
G2R-9	启动网 CAN-L	G2P-14	充电口盖照明驱动
G2Q-8	充电口闭锁控制	G2Q-18	充电口解锁控制
G2Q-6	充电器闭锁器位置信号	G2L-4	左后门锁电机电源
K2G-5	右后门锁电机电源	G2L-8	右前门锁电机电源
G2L-14	左前门锁电机电源		

6.1.3　新能源汽车车身控制模块的检测维修

以比亚迪 E5 车身控制模块为例,对车身控制模块进行检测维修。

1. 读取和清除车身控制模块相关故障码并读取数据流

具有车载自诊断系统的车辆,维修人员可以通过诊断仪迅速而准确地定位发生故障的部件,大大提高维修效率和质量。车身控制模块诊断仪诊断一般遵循如下步骤:

(1)将诊断测试设备连接至诊断接口,接通诊断测试设备;上至 ON 挡电;在诊断仪上进入诊断功能选择界面,选择车型诊断;进入诊断车型选择界面,选择需要诊断的车型;再进入诊断系统选择界面。

(2)在系统选择界面选择车身网模块选项,进入后选择车身控制模块选项,选择读取故障码选项,读取故障相关信息(故障码、冻结帧等)。

(3)在车身控制模块选择界面选择读取故障码选项,读取模块数据流。

(4)在车身控制模块选择界面选择动作测试选项,选择原件动作测试对原件进行检测。

(5)清除故障存储器；适当运行车辆，运行方式须满足相应故障诊断的条件；读取故障信息，确认故障已经排除。

2. 检测车身控制模块插头端子的电阻

检测车身控制模块终端电阻。断开蓄电池负极，断开车身控制模块接插件 G2R。查询维修手册中控制单元针脚的定义，车身控制模块启动网 CAN-H 端子为 G2R-8 号端子，启动网 CAN-L 端子为 G2R-9 号端子。将万用表校零后，测量控制模块端子 G2R-8 与 G2R-9 之间的电阻值。测量值为车身控制模块的终端电阻。单个 CAN 模块终端标准电阻为 120 Ω，整个网络终端电阻为 60 Ω。

3. 检测车身控制模块电源和搭铁端子电压

车身控制模块的供电与搭铁是保证控制模块能够正常工作的基础。查询维修手册中控制单元针脚的定义，常电电源输入端子为 G2Q-1 号端子，接地端子为 G2P-18 号端子。上至 ON 挡电，使用背插法，万用表探针测量 G2Q-1 号端子与车身搭铁之间的电压。电压值为额定电压时代表供电线路正常，反之则反向检查供电线路；测量 G2P-18 接地端子与车身搭铁之间的电阻，电阻值为额定电阻时代表搭铁线路正常，接地端电阻值应小于 1 Ω。

4. 检测车身控制模块与电子元件或控制模块之间线束的导通性

断开蓄电池负极，断开车身系统控制模块相关低压线束插头，查询维修手册中控制单元针脚的定义，选择线束两端的端子进行测试，蜂鸣器鸣叫即代表该段线束导通。表 6-2 为车身控制模块与电子元件之间部分信号线束的端子定义。

表 6-2 比亚迪 E5 车身控制模块端子部分线束针脚定义

线束名称	车身控制模块针脚	对应电子元件针脚	对应电子元件名称
左前门锁电机控制线	G2L-14	T06-3	左前门锁电机
左后门锁电机控制线	G2L-4	V04-3	左后门锁电机
右前门锁电机控制线	G2L-8	U06-4	右前门锁电机
右后门锁电机控制线	K2G-5-14	W04-4	右后门锁电机
充电口闭锁控制信号线	G2Q-8	B53(B)-3	交流充电口
充电口解锁控制信号线	G2Q-18	B53(B)-4	交流充电口
充电器闭锁位置信号线	G2Q-6	B53(B)-5	交流充电口
行李箱盖开启电机供电线	K2G-10	K24-1	行李箱盖开启电机
行李箱灯开关信号采集线	G2R-4	K24-3	行李箱盖开启电机
外后视镜折叠驱动信号采集线	G2R-12	G15-11	电动外后视镜开关
外后视镜展开驱动信号采集线	G2R-24	G15-12	电动外后视镜开关

5. 检测车身控制模块与电子元件之间的供电电压

以比亚迪 E5 制动信号输入线端子为例，首先要查询维修手册中控制单元针脚的定义，车身控制模块制动信号输入线端子为 G2I-13，上至 ON 挡电，踩下制动踏板，使用万用表电压挡对端子进行测试，再对比维修手册的额定工作电压，从而判断线路和模块是否正常。

6. 检测车身控制模块的 CAN 总线电压与波形

(1) 车身控制模块 CAN 总线电压检测。查询维修手册中控制单元针脚的定义，车身控制模块 CAN-H 端子为 G2R-8 号，CAN-L 端子为 G2R-9 号。用万用表电压挡分别测量两端子平均电压，红表笔接端子针脚，黑表笔车身搭铁，CAN-H 标准整车通信电压为 2.5～3.5 V，CAN-L 标准整车通信电压为 1.5～2.5 V。万用表的显示值只能反映被测信号的平均电压值。

(2) 车身控制模块 CAN 总线波形检测。比亚迪 E5 车型中车身控制模块总线属于启动网。通道 CH1 测量 CAN-H，通道 CH2 测量 CAN-L。CAN 高线的高电平是 3.6 V，低电平是 2.5 V，电压差是 1.1 V。CAN 低线的高电平是 2.5 V，低电平是 1.4 V，电压差为 1.1 V。控制模块 CAN-H 信号在总线空闲时电压为 2.5 V，总线上的信号传输时总线上的电压值在 2.5 V 和 3.6 V 之间变换，控制模块 CAN-L 信号在总线空闲时电压为 2.5 V，总线上的信号传输时总线上的电压值在 2.5 V 和 1.4 V 之间变换。正常情况下，整车上电后，CAN-H 和 CAN-L 应该在额定电压范围对称性地显示信号波形。

任务实施

1. 作业说明

比亚迪 E5 纯电动汽车出现电动车窗、电动座椅、中控门锁等多个系统失效现象。造成上述故障现象的原因可能是车身控制模块故障，需对车身控制模块进行故障检测、诊断与排除。

2. 技术标准与要求

项目	内容
车身控制模块插头端子标准电阻值	
车身控制模块电源和搭铁端子标准电压值	
车身控制模块与电子元件或控制模块之间线束的标准电阻值	
车身控制模块与电子元件之间标准供电电压值	
车身控制模块 CAN-H 和 CAN-L 的标准波形	

注：请学员查阅维修资料后填写。

3. 设备器材

(1)设备与零件总成。

_____

_____

(2)常用工具。

_____

_____

(3)耗材及其他。

_____

_____

注：请学员根据场地实际设备器材填写。

4. 作业流程

(1)做好车辆准备及个人防护，安装警示装置，安装车内车外保护套件。

(2)读取和清除车身控制模块相关故障码并读取数据流。

(3)检测车身控制模块插头端子的电阻。

(4)检测车身控制模块电源和搭铁端子电压。

(5)检测车身控制模块与电子元件或控制模块之间线束的导通性。

(6)检测车身控制模块与电子元件之间的供电电压。

(7)检测车身控制模块的 CAN-H 和 CAN-L 的电压与波形。

(8)作业完成后按照 7S 管理标准，整理工具和场地。

新能源汽车网关控制娱乐**系统技术**

5. 填写考核工单

一、车辆信息记录（结合具体车型答题）					
品牌		整车型号		生产日期	
发动机型号		驱动电机型号		工作电压	
车辆识别码				行驶里程	
二、进行车身控制模块故障诊断、记录故障现象、相关信息及诊断过程（结合具体车型答题）					
故障现象					
故障码					
数据流					
相关电路图位置 （记录所查询的电路图在维修手册的位置）					
可能故障原因分析：□元件本体　□电路线束　□模块 ECU　□其他_____					
检测项目		检测结果		判断	
				正常□　异常□	
				正常□　异常□	
				正常□　异常□	
				正常□　异常□	
故障说明					
故障点确认：					
故障机理分析：					
三、车身控制系统信号针脚波形检测（读取到波形后需考官确认）					
波形采集插接器代号/针脚	电路图页码	与控制模块 针脚是否导通		信号波形类型	
		正常□　异常□		CAN 波形	
检测通道		波形绘制			
检测工况	□ON　□怠速/上电				
每格电压					
最大信号电压值					
周期					
波形判断	□正常　□异常				

自我测试

(1) 简述新能源车身控制模块的作用。

_____

_____

(2) 试分析车身控制模块单个和系统终端电阻的关系。

_____

_____

(3) 简述车身控制模块标准 CAN 总线波形。

_____

_____

拓展学习

紧抓突破口——开发 BCM 软件的关键技术

开发车身控制模块软件的四个主要难点：
(1) 提高性能需求。
(2) 增加输入、输出处理器和通道的数量。
(3) 开发更复杂的模块周期。
(4) 运行和休眠模式下的功耗问题。

针对以上难点，可以通过进一步技术研发、激活软件功能来解决车身控制模块存在的瓶颈问题。具体操作包括：
(1) 单独的输入、输出处理器可以用来卸载中断处理。
(2) 应用复杂的软件架构（如 AUTOSAR）来满足增加的性能需求。
(3) 使用具有串行外围接口的交换器来节省脉宽调制通道。
(4) 采用四平面封装工艺解决运行和睡眠模式下的功耗问题。
(5) 应用快速原型服务开发更复杂的模块周期。

电动车窗控制模块检测维修

任务引入

一客户的比亚迪 E5 纯电动汽车出现四个车窗均无法工作的问题,经维修专家综合诊断后,怀疑该车电动车窗控制模块损坏或传输故障,需对电动车窗模块进行检测维修。

学习目标

(1)熟知新能源汽车电动车窗控制模块的作用。
(2)掌握电动车窗控制模块插头的断开和插接方法,线束的检查与修复方法,检测插头端子的电阻、电压、线束导通性方法。
(3)掌握电动车窗控制模块相关数据流标准范围、总线标准波形。
(4)能检测电动车窗控制模块插头端子的电阻、电压、线束导通性。
(5)能使用诊断仪读取电动车窗控制模块故障码、数据流,并执行动作测试;能用示波器检测并分析车身控制模块的总线波形。

素质目标

(1)培养主动探索、深入思考,并能举一反三的学习习惯。
(2)建立良性竞争意识,努力追求精益求精的工匠精神。
(3)持续提升民族自豪感与爱国意识。

知识准备

现代汽车对车窗的舒适性和便捷性要求越来越高,电动车窗已经逐渐成为汽车尤其是新能源汽车的通用配置。所谓电动车窗，就是通过车载电源来驱动电动机玻璃移动，达到车窗自动开闭的目的。电动车窗可使驾驶员或者乘员坐在座位上，利用开关使车门玻璃自动升降，操作简便并有利于行车安全。

本任务以比亚迪 E5 车型为例，主要介绍新能源汽车电动车窗控制系统的功能、组成以及电动车窗控制模块电路检测与维修。

6.2.1 电动车窗控制模块概述

所谓电动车窗，就是通过直流电机驱动玻璃的升降，取代了传统的转动摇柄升降玻璃，使得玻璃的升降更加轻便化、舒适化、自动化。装有这种电动车窗的车辆，在各个车门都装有玻璃升降开关的按钮，向上按玻璃上升，向下按玻璃下降。有的开关还具有点动功能，即轻点一下就可实现车窗玻璃一键上升或一键下降。

电动车窗系统由车窗、车窗玻璃升降器、电动机、继电器、开关和 ECU 等装置组成。

1. 电动机

车窗一般使用双向永磁或绕组串联式电动机，每车窗安装有一只电动机通过开关控制其电流方向，从而实现车窗的升降。另外，为了防止电动机过载，在电路或电动机内装有一个或多个热敏电路开关，用来控制电流，当车窗玻璃上升到极限位置或由于结冰而使车窗玻璃不能自由移动时，即使操纵控制开关，热敏开关也会自动断路，避免电动机通电时间过长而烧坏。

2. 电动玻璃升降器

电动玻璃升降器系统是电动车窗的主要执行部件，根据机械升降机构工作原理，电动玻璃升降器分为三种形式：绳轮式、叉臂式和软轴式。

绳轮式玻璃升降器由滑轮、钢丝绳、张力器和张力滑轮等组成，它通过驱动电动机拉动钢丝绳来控制门窗玻璃的升降，可用于各种圆弧玻璃的车型中，但由于安装空间要求较大，主要用于玻璃圆弧较小的中高档轿车和高档面包车中。

叉臂式玻璃升降器主要由扇形齿板、玻璃导轨和调节器等组成，扇形齿板利用驱动电动机的棘轮进行转动，使玻璃沿导轨作上下移动，主要用于玻璃圆弧较大的载货汽车、面包车及中低档轿车中。

软轴式电动玻璃升降器可用于各种玻璃圆弧的车型中，但运行噪声较大，主要用于玻璃圆弧适中的面包车和中低档轿车中。

3. 开关

车窗开关由主控开关、分控开关等组成。装在仪表台上或驾驶员侧门扶手上的为主控开关，可让驾驶员控制每个车窗的升降。装在每个乘客门上的为分控开关，可让成员控制自己这一侧的车窗升降。在主控开关上一般还设置有窗锁止开关，该开关按下时分开关就不能起作用,可以防止儿童在行驶中操作车窗玻璃。

4. 控制模块

目前绝大部分新能源车辆电动车窗的控制模块集成在 BCM 车身控制模块中,也有车辆拥有独立的电动车窗控制模块,车窗开关将命令送至车窗控制模块,模块直接控制车窗电机,来实现车窗升降和防夹控制。

6.2.2 新能源汽车电动车窗控制模块的功能与元件

如图 6-6、图 6-7 所示,比亚迪 E5 电动车窗系统通过操作车门饰板上和车顶饰板上的开关来使车窗升降或天窗开闭、上倾、下倾,驾驶员座椅位置上通过其前门饰板上的主开关来操作各车窗的开关。电动车窗闭锁开关位于驾驶员侧前门饰板上,它

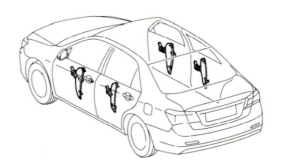

图 6-6 比亚迪 E5 电动车窗组件位置图

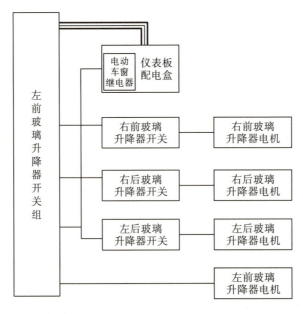

图 6-7 比亚迪 E5 电动车窗组件系统框图

可以使驾驶员禁用所有乘客车窗开关。自动降窗功能可以使驾驶员侧车窗自动降到底，操作时必须向降窗方向按下驾驶员侧车窗开关，到另一个定位后，则开始自动降窗，再次沿任意方向按下开关，车窗停止运动，并且取消自动降窗动作。自动上升及防夹功能可以使驾驶员侧车窗自动升到关闭位置，并且在上升的过程中自动检测障碍物，以避免造成意外伤害。退电延时功能指当未打开任一前门，电源模式退至 OFF 后 10 min 内仍可开启和关闭车窗；当打开任一前门，电源模式退至 OFF 挡后 30 s 内仍可开启和关闭车窗。门把手微动开关联动功能可以在 OFF 挡下长按微动开关来控制四门车窗同时下降。电动车窗系统的某些功能和特性依赖于其电子模块的控制，这些电子模块是集成于左前门玻璃升降器开关组件内的。

如图 6-8 所示，比亚迪 E5 电动车窗控制模块集成于左前门玻璃升降器开关组件内，线束插接件为 T05。电动车窗控制模块接插件端子定义如表 6-3 所示。

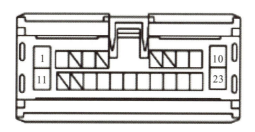

图 6-8　比亚迪 E5 电动车窗控制模块的线束插接件

表 6-3　电动车窗控制模块接插件端子定义

端子号	线色	端子描述	条件	正常值
T05-14-车身地	Y	ON 挡电	电源上到 ON 挡电	11~14 V
T05-19-车身地	W/R	常电	始终	11~14 V
T05-8-车身地	W/G	电动车窗继电器	始终	11~14 V
T05-9-车身地	B	地	始终	小于 1 V
T05-10-车身地	W/B	搭铁	始终	小于 1 V
T05-11-车身地	R/B	左前门玻璃升电源	电源 ON 挡电，左前门开关向上拉起	11~14 V
T05-23-车身地	R/Y	左前门玻璃降电源	电源 ON 挡电，左前门开关向下按压	11~14 V
T05-2-车身地	L/W	右前门玻璃降电源	—	—
T05-16-车身地	L/R	右前门玻璃升电源	—	—
T05-15-车身地	Br	左后门玻璃降电源	—	—

续表

端子号	线色	端子描述	条件	正常值
T05-21-车身地	Br/W	左后门玻璃升电源	—	—
T05-20-车身地	Br/Y	右后门玻璃降电源	—	—
T05-22-车身地	L/O	右后门玻璃升电源	—	—
T05-17-车身地	V	CAN-L	始终	1.5～2.5 V
T05-18-车身地	P	CAN-H	始终	2.5～3.5 V
T05-4-车身地	W	左前门锁未锁信号	左前门锁未锁	小于1 V

注：B指黑色，Br指棕色，G指绿色，L指蓝色，R指红色，W指白色，Y指黄色。

6.2.3 新能源汽车电动车窗控制模块的检测维修

以比亚迪 E5 电动车窗控制模块为例，对电动车窗控制模块进行检测维修。

1. 读取和清除车身控制模块相关故障码并读取数据流

具有 OBD 系统的车辆，维修人员可以通过诊断仪迅速而准确地定位发生故障的部件，大大提高维修效率和质量。电动车窗控制模块诊断仪诊断一般遵循如下步骤：

(1)将诊断测试设备连接至诊断接口，接通诊断测试设备；上至 ON 挡电；在诊断仪上进入诊断功能选择界面，选择车型诊断；进入诊断车型选择界面，选择需要诊断的车型；再进入诊断系统选择界面。

(2)在系统选择界面可以选择车身网模块选项，进入后选择车窗控制模块选项，选择读取故障码选项，读取故障相关信息(故障码、冻结帧等)。

(3)在车窗控制模块选择界面选择读取数据流选项，读取模块数据流。

(4)在车窗控制模块选择界面选择读取动作测试，选择原件动作测试对原件进行检测。

(5)清除故障存储器；适当运行车辆，运行方式须满足相应故障诊断的条件；读取故障信息，确认故障已经排除。

2. 检测电动车窗控制模块插头端子的电阻

检测电动车窗控制模块终端电阻。断开蓄电池负极，断开电动车窗控制模块接插件 T05。查询维修手册中控制单元针脚的定义，电动车窗控制模块 CAN-H 为 T05-18 端子，CAN-L 为 T05-17 端子。使用万用表校零后，测量控制模块端子 T05-18 与 T05-17 之间电阻值。

3. 检测电动车窗控制模块电源和搭铁端子电压

电动车窗控制模块的供电与搭铁是保证控制模块能够正常工作的基础，检测控制模块供电端子和搭铁端子的电压，可以分析控制模块供电线路是否正常、搭铁线路是否正常。查询维修手册中控制单元针脚的定义，常电电源输入端子为 T05-19，IG1 电源输入端子为 T05-14，接地端子为 T05-9 和 T05-10。上至 ON 挡电，使用背插法，万用表探针测量 T05-14、T05-19 号端子与车身搭铁之间的电压，电压值为额定电压时代表供电线路正常，反之则反向检查供电线路，正常电压为 11~14 V；测量 T05-9 和 T05-10 号接地端子与车身搭铁之间的电压，电压值为额定电压时代表搭铁线路正常，接地端电压值应小于 1 V。

4. 检测电动车窗控制模块与电子元件或控制模块之间线束的导通性

首先要断开蓄电池负极，断开电动车窗控制模块相关低压线束插头，如表 5-3 所示，查询维修手册中控制单元针脚的定义，选择线束两端的端子进行测试，触发鸣叫即代表该段线束导通。

5. 检测电动车窗控制模块与电子元件之间的供电电压

以比亚迪 E5 左前门玻璃降开关电源线为例，首先要查询维修手册中控制单元针脚的定义，控制模块的左前门玻璃降开关电源线端子为 T05-23，上至 ON 挡电，左前门玻璃升降开关向下按压，使用万用表电压挡对端子进行测试，再对比维修手册的额定工作电压，从而判断线路和模块是否正常。标准值约为 11~14 V。

6. 检测电动车窗控制模块 CAN-H 线和 CAN-L 线的电压与波形

(1) 使用万用表测量电动车窗控制模块 CAN-H 线和 CAN-L 线的电压。查询维修手册中控制单元针脚的定义，电动车窗控制模块 CAN-H 线为 T05-18，模块 CAN-L 线为 T05-17。使用万用表电压挡测量两端子，红表笔接端子针脚，黑表笔车身搭铁，高线标准整车通信电压为 2.5~3.5 V，低线标准整车通信电压为 1.5~2.5 V。万用表的显示值只能反映被测信号的主体信号电压值，不能反映被测信号的每个细节。

(2) 使用示波器测量电动车窗控制模块 CAN-H 线和 CAN-L 线的波形。通道 CH1 测量 CAN-H 线，通道 CH2 测量 CAN-L 线。CAN-H 线的高电平是 3.6 V，低电平是 2.5 V，电压差为 1.1 V。CAN-L 线的高电平是 2.5 V，低电平是 1.4 V，电压差为 1.1 V。控制模块 CAN-H 线信号在总线空闲时电压为 2.5 V，总线上的信号传输时总线上的电压值在 2.5 V 和 3.6 V 之间变换，控制模块 CAN-L 线信号在总线空闲时候的电压为 2.5 V，总线上的信号传输时总线上的电压值在 2.5 V 和 1.4 V 之间变换。正常情况下，整车上电后，CAN-H 和 CAN-L 应该在额定电压范围对称性地显示信号波形。

任务实施

1. 作业说明

比亚迪 E5 纯电动汽车出现四个车窗均无法工作的现象。造成上述故障现象的原因可能是电动车窗控制模块故障,需对电动车窗控制模块进行故障检测、诊断与排除。

2. 技术标准与要求

项目	内容
电动车窗控制模块插头端子标准电阻值	
电动车窗控制模块电源和搭铁端子标准电压值	
电动车窗控制模块与电子元件或控制模块之间线束的标准电阻值	
电动车窗控制模块与电子元件之间标准供电电压值	
电动车窗控制模块 CAN-H 和 CAN-L 的标准波形	

注:请学员查阅维修资料后填写。

3. 设备器材

(1)设备与零件总成。

_____

_____

(2)常用工具。

_____

_____

(3)耗材及其他。

_____

_____

注:请学员根据场地实际设备器材填写。

4. 作业流程

(1)做好车辆准备及个人防护,安装警示装置,安装车内车外保护套件。

(2)读取和清除电动车窗控制模块相关故障码并读取数据流。

(3)检测电动车窗控制模块插头端子的电阻。

(4)检测电动车窗控制模块电源和搭铁端子电压。

(5)检测电动车窗控制模块与电子元件或控制模块之间线束的导通性。

(6)检测电动车窗控制模块与电子元件之间的供电电压。

(7)检测电动车窗控制模块的 CAN-H 和 CAN-L 的电压与波形。

(8)作业完成后按照 7S 管理标准,整理工具和场地。

5. 填写考核工单

一、车辆信息记录(结合具体车型答题)					
品牌		整车型号		生产日期	
发动机型号		驱动电机型号		工作电压	
车辆识别码				行驶里程	

二、进行电动车窗控制模块故障诊断、记录故障现象、相关信息及诊断过程(结合具体车型答题)			
故障现象			
故障码			
数据流			
相关电路图位置 (记录所查询的电路图在维修手册的位置)			
可能故障原因分析：□元件本体　□电路线束　□模块ECU　□其他＿＿＿＿			
检测项目	检测结果	判断	
		正常□	异常□
		正常□	异常□
		正常□	异常□
		正常□	异常□
故障说明			
故障点确认： 故障机理分析：			

三、电动车窗控制系统信号针脚波形检测(读取到波形后需考官确认)				
波形采集插接器代号/针脚	电路图页码	与控制模块 针脚是否导通	信号波形类型	
		正常□　异常□	CAN波形	
检测通道		波形绘制		
检测工况	□ON　□怠速/上电			
每格电压				
最大信号电压值				
周期				
波形判断	□正常　□异常			

新能源汽车网关控制娱乐**系统技术**

自我测试

(1) 简述新能源汽车电动车窗控制模块的作用。

_____

_____

(2) 试分析电动车窗控制系统如何防夹。

_____

_____

(3) 简述电动车窗控制模块标准 CAN 总线波形。

_____

_____

拓展学习

中国制造——比亚迪电动车窗电机新工艺

比亚迪电动车窗电机应用了最新的工艺、技术和材料，在防水方面，采用了全密封设计，并且使用了透气膜技术（电机运转产生温升后容易使电机内外产生压差，在最薄弱的密封处冲破密封。此时电机需要一个呼吸器官来平衡内外压差，避免对薄弱的密封处产生冲击。透气膜正是起到此作用，它能够通过气体，平衡内外压差，又能隔断液体水流入电机，使电机真正达到全密封防水设计要求。）。在电机过热保护方面，采用了聚合物 PTC 过流保护器，能更迅速有效地保护电机不因外部故障（如开关故障）而烧毁电机；在电机噪声处理方面，在电机旋转轴上采用了特殊设计，采用了高耐磨减震材料，保证电机在高速旋转时不会产生金属冲击及摩擦噪声；在电机电源接线方面，直接采用了端子接口，去掉了电源引接线，避免了引线带来的接触不良等故障问题；电机采用直流双极永磁结构，双向旋转，内部安置了过热保护装置，无需外部电路设置保护；当给电机通电以后，由于磁场力的作用，电机产生旋转运动，再通过一个较大的涡轮减速机构减速，在输出齿轮上获得低速大扭矩，当电机处于卡死或电路出现故障时，过热保护装置能及时将电源切断，保护电机。

任务 6.3

智能大灯控制模块检测维修

任务引入

一客户的比亚迪 E5 纯电动汽车出现左右两侧近光、远光大灯均无法点亮的问题，经技术能手综合诊断后，怀疑该车智能大灯控制模块损坏或传输故障，需对智能大灯模块进行故障诊断。

学习目标

（1）熟知新能源汽车智能大灯控制模块的作用。

（2）掌握智能大灯控制模块插头的断开和插接方法、线束的检查与修复方法、插头端子的电阻、电压、线束导通性方法。

（3）掌握智能大灯控制模块相关数据流标准范围、总线标准波形。

（4）能检测智能大灯控制模块插头端子的电阻、电压、线束导通性。

（5）能使用诊断仪读取智能大灯控制模块故障码、数据流，并执行动作测试；使用示波器检测并分析车身控制模块的总线波形。

素质目标

（1）培养主动探索、深入思考，并能举一反三的学习习惯。

（2）培养职业规范操守与职业态度。

（3）培养不断超越自我、突破自我的拼搏精神。

知识准备

汽车大灯，也称汽车前照灯，主要用于夜间及恶劣天气等能见度较低时的道路照明。当汽车行驶中光线变暗时,比如天刚黑或者进入隧道的时候,很多驾驶者会忽略前照灯的开启,为减轻驾驶员的操作负担,提高行车的安全性和舒适性,智能大灯应运而生。同时作为汽车的"眼睛",车灯即是保障行驶安全的重要组成部分,同时也是提亮车辆颜值的核心元素。为了满足智能化发展下新的消费需求,车灯在原有照明基础上正在被赋予更多的功能,如投射交互性迎宾语,定制呈现个性化图案,跟随音乐闪烁律动等功能。

6.3.1 智能大灯控制模块概述

新能源汽车智能大灯也叫自动感应式智能大灯,为前大灯安装了感光控制系统,智能大灯控制模块根据光线传感器来判断光线亮度变化,从而控制自动点亮或熄灭头大灯。智能大灯只有在灯光控制调到自动挡(AUTO挡)时有效。当汽车行驶中光线变暗时,智能大灯会自动亮起,当光线变亮时会自动熄灭。光敏电阻等电子元件为传感器,向智能大灯控制模块提供信号,决定是否开启或关闭前大灯,切换远近光。

6.3.2 新能源汽车智能大灯控制模块的功能与元件

以比亚迪E5为例,智能大灯控制模块集成在BCM控制模块中。如图6-9所示,照明系统为汽车夜间行驶提供照明。车外照明灯具主要包括前照灯、倒车灯、牌照灯、雾灯等,车内照明灯具主要包括室内灯、门灯、各开关背光灯等。照明系统同时还具有信号提示功能,产生光信号,向其他道路参与者发出警告,以引起注意,确保车辆行驶的安全,主要包括转向信号、制动信号、危险警告信号及示廓信号、倒车信号等。

比亚迪E5除了具有传统灯光照明功能外,还配有自动灯光及大灯延时退电功能,使灯光的使用更便利及人性化。

(1)自动灯光。将组合开关调到AUTO挡,BCM会根据光照强度传感器采集外界光照强度并进行判定,自动控制灯光开启和关闭,并根据光强不同开启小灯或大灯。

(2)大灯延时退电。当大灯打开,车辆电源从ON挡退电到OFF挡时,大灯不会立即熄灭,前舱配电盒自动计时让大灯再亮10 s后断开灯光继电器,熄灭大灯。

比亚迪E5智能大灯控制模块线束插接件主要位于仪表板配电盒与前舱配电盒。图6-10所示为比亚迪E5智能大灯控制模块的线束插接件B1I、B1H、G2I、G2R、G2P、K2B。

智能大灯控制模块接插件端子定义如表6-4所示。

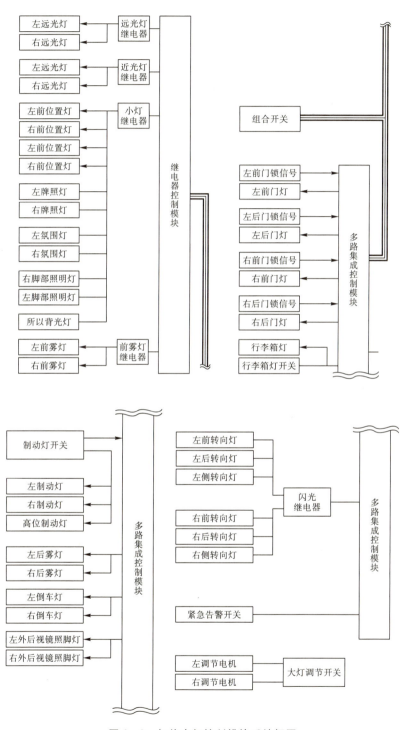

图 6-9 智能大灯控制模块系统框图

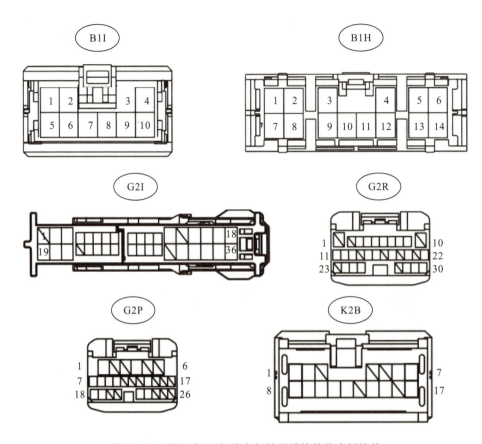

图 6-10 比亚迪 E5 智能大灯控制模块的线束插接件

表 6-4 智能大灯控制模块接插件端子定义

端子号	线色	端子描述	条件	正常值
B1I-1-车身地	V(紫)	B-CAN-L	始终	1.5~2.5 V
B1I-2-车身地	P(粉红)	B-CAN-H	始终	2.5~3.5 V
B1I-3	—	空脚	—	—
B1I-4-车身地	Br/Y(棕/黄)	内部报警器继电器	—	—
B1I-5-车身地	W/B(白/黑)	继电器控制模块	—	—
B1I-6-车身地	G/Y(绿/黄)	时钟弹簧	—	—
B1I-7-车身地	W(白)	大灯信号	组合开关大灯挡	小于 1 V
B1I-8-车身地	G/W(绿/白)	雨刮信号	组合开关雨刮挡	小于 1 V
B1I-9-车身地	Y(黄)	ON 挡电源	ON 挡电下	11~14 V
B1I-10-车身地	R/B(红/黑)	小灯继电器	组合开关小灯挡	11~14 V

续表

端子号	线色	端子描述	条件	正常值
B1H-1	—	空脚	—	—
B1H-2-车身地	G/B(绿/黑)	机舱盖开关		
B1H-3-车身地	L/B(蓝/黑)	前雾灯继电器控制信号	组合开关打开前雾灯	小于1 V
B1H-4		空脚		
B1H-5-车身地	R/G(红/绿)	右远光灯电源	打开远光灯	11~14 V
B1H-6	—	空脚		
B1H-7-车身地	L/R(蓝/红)	电喇叭继电器		
B1H-8-车身地	L/R(蓝/红)	电喇叭继电器		
B1H-9-车身地	R/B(红/黑)	小灯继电器	组合开关小灯挡	11~14 V
B1H-10-车身地	R/B(红/黑)	小灯继电器	组合开关小灯挡	11~14 V
B1H-11-车身地	W/G(白/绿)	右近光灯电源	打开近光灯	11~14
B1H-12	—	空脚		
B1H-13-车身地	W/R(白/红)	左近光灯电源	打开近光灯	11~14 V
B1H-14-车身地	R/Y(红/黄)	左远光灯电源	打开远光灯	11~14 V
G2I-23-车身地	W/R(白/红)	制动灯开关信号	踩下制动踏板	11~14 V
G2R-4-车身地	L/B(蓝/黑)	行李箱灯信号	行李箱打开	小于1 V
G2R-15-车身地	G/Y(绿/黄)	左后门灯开关信号	左后门打开	小于1 V
G2R-16-车身地	G/W(绿/白)	右后门灯开关信号	右后门打开	小于1 V
G2P-9-车身地	R/Y(红/黄)	紧急告警灯开关信号输入	按下开关	11~14 V
G2P-4-车身地	L(蓝)	杂物箱照明灯	打开杂物箱	11~14 V
G2P-7-车身地	B/W(黑/白)	外后视镜照脚灯驱动信号	照脚灯点亮	小于1 V
G2P-8-车身地	Y/L(黄/蓝)	左前门灯驱动	左前门打开	小于1 V
G2P-10-车身地	Y/G(黄/绿)	右前门灯驱动	右前门打开	小于1 V
G2P-22-车身地	Y/L(黄/蓝)	左、右后门灯驱动	左、右后门打开	小于1 V

6.3.3 新能源汽车电动车窗控制模块的检测维修

以比亚迪 E5 智能大灯控制模块为例,对智能大灯控制模块进行检测。

1. 读取和清除智能大灯控制模块相关故障码并读取数据流

具有 OBD 系统的车辆,维修人员可以通过诊断仪迅速而准确地定位发生故障的部件，大大提高维修的效率和质量。智能大灯控制模块诊断仪诊断一般遵循如下步骤：

（1）将诊断测试设备连接至诊断接口，接通诊断测试设备；上至 ON 挡电；在诊断仪上进入诊断功能选择界面，选择车型诊断；进入诊断车型选择界面，选择需要诊断的车型；再进入诊断系统选择界面。

（2）在系统选择界面可以选择车身网模块选项，进入后选择继电器控制模块选项（智能大灯控制模块集成于继电器控制模块中），选择读取数据流选项，读取故障相关信息（故障码、冻结帧等）。

（3）在继电器控制模块选择界面选择动作测试选项对原件进行检测。

（4）清除故障存储器。适当运行车辆，运行方式须满足相应故障诊断的条件。读取故障信息，确认故障已经排除。

2. 检测智能大灯控制模块的终端电阻

断开蓄电池负极，断开智能大灯控制模块接插件 B1I。查询维修手册中控制单元针脚的定义，智能大灯控制模块即 BCM 控制模块 CAN－H 线为 B1I－2 号端子，CAN－L 线为 B1I－1 号端子。万用表校零后，测量控制模块端子 B1I－2 与 B1I－1 之间的电阻值。测量值为 EPB 控制模块的终端电阻。单个 CAN 模块终端标准电阻：120 Ω，整个网络终端电阻：60 Ω。

3. 检测智能大灯控制模块电源和搭铁端子电压

智能大灯控制模块集成于 BCM 控制模块中，相关检测请参照模块五任务一中 BCM 控制模块的检测维修内容。

4. 检测智能大灯控制模块与电子元件或控制模块之间线束的导通性

首先要断开蓄电池负极，断开智能大灯控制模块相关低压线束插头，如表 6－4 所示，查询维修手册中控制单元针脚的定义，选择线束两端的端子进行测试，触发鸣叫即代表该段线束导通。

5. 检测智能大灯控制模块与电子元件之间的供电电压

以比亚迪 E5 右近光灯开关电源线为例，首先要查询维修手册中控制单元针脚的定义，控制模块的右近光灯开关电源线端子为 B1H－11，上至 ON 挡电，打开近光灯开关，使用万用表电压挡对端子进行测试，再对比维修手册的额定工作电压，从而判断线路和模块是否正常。标准值约为 11～14 V。

6. 检测智能大灯控制模块 CAN－H 线和 CAN－L 线的电压与波形

（1）使用万用表测量智能大灯控制模块 CAN－H 线和 CAN－L 线的电压。查询维修手册中控制单元针脚的定义，智能大灯控制模块 CAN－H 端子为 B1I－2，模块 CAN－L 端子为 B1I－1。使用万用表电压挡测量两端子，红表笔接端子针脚，黑表笔车身搭铁，高线标准整车通信电压为 2.5～3.5 V，低线标准整车通信电压为 1.5～2.5 V。万用表的显示值只能反映被测信号的主体信号电压值，不能反映被测信号的每个细节。

（2）使用示波器测量智能大灯控制模块 CAN-H 线和 CAN-L 线的波形。通道 CH1 测量 CAN-H 线，通道 CH2 测量 CAN-L 线。CAN-H 线的高电平是 3.6 V，低电平是 2.5 V，电压差为 1.1 V。CAN-L 线的高电平是 2.5 V，低电平是 1.4 V，电压差为 1.1 V。控制模块 CAN-H 线信号在总线空闲时电压为 2.5 V，总线上的信号传输时总线上的电压值在 2.5 V 和 3.6 V 之间变换，控制模块 CAN-L 线信号在总线空闲的时候的电压为 2.5 V，总线上的信号传输时总线上的电压值在 2.5 V 和 1.4 V 之间变换。正常情况下，整车上电后，CAN-H 线和 CAN-L 线应该在额定电压范围对称性地显示信号波形。

任务实施

1. 作业说明

比亚迪 E5 纯电动汽车出现近光灯、远光灯、位置灯、牌照灯均无法工作的现象。造成上述故障现象的原因可能是智能大灯控制模块故障，需对智能大灯控制模块进行故障检测、诊断与排除。

2. 技术标准与要求

项目	内容
智能大灯控制模块插头端子标准电阻值	
智能大灯控制模块电源和搭铁端子标准电压值	
智能大灯控制模块与电子元件或控制模块之间线束的标准电阻值	
智能大灯控制模块与电子元件之间标准供电电压值	
智能大灯控制模块 CAN-H 和 CAN-L 的标准波形	

注：请学员查阅维修资料后填写。

3. 设备器材

（1）设备与零件总成。

_____

_____

（2）常用工具。

_____

_____

(3)耗材及其他。

_____

_____

注:请学员根据场地实际设备器材填写。

4. 作业流程

(1)做好车辆准备及个人防护,安装警示装置,安装车内车外保护套件。

(2)读取和清除智能大灯控制模块相关故障码并读取数据流。

(3)检测智能大灯控制模块插头端子的电阻。

(4)检测智能大灯控制模块电源和搭铁端子电压。

(5)检测智能大灯控制模块与电子元件或控制模块之间线束的导通性。

(6)检测智能大灯控制模块与电子元件之间供电电压。

(7)检测智能大灯控制模块的 CAN－H 和 CAN－L 的电压与波形。

(8)作业完成后按照 7S 管理标准,整理工具和场地。

5. 填写考核工单

一、车辆信息记录(结合具体车型答题)					
品牌		整车型号		生产日期	
发动机型号		驱动电机型号		工作电压	
车辆识别码				行驶里程	

二、进行智能大灯控制模块故障诊断、记录故障现象、相关信息及诊断过程(结合具体车型答题)			
故障现象			
故障码			
数据流			
相关电路图位置 (记录所查询的电路图在维修手册的位置)			
可能故障原因分析：□元件本体　□电路线束　□模块 ECU　□其他_____			
检测项目	检测结果		判断
			正常□　异常□
			正常□　异常□
			正常□　异常□
			正常□　异常□
故障说明			
故障点确认： 故障机理分析：			

三、智能大灯控制系统信号针脚波形检测(读取到波形后需考官确认)			
波形采集插接器代号/针脚	电路图页码	与控制模块 针脚是否导通	信号波形类型
		正常□　异常□	CAN 波形
检测通道		波形绘制	
检测工况	□ON　□怠速/上电		
每格电压			
最大信号电压值			
周期			
波形判断	□正常　□异常		

新能源汽车网关控制娱乐**系统技术**

自我测试

(1) 简述新能源汽车智能大灯控制模块的作用。

___

___

(2) 试分析智能大灯控制系统如何实现自动防眩目。

___

___

(3) 简述智能大灯控制模块标准 CAN 总线波形。

___

___

拓展学习

不断超越自我——智能大灯发展的技术路线

智能大灯发展到现在，已经演变出六种技术路线。

(1) LED 矩阵式。

此方式采用多颗 LED 灯珠组成一个发光矩阵，再通过单独控制不同区域或不同灯珠实现灯光控制。虽然 LED 矩阵式是目前最成熟的技术，但由于 LED 封装尺寸的限制，组成矩阵的灯珠数量受到了很大限制，最高像素量在百位级；且密集灯珠组成的矩阵造成的驱动、散热等问题，对系统设计提出了很高的挑战。

(2) 数字光处理(digital light processing，DLP)技术。

此技术主要由德州仪器主导，通过数字微镜(digital micromirror devices，DMD)实现车灯像素级投影。DMD 是一种微机电系统(micro electro-mechanical systems，MEMS)器件，拥有数百万微镜片，而通过控制器、驱动器，借助高达 60 Gbit/s 的像素数据速率高速精准控制这些镜片，实现百万级像素的投影。

(3) LCD 大灯技术。

将普通 LCD 显示屏去除 RGB 滤光片和背光，将大灯 LED 光源作为显示面板的背光源，类似于一个亮度极高的 LCD 屏幕，以实现高像素的投影效果，目前像素量已经可以做到万级。当然在实际应用中，由于 LED 光源的温度较高，LCD 面板无法直接放在 LED 光源上，这时可通过反射镜等方式来构成光路。由于光通过偏光片和 LCD 面板会存在损耗，光学效率会降低。

(4) 艾迈斯欧司朗推出的 μAFS（可寻址像素矩阵）式技术。

从 LED 芯片的层面去实现像素级控光，通过在硅衬底中整合矩阵式互补金属氧化物半导体控制电路，结合经矩阵式微结构处理的芯片，实现对芯片上每一个独立的微结构区域进行单独的开、关及电流调节的功能，使每一个微结构区域直接成为大灯光型中可独立控制的像素。与 DLP 和 LCD 技术相比，μAFS 主要缺点是像素数量较少。

(5) BladeScan 技术。

Blade-Scan 技术采用旋转的特质镜面，当光源照射到旋转的镜面后，灯光反射照亮车辆前方的某一区域，在镜面的旋转下就形成灯带在前方不断从左往右扫射的情况，当灯源数和镜面的转速达到一定程度，不断叠加扫射灯带以实现前方灯光的全范围覆盖。

(6) MEMS 微镜反射激光束。

由博世公司推出的一种特别的智能大灯技术，通过 MEMS 微镜反射激光束到荧光体上，由此产生的激光扫描图纹再通过二级光学元件投射到路面上。相比目前现有的汽车 LED 前照灯技术，扫描微镜激光系统能够产生连续光束，而不会像 LED 前照灯那样，出现当单颗 LED 启动或关闭时出现的"跳跃"照明区域边界的情况。另一个非常重要的优势是这款系统能够根据需要重新调整光通量，提高光源的平均利用率，降低系统功耗。

任务 6.4

智能座椅控制模块检测维修

任务引入

车主李先生驾驶比亚迪秦 EV 时，发现主驾驶座椅和副驾驶座椅无法自动调节，影响乘坐舒适性和驾驶安全性，于是来到汽车 4S 店进行维修。经维修技师综合诊断后，怀疑该车智能座椅控制模块损坏或传输故障，请你对该车智能座椅控制模块进行故障诊断，确保顾客车辆安全可靠。

学习目标

（1）掌握新能源汽车智能座椅控制模块的功能与组成。
（2）能正确对智能座椅控制模块端子的针脚含义进行解释。
（3）能按照工艺规范对智能座椅控制模块进行检测与诊断。
（4）能正确测量智能座椅控制模块的 CAN 网络波形，并通过波形分析可能的故障原因。

素质目标

（1）培养服务意识、团队意识、协作精神及严谨细致的工作态度。
（2）通过智能座椅的技术发展培养创新意识及以人为本的服务意识。

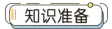

6.4.1 新能源汽车智能座椅概述

6.4.1.1 功能与组成

汽车座椅是支撑驾乘人员身体的主要部件，其主要作用是承载乘客重量，为乘员身体提供支撑。以往消费者对汽车座椅的需求比较简单，坐得舒服、保障安全，就可以满足绝大部分的功能要求。而在汽车电动化、智能化、网联化、共享化趋势的渗透下，汽车座椅正融入更多科技创新。为了实现更好的驾驶和乘坐体验，汽车智能座椅可以支持更多的座椅姿态调节，除了水平、高度、靠背等常规调节外，还支持旋转、腿托、肩部、侧翼等方向调节来实现舒适坐姿，同时智能座椅支持加热、通风、按摩、记忆、迎宾等功能。为了满足人们对不同应用场景的要求，智能座椅识别到相应的场景后，可以快速调整座椅到合适姿态。此外，未来汽车智能座椅还可以实时监测司乘者的生理指标，包括人体温度、心率及呼吸频率，并分析司乘者的健康状态，当识别到生理指标异常时，智能座椅可以主动提供按摩、降温或加热来帮助司乘者恢复到健康舒适的状态。可以预见，未来汽车座椅的发展趋势将是更加智能化、舒适化和个性化。

目前新能源汽车上的智能座椅普遍具有电动调节、通风、加热、记忆等功能。本任务主要是对新能源汽车智能座椅的电动调节功能进行检测维修。汽车座椅的电动调节是指以电动机为动力，通过传动装置和执行机构来调节座椅的各种位置，使驾驶员或乘员获得舒适的乘坐感受。按照座椅电机的数目和调节方式数目的不同，智能座椅一般有四向、六向、八向和多向调节等。

智能座椅通过控制开关、直流双向电机、传动和调节装置等部件来实现座椅的电动调节。

1. 控制开关

驾驶员或乘员通过控制开关控制执行机构完成智能座椅的调节。智能座椅组合开关包括前倾开关、后倾开关和四向开关（即上下和前后），组合控制开关一般安装在座椅旁边，方便驾驶员或乘员调节座椅。

2. 直流双向电机

电机为智能座椅的调节机构提供动力。智能座椅电动机多采用直流双向电机，即电枢的旋转方向随电流方向的改变而改变，从而使电动机实现正转或反转，以达到座椅调节的目的。按照座椅可实现调节方向及位置的不同，一般一个座椅可装 2 个、3 个、4 个或 6 个电机，通常六向调节的智能座椅装有 3 个电机。电动机内装有熔断丝以防止电动机过载，确保电器设备安全。

3. 传动和调节装置

传动装置的作用是将电动机的动力传给座椅调节装置，使其完成座椅的调整。它主要包括联轴器、软轴、减速器和齿轮传动机构等。电动机分别连接不同的软轴，软轴连接减速器的输入轴。在减速器减速和增扭后，动力从减速器的输出轴输出。减速器的输出轴与蜗杆轴或齿轮轴连接，最后由蜗轮或齿轮和齿条带动座椅支架产生位移。图 6-11 为智能座椅的纵向调整机构，主要由蜗杆、蜗轮、齿条、导轨等组成，齿条装在导轨上。按下调节开关时，电动机转矩经蜗杆传至两侧蜗轮，经导轨上的齿条带动座椅前后移动。

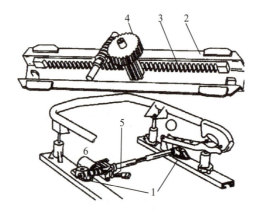

1—支承及导向元件；2—导轨；3—齿条；4—蜗轮；5—反馈信号电位计；6—调整电动机

图 6-11 智能座椅的纵向调整机构

6.4.1.2 智能座椅控制模块相关元件

下边以比亚迪秦 EV 为例进行介绍。该车型的主副驾座椅具有电动调节、通风加热的功能，此外主驾座椅还有记忆功能。比亚迪秦 EV 的智能座椅控制模块位于主驾与副驾座椅下方，由主副驾座椅上的座椅调节开关控制高度调节电机、座盆调角电机、水平调节电机、靠背调角电机完成八向电动调节，如图 6-12 所示。

比亚迪秦 EV 智能座椅控制模块的线束插接件为主驾驶处的 K01 与 K02，如图 6-13 所示。插接件端子定义见表 6-5（检测维修时以最新维修手册为准）。

表 6-5 智能座椅控制模块插接件端子定义

针脚	端子描述	针脚	端子描述
K01-17	接地	K01-28	接地
K01-3	接地	K01-26	CAN-H
K01-27	CAN-L	K01-30	ON 挡电
K01-1	常电	K02-1	常电
K02-4	接地	K02-7	接地
K02-10	接地		

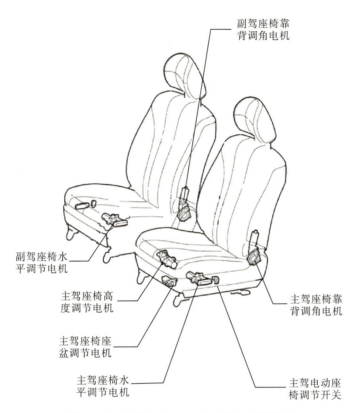

图 6-12 比亚迪秦 EV 智能座椅执行器位置

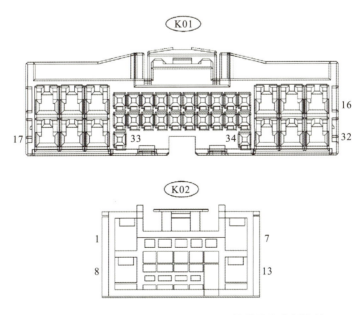

图 6-13 比亚迪秦 EV 智能座椅控制模块的线束插接件

6.4.2 智能座椅控制模块检测维修

下面以比亚迪秦 EV 的智能座椅控制模块为例介绍新能源汽车智能座椅控制模块的检测维修过程。

1. 读取智能座椅控制模块相关故障码和数据流

（1）连接诊断仪。将诊断仪连接至诊断接口，接通诊断仪，上至 ON 挡电。

（2）进入座椅记忆系统。在诊断仪上进入诊断功能选择界面，选择"车型诊断"；进入诊断车型选择界面选择对应车型；再进入诊断系统选择界面选择"记忆系统"选项，进入后选择"座椅记忆系统"选项。

（3）读取故障码。读取该模块故障相关信息（故障码、冻结帧等）。

（4）读取数据流。在座椅记忆系统选择界面选择"读取数据流"选项，读取模块数据流，包括控制单元工作状态、电源状态、系统状态、座椅靠背调整电机、座椅靠背开关、座椅高度调节开关等。

2. 检测智能座椅控制模块供电及搭铁

检测智能座椅控制模块供电、搭铁端子的电压，可以分析控制模块供电线路、搭铁线路是否正常。查询维修手册中控制单元针脚的定义，常电电源输入端子为 K01-1、K02-1 号端子，ON 挡电源输入端子为 K01-30 号端子，接地端子为 K01-17、K01-28、K01-3、K02-4、K02-7、K02-10 号端子。

上至 ON 挡电，用万用表电压挡测量 K01-1、K02-1、K01-30 号端子与车身搭铁之间的电压，标准值为 11~14 V，测量值在该范围内代表供电线路正常，否则需要检查供电线路；关闭一键启动开关，用万用表电阻挡测量 K01-17、K01-28、K01-3、K02-4、K02-7、K02-10 号接地端子与蓄电池负极之间的电阻，电阻值应小于 1 Ω。

3. 检测智能座椅控制模块与电子元件或各模块之间的线束导通性

断开蓄电池负极，断开智能座椅控制模块线束插头，查询维修手册中智能座椅控制模块针脚及对应元器件针脚的定义，用万用表的电阻挡测量智能座椅控制模块与对应元器件之间线束的电阻，电阻值应小于 1 Ω，否则应该更换线束。

4. 检测智能座椅控制模块网线阻值、电压及波形

查询维修手册中控制单元针脚的定义，智能座椅控制模块 CAN-H 端子为 K01-26 号端子，CAN-L 端子为 K01-27 号端子。

（1）测量智能座椅控制模块终端电阻。断开蓄电池负极，断开智能座椅控制模块插接件 K01、K02。用万用表测量控制模块端子 K01-26 与 K01-27 之间的电阻值。

（2）测量智能座椅控制模块的 CAN-H 线和 CAN-L 线上的电压。使用万用表电压挡分别测量 K01-26 与车身搭铁、K01-27 与车身搭铁之间的电压，万用表的显示值只能反映被测信号的主体信号电压值。CAN-H 线标准整车通信电压为 2.5～3.5 V，CAN-L 线标准整车通信电压为 1.5～2.5 V。

(3)测量智能座椅控制模块的 CAN-H 线和 CAN-L 线上的总线波形。使用示波器的双通道测量 CAN-H 线和 CAN-L 线。CAN-H 线上的高电平是 3.6 V，低电平是 2.5 V；CAN-L 线上的高电平是 2.5 V，低电平是 1.4 V。智能座椅控制模块隐性时 CAN-H 线和 CAN-L 线的电压均为 2.5 V，显性时 CAN-H 上拉至 3.6 V 且 CAN-L 下拉至 1.4 V。正常情况下，整车上电后，CAN-H 线、CAN-L 线应该在额定电压范围对称性地显示信号波形。

任务实施

1. 作业说明

比亚迪秦 EV 出现主驾驶座椅、副驾驶座椅无法自动调节的现象，造成上述故障现象的原因可能是智能座椅控制模块故障，具体需要结合诊断仪故障码的读取及进一步测量确定。

2. 技术标准与要求

项目	内容
智能座椅控制模块电源端子标准电压值	
智能座椅控制模块搭铁端子与蓄电池负极之间的标准电阻值	
智能座椅控制模块与电子元件之间相应线束的标准电阻值	
智能座椅控制模块 CAN-H 线和 CAN-L 线上的标准波形	

注：请学员查阅维修资料后填写。

3. 设备器材

(1)设备与零件总成。

(2)常用工具。

(3)耗材及其他。

注：请学员根据场地实际设备器材填写。

4. 作业流程

(1)做好安全防护，清洁总成及工具。

(2)记录故障现象，制作诊断流程。

(3)连接诊断仪，读取智能座椅控制模块相关故障码及数据流。

(4)查询电路图，找到智能座椅控制模块所在页码。

(5)测量智能座椅控制模块供电及搭铁情况。

(6)测量智能座椅控制模块到其他相关模块的导通性。

(7)测量智能座椅控制模块的 CAN 信号电压及波形。

(8)点火开关 OFF 挡，断开电源测量 CAN－H 和 CAN－L 之间电阻。

(9)进行以上步骤的同时根据需求进行工单填写。

(10)恢复车辆，7S 整理。

5. 填写考核工单

一、车辆信息记录（结合具体车型答题）					
品牌		整车型号		生产日期	
发动机型号		驱动电机型号		工作电压	
车辆识别码				行驶里程	

二、进行智能座椅控制模块网关故障诊断，记录故障现象、相关信息及诊断过程（结合具体车型答题）			
故障现象			
故障码			
数据流			
相关电路图位置 （记录所查询的电路图在维修手册的位置）			
可能故障原因分析：□元件本体　□电路线束　□模块ECU　□其他_____			
检测项目	检测结果	判断	
		正常□　异常□	
		正常□　异常□	
		正常□　异常□	
		正常□　异常□	
故障说明			
故障点确认： 故障机理分析：			

三、智能座椅控制模块信号针脚波形检测（读取到波形后需考官确认）			
波形采集插接器代号/针脚	电路图页码	与控制模块针脚是否导通	信号波形类型
		正常□　异常□	CAN波形
检测通道		波形绘制	
检测工况	□ON　□怠速/上电		
每格电压			
最大信号电压值			
周期			
波形判断	□正常　□异常		

新能源汽车网关控制娱乐**系统技术**

自我测试

(1)简述汽车智能座椅的主要组成。

(2)简述智能座椅控制模块的端子针脚定义。

(3)简述未来汽车智能座椅的发展趋势。

拓展学习

技术创新带来了更多智能化汽车座椅

随着汽车自动驾驶的发展,汽车的产品定位正由简单的出行工具延伸为以人车交互体验为核心的"移动第三空间",汽车座椅作为"移动第三空间"的重要组成部分,也朝着智能化方向演进,汽车座椅正融入更多的创新科技。比如,在自动驾驶汽车中,车辆既可以是办公空间,也可以是生活空间,座椅可以根据乘员的需求指令进行场景的变换;智能座椅还能实时感知乘员是否晕车、疲倦,并通过座椅位置自动调节以及加热、通风、座椅按摩等功能使乘员恢复健康状态。下面介绍一些智能座椅新技术。

(1)座椅智能调节技术。

座椅智能调节技术的原理是通过视觉摄像头和压力传感器感知乘员的身高、体重、关节尺寸等信息。在乘员进入车内后,根据感知的乘员体态特征,座椅可智能调节至合适的位置。此外,在未来多场景座舱环境下,座椅可根据乘员的场景需求指令快速变换至相应的场景。而且座椅的调节还可以通过手机、语音或意图感知等来实现。

(2)座椅健康感知技术。

座椅健康感知技术的原理是通过集成在座椅及车内的传感器,实时采集乘员的心率、呼吸速率、体温、头部状态等数据,通过分析这些生理和行为数据来判断乘员是否处于晕车、疲倦状态,并通过智能调节座椅位置,开启座椅加热、通风、按摩功能,同时调节空调温度、车内灯光亮度等,使乘员恢复健康状态。此外,这些健康数据会实时传输至云端的健康管理系统,让乘员了解自身的健康状态。

（3）乘员安全监控技术。

乘员安全监控技术的原理是通过摄像头、座椅传感器等对不同座椅位置处乘员的乘坐姿态进行监控，动态调整安全气囊的部署策略，避免乘员离安全气囊的部署点过近，减少碰撞事故中因安全气囊造成的乘员受伤。该技术能在未来汽车座椅拥有更多自由度的情况下，为每一位乘员提供更安全的保护。

任务 6.5

防盗系统控制模块检测维修

任务引入

车主李先生驾驶比亚迪秦 EV 混合动力汽车时，发现仪表盘上的防盗指示灯突然点亮，于是来到汽车 4S 店进行维修。经维修技师综合诊断后，怀疑该车防盗系统控制模块损坏或传输故障，如果防盗系统出现故障可能会造成车辆、车辆部件及车上物品的丢失，给车主造成较大损失，请你对该车防盗控制模块进行故障诊断，确保顾客车辆安全可靠。

学习目标

（1）掌握新能源汽车防盗系统控制模块的功能与组成。
（2）能正确对防盗系统控制模块端子的针脚含义进行解释。
（3）能按照工艺规范对防盗系统控制模块进行检测与诊断。
（4）能正确测量防盗系统控制模块的 CAN 网络波形并通过波形分析可能的故障原因。

素质目标

（1）培养严谨细致、规范操作的工作态度，树立安全意识、团队意识。
（2）培养探索精神、使命担当及勇攀高峰的科研精神。

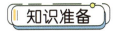

6.5.1 汽车防盗系统概述

6.5.1.1 防盗系统的类型

汽车防盗系统,是指防止汽车本身或车上的物品被盗所设的系统,它由电子控制的遥控器或钥匙、电子控制电路、报警装置和执行机构等组成。按照结构及工作原理的不同,防盗系统可以分为三大类。

(1)机械式。靠坚固的金属结构锁住汽车的操纵部件,如将车轮、转向盘、换挡杆或制动器等部件锁住。该方式只有防盗功能没有报警功能,可靠性低。

(2)电子式。电子式防盗系统可通过声光报警,并可通过对发动机启动、点火、喷油等电路的关断控制,使非法闯入或非法使用者无法启动发动机或不能驾车驶离。目前大多数轿车上采用芯片式防盗,在没有芯片钥匙的情况下无法启动车辆。芯片式防盗已经发展到第五代,能够在读取钥匙保密信息的同时获取该防盗系统的历史信息、授权备用钥匙数量、时间印记等其他信息。车辆的防盗数据采用网络化管理,防盗匹配必须与中央数据库建立在线连接,同时第五代防盗系统还增加了部件保护功能,可以终身完整记录控制器的信息,控制器离开车辆后将无法使用,进一步降低了偷车或偷控制器的行为。

(3)网络式。主要通过锁定点火或启动来达到防盗的目的。同时,它可以通过卫星定位系统将报警信息和报警车辆的位置传送到报警中心。

6.5.1.2 防盗系统控制模块相关元件

本任务以比亚迪秦 EV 为例进行介绍。该车型的防盗系统控制模块集成在 BCM 中,主要由与防盗相关的传感器、防盗报警器、防盗指示灯、车门及车窗开关等组成,如图 6-14 所示。

比亚迪防盗系统有四种状态:非防盗状态、防盗设定状态、防盗状态和报警状态。当车辆处于非防盗状态时,报警系统不工作,防盗系统不工作;防盗设定状态为进入防盗状态之前的状态,当车辆处于该状态时,防盗系统不工作;当车辆处于防盗状态时,防盗系统工作;当车辆处于报警状态时,报警系统工作。

当车辆处于防盗状态时,任何强制进入车内的行为,都会触发车上喇叭发出声音、防盗报警器发出警报声,同时危险报警指示灯闪烁,以对这种行为造成威慑。

比亚迪秦 EV 防盗系统控制模块相关部件的线束主要集中在仪表板配电盒,包括仪表板配电盒插接件 G2Q、G2P、G2R,左前车窗开关 T03-4 与左地板对接插接件 K2E、K2H。插接件端子定义如表 6-6 所示(检测维修时以最新维修手册为准)。

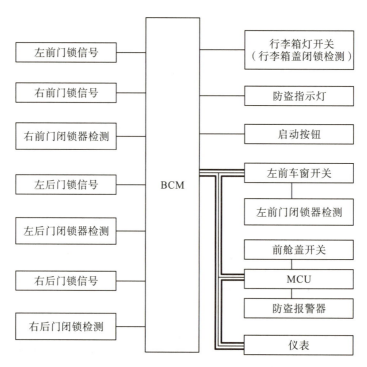

图 6-14 防盗系统控制模块系统框图

表 6-6 防盗系统控制模块插接件端子定义

针脚	端子描述	针脚	端子描述
G2R-28	右前门闭锁器位置检测	G2R-4	后行李箱盖开关
G2R-30	左后门闭锁检测	G2R-9	CAN-L
G2R-13	右后门闭锁检测	G2R-8	CAN-H
K2B-15	左前门锁信号	G2L-13	门锁电机地
G2R-15	左后门锁信号	G2L-20	模块地
K2B-9	右前门锁信号	T03-4	左前门闭锁器位置检测
G2R-16	右后门锁信号	K20-1	报警器

6.5.2 防盗系统控制模块检测维修

下面以比亚迪秦 EV 混合动力汽车的防盗系统控制模块为例介绍新能源汽车防盗系统控制模块的检测维修过程。

1. 读取防盗系统控制模块相关故障码和数据流

(1) 连接诊断仪。将诊断仪连接至诊断接口，接通诊断仪，上至 ON 挡电。

(2) 进入智能钥匙系统。在诊断仪上进入诊断功能选择界面，选择"车型诊断"；进入诊断车型选择界面选择对应车型；再进入诊断系统选择界面选择"车身网模块"选项（部分比亚迪车型可直接选择防盗模块选项），进入后选择"智能钥匙系统"选项。

(3) 读取故障码。读取该模块故障相关信息（故障码、冻结帧等）。

(4) 读取数据流。在智能钥匙系统选择界面选择"读取数据流"选项，读取模块数据流，包括已认可的钥匙、控制单元电压供给、读卡器通信状态、钥匙状态、钥匙识别等。

2. 检测防盗系统控制模块插头端子的电阻

在防盗系统控制模块右前门闭锁器位置检测信号端子电阻。查询维修手册中控制单元针脚的定义，防盗系统控制模块右前门闭锁器位置检测信号端子为 G2R-28 号端子。上至 ON 挡电，右前门闭锁，用万用表电阻挡测量 G2R-28 号端子与车身搭铁之间的电阻，电阻值应大于 10 kΩ；右前门解锁，用万用表电压挡测量 G2R-28 号端子与车身搭铁之间的电压，电压值应小于 1 V。

3. 检测防盗系统控制模块供电及搭铁

检测防盗系统控制模块供电、搭铁端子的电压，可以分析控制模块供电线路、搭铁线路是否正常。查询维修手册中控制单元针脚的定义，接地端子为 G2L-20 号端子。用万用表电阻挡测量 G2L-20 号端子与蓄电池负极之间的电阻，电阻值应小于 1 Ω。

4. 检测防盗系统控制模块与电子元件或各模块之间的线束导通性

断开蓄电池负极，打开仪表板配电盒，断开防盗系统控制模块线束插头，查询维修手册中防盗系统控制模块针脚及对应元器件针脚的定义，如表 6-7 所示。用万用表的电阻挡测量防盗模块与对应元器件之间线束的电阻，电阻值应小于 1 Ω，否则应该更换线束。

表 6-7 比亚迪秦 EV 防盗系统控制模块针脚及对应元器件针脚的定义

线束名称	防盗系统控制模块针脚	对应电子元件名称	对应电子元件针脚
报警器线束	K20-1	内部报警器继电器	B1I-4
报警器接地线束	K20-1	车身接地	车身地

5. 检测防盗系统控制模块网线电压及波形

比亚迪秦 EV 的防盗系统控制模块总线属于车身网，查询维修手册中控制单元针脚的定义，防盗系统控制模块 CAN-H 端子为 G2R-8 号端子，CAN-L 端子为 G2R-9 号端子。

(1) 测量防盗系统控制模块的 CAN-H 线和 CAN-L 线上的电压。使用万用表电压挡分别测量 G2R-8 号端子与车身搭铁、G2R-9 号端子与车身搭铁之间的电压，万用表的显示值只能反映被测信号的主体信号电压值。CAN-H线标准整车通信电压为 2.5~3.5 V，CAN-L线标准整车通信电压为 1.5~2.5 V。

(2)测量防盗系统控制模块的 CAN-H 线和 CAN-L 线上的总线波形。使用示波器的双通道测量 CAN-H 线和 CAN-L 线。CAN-H 线上的高电平是 3.6 V，低电平是 2.5 V；CAN-L 线上的高电平是 2.5 V，低电平是 1.4 V。隐性时 CAN-H 线和 CAN-L 线的电压均为 2.5 V，显性时 CAN-H 上拉至 3.6 V且 CAN-L 下拉至 1.4 V。正常情况下，整车上电后，CAN-H 线、CAN-L 线应该在额定电压范围对称性地显示信号波形。

任务实施

1. 作业说明

比亚迪秦 EV 混合动力车出现防盗指示灯突然点亮的现象。造成上述故障现象的原因可能是防盗系统控制模块故障，具体需要结合诊断仪故障码的读取及进一步测量确定。

2. 技术标准与要求

项目	内容
防盗系统控制模块插头端子标准电阻值	
防盗系统控制模块搭铁端子与蓄电池负极之间的标准电阻值	
防盗系统控制模块与电子元件之间线束的标准电阻值	
防盗系统控制模块 CAN-H 线和 CAN-L 线上的标准波形	

注：请学员查阅维修资料后填写。

3. 设备器材

(1)设备与零件总成。

_____

_____

(2)常用工具。

_____

_____

(3)耗材及其他。

_____

_____

注：请学员根据场地实际设备器材填写。

4. **作业流程**

(1) 做好安全防护,清洁总成及工具。

(2) 记录故障现象,制作诊断流程。

(3) 连接诊断仪,读取防盗系统控制模块相关故障码及数据流。

(4) 查询电路图,找到防盗系统控制模块所在页码。

(5) 测量防盗系统控制模块插头端子的电阻。

(6) 测量防盗系统控制模块供电及搭铁情况。

(7) 测量防盗系统控制模块到其他相关模块的导通性。

(8) 测量防盗系统控制模块的 CAN 信号电压及波形。

(9) 进行以上步骤的同时根据需求进行工单填写。

(10) 恢复车辆,7S 整理。

5. 填写考核工单

一、车辆信息记录（结合具体车型答题）					
品牌		整车型号		生产日期	
发动机型号		驱动电机型号		工作电压	
车辆识别码				行驶里程	

二、进行防盗系统控制模块网关故障诊断，记录故障现象、相关信息及诊断过程（结合具体车型答题）		
故障现象		
故障码		
数据流		
相关电路图位置（记录所查询的电路图在维修手册的位置）		
可能故障原因分析：□元件本体　□电路线束　□模块 ECU　□其他＿＿＿＿＿		
检测项目	检测结果	判断
		正常□　异常□
		正常□　异常□
		正常□　异常□
		正常□　异常□
故障说明		

故障点确认：

故障机理分析：

三、防盗系统控制模块信号针脚波形检测（读取到波形后需考官确认）			
波形采集插接器代号/针脚	电路图页码	与控制模块针脚是否导通	信号波形类型
		正常□　异常□	CAN 波形
检测通道		波形绘制	
检测工况	□ON　□怠速/上电		
每格电压			
最大信号电压值			
周期			
波形判断	□正常　□异常		

自我测试

(1)简述汽车防盗系统的分类。

_____

_____

(2)简述防盗系统控制模块标准CAN总线波形。

_____

_____

(3)简述汽车防盗系统的工作原理。

_____

_____

拓展学习

技术进步让汽车越来越安全——汽车防盗系统发展历史

随着汽车技术的不断发展,汽车防盗系统的功能也在不断更新,到目前为止,汽车防盗系统已经历了五个发展阶段,即第一代的固定码传输防盗系统,第二代的可变码传输防盗系统,第三代的两级可变码传输防盗系统,第四代的网络式防盗系统及第五代智能化网络式防盗系统。

第一代防盗系统采用的是固定码。防盗钥匙中有一个固定的识别码,当钥匙插入点火开关时,钥匙中的脉冲发生器会产生特有的脉冲信号,信号被辨认线圈感应后,产生该钥匙的识别码并传输到防盗控制单元。如果防盗控制单元中有该钥匙的识别码登记记录,防盗控制单元就会向发动机控制单元发出解锁信号,此时扭动钥匙即可启动发动机;若该钥匙的识别码没有在防盗控制单元中登记过,防盗控制单元便向发动机控制单元发出不能启动的指令,此时扭动钥匙无法启动发动机。

第二代防盗系统从固定码改进为可变码。在钥匙和防盗控制单元内,有一套公式列表(密码公式列表)和一个相同且不可改写的SKC(隐秘的钥匙代码)。防盗控制单元随机产生一个变码,经钥匙和防盗控制单元分别计算后,钥匙将计算结果发送给防盗控制单元,防盗控制单元将收到的结果与自己的计算结果进行比较,如果相同,则确认该钥匙合法,允许发动机启动,否则发动机将不能启动。

第三代防盗系统将固定码和可变码结合,实现双重识别。防盗控制单元与组合仪表集成在一起,防盗控制单元通过CAN线打开或锁止控制单元,安全性进一步提高。

第四代防盗系统的防盗数据采用网络化管理，防盗匹配必须在线连接总部服务器方可进行，使得钥匙供应、更换过程更加安全。防盗系统与发动机模块之间通过 CAN 总线进行传输，数据传输安全性得到进一步提高。第四代防盗系统包括：

(1) 集成了防盗功能的仪表总成。

(2) 发动机控制单元。

(3) 遥控钥匙。

(4) 转向柱锁控制单元。

(5) 防盗系统读识线圈。

第五代防盗系统的防盗组件进一步增加，将变速器控制单元也纳入防盗系统，使汽车安全性得到更大提升，而且在加密方式上有所创新。大众汽车第五代防盗系统还增加了"部件保护"的功能，可以终身完整记录控制器的信息，控制器离开车辆后将无法使用，进一步降低了偷车或偷控制器的行为。

任务 6.6

安全气囊控制模块检测维修

任务引入

车主李先生今天早上驾驶比亚迪 E5 纯电动汽车时，发现将电源通电车辆启动后安全气囊警告灯常亮不熄，于是来到汽车 4S 店进行维修。安全气囊是一种车辆乘员约束系统，在碰撞事件中可以为乘员提供柔软的缓冲和约束，保障司乘人员的生命安全。经维修技师综合诊断后，怀疑该车安全气囊控制模块损坏或传输故障，如果该系统出现故障，在汽车碰撞事故中将无法正常作用，给司乘人员的生命安全带来极大的威胁。请你对该车安全气囊控制模块进行故障诊断，确保客户车辆安全可靠。

学习目标

（1）掌握新能源汽车安全气囊控制模块的组成及工作原理。
（2）能正确对安全气囊控制模块端子的针脚含义进行解释。
（3）能按照工艺规范对安全气囊控制模块进行检测与诊断。
（4）能正确测量安全气囊控制模块的 CAN 网络波形并通过波形分析可能的故障原因。

素质目标

（1）培养安全意识、服务意识、团队意识，增强职业荣誉感和责任感。
（2）通过学习汽车安全气囊模块检测维修，树立"安全第一、生命至上"的安全意识，在汽车维修中时刻牢记责任意识，保障车辆安全可靠。

> 知识准备

6.6.1 新能源汽车安全气囊概述

6.6.1.1 功能与分类

安全气囊系统是一种被动安全性的保护系统，它与座椅安全带配合使用，可以为乘员提供有效的防撞保护，降低乘员人身伤害。安全气囊系统主要由碰撞传感器、控制模块（ECU）、气囊、气体发生装置等组成。用于保护驾驶员的气囊放置在方向盘内，而其他气囊根据保护部位的不同，安装在车内各个角落。

当汽车发生碰撞时，碰撞传感器接收撞击信号，当碰撞强度达到一定程度时，传感器即产生动作并向电子控制单元发出信号。电子控制单元接收到信号后，与其内部存储信号进行比较，如果达到气囊展开条件，则由驱动电路向气囊组件中的气体发生器发送启动信号。气体发生器接收到指令后引燃气体发生剂，产生大量气体，经过滤并冷却后进入气囊，使气囊在极短的时间内突破衬垫迅速展开，形成弹性气垫，并及时泄漏、收缩，吸收冲击能量，从而有效地保护驾乘人员的头部和胸部，从而减轻或避免乘员伤害。

按照安装位置和保护对象的不同，安全气囊可分为下面几种：

1. 正面安全气囊

驾驶员正面安全气囊安装在方向盘中央位置，气囊容积为 45~60 L，用于缓解正面碰撞时驾驶员与方向盘的二次碰撞。副驾驶员正面安全气囊放置在仪表板内，气囊容积为 70~200 L，正面碰撞时展开，覆盖仪表板，用于缓解正面碰撞时副驾驶座乘员与仪表板及前风挡玻璃的二次碰撞。

2. 侧面安全气囊

侧面安全气囊安装在座椅靠背侧面或车门护板内，容积为 8~16 L，用于缓解侧面碰撞时乘员与车门护板、侧窗框及车外碰撞物的二次碰撞。一般有两种形式：一种是只保护乘员胸部，另一种是保护乘员胸部和头部。

3. 帘式安全气囊

帘式安全气囊安装在顶棚内衬的外侧边沿内，充气机构在其前端、后端或中间部，容积为 15~40 L，用于缓解侧面碰撞时乘员与侧窗框及车外碰撞物的二次碰撞。根据乘员的保护范围，可分为仅保护前排，保护前排及后排，保护前排、后排及第三排 3 种类型。

4. 膝部安全气囊

膝部安全气囊安装在仪表板下部，气囊容积为 10 L 左右，用于缓解正面碰撞时前排乘员的下肢与转向柱下部及仪表板下部的二次碰撞。

6.6.1.2 安全气囊控制模块相关元件

本任务以比亚迪 E5 为例进行介绍。驾驶员安全气囊标志铸压在方向盘中间的装饰盖上，乘客安全气囊标志铸压在杂物箱上方仪表板上。每次将电源上到 ON 挡电，安全气囊系统自检，组合仪表的安全气囊故障指示灯点亮约 5 s。

1. 安全气囊控制系统组成元件

比亚迪 E5 安全气囊控制系统主要由前碰传感器、安全气囊控制模块(SRS ECU)、SRS 警告灯、时钟弹簧、驾驶员安全气囊模块(安全气囊充气装置)、侧碰传感器、前排座椅侧安全气囊模块、帘式安全气囊模块、前排乘员安全气囊模块、后侧碰撞传感器、安全带报警传感器等组成，如图 6-15 所示。安全气囊控制组件在车上的安装位置如图 6-16 所示。

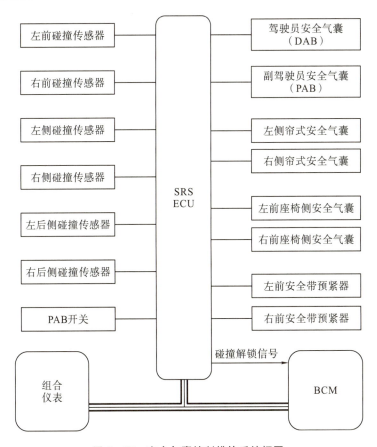

图 6-15 安全气囊控制模块系统框图

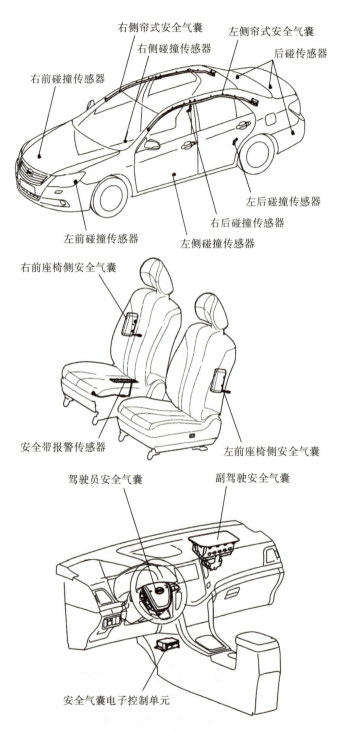

图6-16 安全气囊控制组件位置

(1)安全气囊 ECU。安全气囊 ECU 安装在汽车中轴线,在中控面板下方的位置,如果由于碰撞而造成蓄电池电压过低或电源断开,此时安全气囊 ECU 仍可持续工作 100 ms 以上。

(2)驾驶员安全气囊模块(driver air bag,DAB)。驾驶员安全气囊安装在转向盘中央饰盖内,不可分解,DAB 包括气体发生器、气袋、饰盖以及支架等辅件。DAB 接收来自安全气囊 ECU 的点火信号,引燃气体发生器,产生大量气体,给气袋充气,形成气垫,保护乘员。

(3)时钟弹簧。时钟弹簧安装在组合开关之上,时钟弹簧由螺旋形电缆、转子、壳体、线束及辅助结构件等组成。转动转向盘时,转子与转向盘形成一个整体旋转,有足够长度的螺旋形电缆螺旋状盘绕在壳体内,因此当转子由中间位置顺时针、逆时针两个方向各转 2.5 圈时,也不会影响导线的可靠连接。

(4)前排乘员安全气囊(passenger airbag,PAB)。前排乘员安全气囊安装在仪表板杂物盒上方,PAB 的组成和功用与驾驶员安全气囊(driver,airbag,DAB)相同。

(5)前碰传感器。左前碰传感器安装在前舱左纵梁内侧,右前碰传感器安装在前舱右纵梁内侧。前碰传感器用来将碰撞信号传给安全气囊 ECU,作为 ECU 判断是否需要发出点火信号碰撞解锁信号的依据。

(6)安全气囊线束。安全气囊线束用于连接安全气囊 ECU、DAB、PAB、SAB、CAB、时钟弹簧和仪表板线束等。安全气囊线束包括安全气囊模块驱动线路、警告灯线路、碰撞解锁线路和整车通信总线等,安全气囊线束的功用是在安全气囊 ECU 与安全气囊模块、整车之间传达信号,并保证可靠的通信。

(7)安全气囊故障指示灯。安全气囊故障指示灯位于组合仪表上,当安全气囊 ECU 的自诊断电路发现故障时,安全气囊故障指示灯便点亮,通知驾驶员安全气囊系统存在故障。在正常情况下,当电源档位上至 ON 挡电,指示灯先点亮约 5 s,然后再熄灭。

(8)安全气囊系统辅助部件。对安全气囊系统起辅助作用的还有方向盘下护板、左右置物盒总成、座椅安全带、组合仪表安全带锁扣信号、儿童安全保护锁(child protection lock system,CPLS)、前排可调式座椅头枕、防撞夹层式前挡风玻璃(laminated safety glass,LSG)、防撞吸能车身及附件等。

2. 安全气囊系统工作原理

比亚迪 E5 安全气囊工作取决于汽车碰撞的角度和严重程度。安全气囊系统设计的碰撞工作角度是以车身中心线前方各 30°角度内的碰撞为准。安全气囊的引爆不取决于车速,而是取决于以重力测量的减速度比率,这个力由安全气囊 ECU 中的碰撞传感器测得。当前撞击足够严重时,安全气囊 ECU 中的微处理器向 2 个气囊模块的膨胀装置发送一个工作信号,以使气囊展开。转向管柱顶部的时钟弹簧允许在固定的转向管柱和驾驶员安全气囊膨胀器之间维持一个连续的电路,还可以随方向盘转动。在车辆发生前碰撞展开气囊时,护膝板协同安全带一同工作,将驾驶员和前排座椅乘客约束在适当位置,护膝板也可以吸收并分散驾驶员和前排座椅乘客对仪表板结构的冲撞能量。当安全气囊 ECU 监控到任何一个气囊部件和气囊系统电路上的问题时,它将故障代码(diagnostic trouble code,DTC)存储在它的存储器中,并将信息送到组合仪表,以点亮气囊故障指示灯。正确测试气囊系统部件、读取或清除故障代码、进行维修等,都需要采用故障诊断仪。安全气囊系统工作原理如图 6-17 所示。

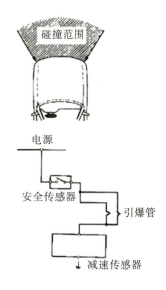

图 6-17 安全气囊系统工作原理

3. 安全气囊控制模块插接件与端子

比亚迪 E5 安全气囊 ECU 相关部件的线束插接件为 G10、KG10(A)、KG10(B),如图 6-18 所示。插接件端子定义如表 6-8 所示(检测维修时以最新维修手册为准)。

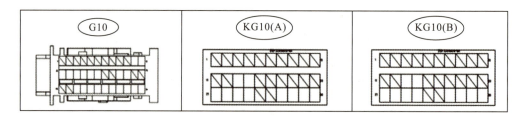

图 6-18 安全气囊 ECU 插接件

表 6-8 安全气囊控制模块插接件端子定义

针脚	端子描述	针脚	端子描述
G10-36	OK挡电压	G10-27	G2R-11
G10-21	驾驶员安全气囊(低)	G10-22	驾驶员安全气囊(高)
G10-17	驾驶员安全气囊(低)	G10-18	驾驶员安全气囊(高)
G10-29	CAN-H	G10-30	CAN-L
G10-28	信号线	G10-35	信号线
G10-33	左前碰撞传感器(高)	G10-34	左前碰撞传感器(低)
G10-31	右前碰撞传感器(高)	G10-32	右前碰撞传感器(低)
KG10(A)-27	左侧碰撞传感器(低)	KG10(A)-28	左侧碰撞传感器(高)
KG10(B)-27	右侧碰撞传感器(高)	KG10(B)-28	右侧碰撞传感器(低)
KG10(A)-29	左后侧碰撞传感器(低)	KG10(A)-30	左后侧碰撞传感器(高)
KG10(B)-25	右后侧碰撞传感器(高)	KG10(B)-26	右后侧碰撞传感器(低)
KG10(A)-21	左后碰撞传感器(高)	KG10(A)-22	左后碰撞传感器(低)
KG10(B)-21	右后碰撞传感器(高)	KG10(B)-22	右后碰撞传感器(低)
KG10(A)-23	中后碰撞传感器(低)	KG10(A)-24	中后碰撞传感器(高)
KG10(A)-13	左前安全气囊预紧器(高)	KG10(A)-14	左前安全气囊预紧器(低)
KG10(B)-13	右前安全气囊预紧器(高)	KG10(B)-14	右前安全气囊预紧器(低)

6.6.2 安全气囊控制模块检测维修

下面以比亚迪 E5 纯电动汽车安全气囊控制模块为例介绍新能源汽车安全气囊控制模块的检测维修过程。

1. 读取安全气囊控制模块相关故障码及数据流

(1)连接诊断仪。将诊断仪连接至诊断接口,接通诊断仪,上至 ON 挡电。

(2)进入安全气囊模块。在诊断仪上进入诊断功能选择界面,选择"车型诊断";进入诊断车型选择界面选择对应车型;再进入诊断系统选择界面选择"车身网模块"选项,进入后选择"安全气囊"选项。

(3)读取故障码。读取该模块故障相关信息(故障码、冻结帧等)。

(4)读取数据流。在安全气囊模块选择界面选择"读取数据流"选项,读取模块数据流,包括车速信号等。

2. 检测安全气囊控制模块供电及搭铁

检测安全气囊控制模块供电、搭铁端子的电压，可以分析控制模块供电线路、搭铁线路是否正常。查询维修手册中控制单元针脚的定义，电源端子为G10-36，接地端子为G10-28、G10-35号端子。

上至ON挡电，用万用表电压挡测量G10-36号端子与车身搭铁之间的电压，标准值为11~14 V，测量值在该范围内代表供电线路正常，否则需要检查供电线路；关闭一键启动开关，用万用表电阻挡测量G10-28、G10-35号端子与蓄电池负极之间的电阻，电阻值应小于1 Ω。

3. 检测安全气囊控制模块网线电压及波形

查询维修手册中控制单元针脚的定义，安全气囊控制模块CAN-H端子为G10-29号端子，CAN-L端子为G10-30号端子。

(1)测量安全气囊控制模块的CAN-H线和CAN-L线上的电压。使用万用表电压挡分别测量G10-29号端子与车身搭铁、G10-30号端子与车身搭铁之间的电压，万用表的显示值只能反映被测信号的主体信号电压值。CAN-H线标准整车通信电压为2.5~3.5 V，CAN-L线标准整车通信电压为1.5~2.5 V。

(2)测量安全气囊控制模块的CAN-H线和CAN-L线上的波形。使用示波器的双通道测量CAN-H线和CAN-L线。CAN-H线上的高电平是3.6 V，低电平是2.5 V；CAN-L线上的高电平是2.5 V，低电平是1.4 V。隐性时CAN-H线和CAN-L线的电压均为2.5 V，显性时CAN-H上拉至3.6 V且CAN-L下拉至1.4 V。正常情况下，整车上电后，CAN-H线、CAN-L线应该在额定电压范围对称性地显示信号波形。

任务实施

1. 作业说明

比亚迪E5纯电动汽车出现安全气囊指示灯常亮不熄的情况。造成上述故障现象的原因可能是安全气囊控制模块故障，具体需要结合诊断仪故障码的读取及进一步测量确定。

2. 技术标准与要求

项目	内容
安全气囊控制模块电源端子标准电压值	
安全气囊模块搭铁端子与蓄电池负极之间的标准电阻值	
安全气囊控制模块CAN-H线和CAN-L线的标准电压值	
安全气囊控制模块CAN-H线和CAN-L线上的标准波形	

注：请学员查阅维修资料后填写。

3. 设备器材

(1)设备与零件总成。

_____

_____

(2)常用工具。

_____

_____

(3)耗材及其他。

_____

_____

注：请学员根据场地实际设备器材填写。

4. 作业流程

(1)做好安全防护，清洁总成及工具。
(2)记录故障现象，制作诊断流程。
(3)连接诊断仪，读取安全气囊控制模块相关故障码及数据流。
(4)查询电路图，找到安全气囊控制模块所在页码。
(5)测量安全气囊控制模块供电及搭铁情况。
(6)测量安全气囊控制模块的 CAN 信号电压及波形。
(7)进行以上步骤的同时根据需求进行工单填写。
(8)恢复车辆，7S 整理。

5. 填写考核工单

一、车辆信息记录（结合具体车型答题）					
品牌		整车型号		生产日期	
发动机型号		驱动电机型号		工作电压	
车辆识别码				行驶里程	

二、进行安全气囊控制模块网关故障诊断，记录故障现象、相关信息及诊断过程（结合具体车型答题）			
故障现象			
故障码			
数据流			
相关电路图位置 （记录所查询的电路图在维修手册的位置）			
可能故障原因分析：□元件本体　□电路线束　□模块 ECU　□其他_____			
检测项目	检测结果	判断	
		正常□　异常□	
		正常□　异常□	
		正常□　异常□	
		正常□　异常□	
故障说明			
故障点确认： 故障机理分析：			

三、安全气囊控制模块信号针脚波形检测（读取到波形后需考官确认）			
波形采集插接器代号/针脚	电路图页码	与控制模块 针脚是否导通	信号波形类型
		正常□　异常□	CAN 波形
检测通道		波形绘制	
检测工况	□ON　□怠速/上电		
每格电压			
最大信号电压值			
周期			
波形判断	□正常　□异常		

自我测试

(1) 简述安全气囊系统维修时的注意事项。

_____

_____

(2) 简述安全气囊控制模块标准 CAN 总线波形。

_____

_____

(3) 简述安全气囊的工作原理。

_____

_____

拓展学习

用心守护，为乘员保驾护航——安全气囊新技术

(1) 胯部安全气囊。

现代和起亚汽车向美国专利商标局申请了"胯部安全气囊"专利，以减轻或避免汽车碰撞事故中因安全带佩戴不规范引起的驾驶员和乘员受伤问题。由于重力、不良乘坐姿势、汽车振动等因素，安全带有时会滑过乘员的盆骨，导致在发生碰撞时体型较小的乘员很容易滑到安全带下面，或因为安全带突然收紧导致乘员内脏器官受损。通过使用膝部气囊和座椅侧气囊可以减少上述影响，但效果有限。胯部安全气囊可在座椅底座展开，以在发生事故时将乘员锁定在适当的位置，防止乘员从座椅上向前滑动。这项专利的核心技术是安全气囊的形状和负载感应技术，负载感应技术会根据乘员的臀部位置、重量分布，使安全气囊以可变速率展开，为乘员和驾驶员提供最大的稳定性。此外，如果检测到乘员不在合适的位置，或者安全气囊在展开时会对乘员造成更大的损害，那么安全气囊则不会展开。

(2) 拥抱式安全气囊。

现代汽车公司推出了一项新型安全气囊技术——拥抱式安全气囊，该气囊能够保护无人驾驶汽车内乘员的全身。该款安全气囊用紧固件牢牢地固定住乘员，确保乘员不会从座椅中飞出。在未来的汽车座舱中，安全气囊会被放置在正确的位置，以保护面向不同角度的乘员。一旦发生事故，拥抱式安全气囊会从座椅中弹出，紧紧地抱住乘员，保护乘员的头部、上半身和骨盆等身体部位以免受到碰撞和冲击。该款安全气囊将适用于 L4 和 L5 自动驾驶车辆。

模块七 新能源汽车信息娱乐网关控制系统检测维修

任务 7.1

收音机音响控制模块检测维修

任务引入

一客户的比亚迪秦 EV 轿车，在行驶的过程中，出现车内音响声音忽大忽小，杂音很严重的问题，经省级技能大师杨师傅综合诊断后，将问题锁定在音响线束接口的问题上。请大家按作业规范使用专业诊断工具锁定具体故障点，对汽车音响线路进行检测维修。

学习目标

(1) 能理解并掌握收音机、音响控制模块插头端子的电阻、电压、线束导通性方法。

(2) 能理解并掌握收音机、音响控制模块相关数据流标准范围和总线标准波形图。

(3) 能理解并掌握收音机、音响控制模块插头的断开和插接方法、线束的检查与修复方法。

(4) 能使用诊断仪读取收音机、音响控制模块故障码、数据流，并执行动作测试。

(5) 能使用示波器检测并分析收音机、音响控制模块的总线波形。

素质目标

(1) 通过学习使用维修手册与国家标准规范资料，强化职业规范。

(2) 培养科学严谨的工作态度和一丝不苟的工作作风。

(3) 培养严谨细致的工匠精神和善于探索的创新意识。

> 知识准备

7.1.1 新能源汽车收音机系统

7.1.1.1 收音机系统认知

AM/FM 收音机是汽车上最早采用的一种语音娱乐配置，也是车载影音娱乐系统最常见的配置之一。收音机是无线电接收装置，专门接收广播节目。一般接收的信号有调幅信号和调频信号，调幅又分中波和短波。AM 即调幅信号，FM 即调频信号。传统的模拟式收音机，一般用手调选台；数字式收音机是较高级的无线电接收装置，去掉了调谐部分的调台拉线，提高了调谐工作的稳定性、抗振动性能。数字式收音机内部由数字集成电路组成，内部电路发出选台、存储、控制及显示信号。

车载收音机主要由天线、信号源设备、功率放大器、扬声器系统组成。天线是用以接收广播电台的发射电波，通过高频电缆，向无线电调频装置传送信号；信号源设备主要指调谐器，调谐器把天线所获得的电波进行增幅，从几个发射频率中选择符合要求的发射波，从发射波中把信号波分离取出；功率放大器将各种节目信号进行功率放大，然后推动扬声器发出声音；扬声器系统主要指主扬声器、环绕扬声器等，是汽车音响系统的终端，最终决定车厢内音响性能。

车载收音机常见的问题有"调相""多路干涉""信号衰弱"，这些问题都不是由于电子噪声引起的，而是信号本身的传递接收的问题。

1. 调相

AM 播音很容易收到电磁或其他干涉，因此产生调相。调相一般发生在晚上，车辆收到同一个发射源的两个信号，一个是经过电离层反射回来的，一个是从发射源直接接收到的，从而形成干扰。

2. 多路干涉

多路干涉是由于车辆收到同一个发射源的两个信号，一个是从发射源直接接收的，一个是被建筑物、高山或其他障碍物反射回来的。

3. 信号衰弱

信号衰弱是由于在发射源与接收收音机之间有巨大障碍物（建筑物、高山等）将部分信号反射偏离，导致信号波能减少，高频信号更容易被阻挡，低频信号通过性较好。

7.1.1.2 收音机控制模块的功能与元件

以比亚迪秦 EV 为例，其音响控制模块集成于多媒体系统中。比亚迪秦 EV 的多媒体系统又分两种搭载，一种是八寸屏幕多媒体系统，其包括 4G 网络、多媒体主机、蓝牙电话系统、智能语音识别、车机互动功能、车载收音机、USB、AUX 接口、SD 卡总成，音视、频设备接口等多种功能；另一种为平板多媒体系统，包括 4G 网络、多媒体主机、蓝牙电话系统、智能语音识别、车机互动功能、车载收音机、USB、AUX 接口、SD 卡总成，音频和视频设备接口等多种功能。如图 7-1、图 7-2 所示，多媒体控制模块位于中控仪表台，外置天线位于后车顶。

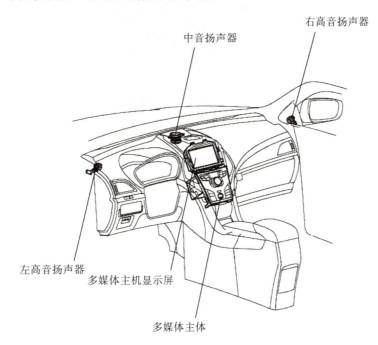

图 7-1 比亚迪秦 EV 多媒体系统组成（中控仪表台上）

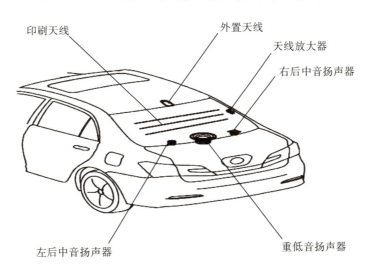

图 7-2 比亚迪秦 EV 多媒体系统组成（后车顶上）

比亚迪秦 EV 收音机控制模块的线束插接件分非低配与低配两种，非低配有 G29 与 G30 插接件，低配有 G29、G30、G31、G32、G55 插接件，图 7-3、图 7-4 为低配模块插接件位置及针脚布置。

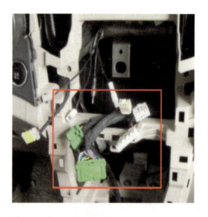

图 7-3 比亚迪秦 EV 收音机控制模块的线束插接件(低配)安装位置

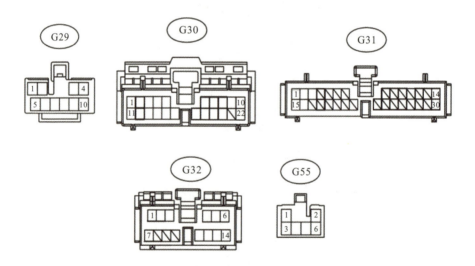

图 7-4 比亚迪秦 EV 收音机控制模块的线束插接件(低配)

低配收音机控制模块的接插件端子定义如表 7-1 所示。

表 7-1 收音机控制模块插接件端子定义(低配)

针脚	端子描述	针脚	端子描述
G29-3	ACC 电源	G29-4	常电
G29-7	接地	G29-8	天线放大器电源
G30-12	舒适网 CAN-H	G30-13	舒适网 CAN-L

模块七
新能源汽车信息娱乐网关控制系统检测维修

续表

针脚	端子描述	针脚	端子描述
G31-9	背光灯电源-	G31-10	背光灯电源+
G31-14	方向盘按键 AD0	G31-15	方向盘按键 AD1
G31-16	方向盘按键 AD0、AD1 电源地	G32-1	前排液晶屏 ACC 电源
G32-2	前排液晶屏接地	G32-3	前排液晶屏接地
G32-4	控制模块与液晶显示总线 CAN-H	G32-5	控制模块与液晶显示总线 CAN-L

7.1.1.3 新能源汽车收音机控制模块的检测维修

1. 读取和清除收音机控制模块相关故障码并读取数据流

具有 OBD 系统的车辆，维修人员可以通过诊断仪迅速而准确地定位发生故障的部件，大大提高维修的效率和质量。以比亚迪秦 EV 混合动力车型为例，收音机控制模块诊断仪诊断一般遵循如下步骤：

(1)将诊断测试设备连接至诊断接口，接通诊断测试设备；上至 ON 挡电；在诊断仪上进入诊断功能选择界面，选择车型诊断；进入诊断车型选择界面，选择需要诊断的车型；再进入诊断系统选择界面。

(2)在系统选择界面选择车身网模块选项，进入后选择多媒体模块或全景方向盘模块，再选择读取故障码选项，读取故障相关信息（故障码、冻结帧等）。

(3)在全景方向盘模块选择界面选择读取数据流选项，读取模块数据流。

(4)在全景方向盘模块选择界面选择动作测试选项，选择原件动作测试对原件进行检测。

(5)清除故障存储器；适当运行车辆，运行方式须满足相应故障诊断的条件；读取故障信息，确认故障已经排除。

2. 检测收音机控制模块终端电阻

以比亚迪秦 EV 为例，断开蓄电池负极，断开控制模块接插件 G30。查询维修手册中控制单元针脚的定义，收音机控制模块 CAN-H 端子为 G30-12 号端子，CAN-L 端子为 G30-13 号端子。万用表校零后，测量控制模块端子 G30-12 与 G30-13 之间电阻值。测量值为控制模块的终端电阻。单个 CAN 模块终端标准电阻：120 Ω，整个网络终端电阻：60 Ω。

3. 检测收音机控制模块电源和搭铁端子电压

收音机控制模块的供电与搭铁是保证控制模块能够正常工作的基础，检测控制模块供电端子和搭铁端子的电压，可以分析控制模块供电线路是否正常、搭铁线路是否正常。以比亚迪秦 EV 收音机控制模块为例，首先要查询维修手册中控制单元针脚的定义，常电电源输入端子 G29-4 号端子，IG1 电源输入端子 G29-3 号端子，接地端子为 G29-7 号端子。上至 ON 挡电，使用背插法，万用表探针测量 G29-3、G29-4 号端子与车身搭铁之间的电压，电压值为额定电压时代表供电线路正常，反之则反向检查供电线路，标准为 11~14 V；测量 G29-7 号接地端子与车身搭铁之间的电压，电压值为额定电压时代表搭铁线路正常，接地端电压值应小于 1 V。

4. 检测收音机控制模块与电子元件或控制模块之间线束的导通性

以比亚迪秦 EV 为例，首先要断开蓄电池负极，断开收音机控制模块相关低压线束插头，查询维修手册中控制单元针脚的定义，选择线束两端的端子进行测试，触发鸣叫即代表该段线束导通。表 7-2 为收音机控制模块与电子元件之间部分信号线束的端子定义。

表 7-2 比亚迪秦 EV 收音机控制模块端子部分线束针脚定义（低配）

线束名称	收音机控制模块针脚	对应电子元件针脚	对应电子元件名称
控制模块与液晶显示总线 CAN-H	G32-4	G71-7	前排液晶屏
控制模块与液晶显示总线 CAN-L	G32-5	G71-8	前排液晶屏
控制模块供电线	G29-3	G2I-27	仪表板配电盒
前排液晶屏 ACC 电源线	G32-1	G71-6	前排液晶屏
前排液晶屏接地线	G32-2	G71-11	前排液晶屏
前排液晶屏接地线	G32-3	G71-12	前排液晶屏

5. 检测收音机控制模块与电子元件之间的供电电压

以比亚迪秦 EV 前排液晶屏 ACC 电源供电线为例，首先要查询维修手册中控制单元针脚的定义，控制模块的前排液晶屏 ACC 电源供电线端子为 G32-1，上至 ACC 挡电，使用万用表电压挡对端子进行测试，再对比维修手册的额定工作电压，从而判断线路和模块是否正常。标准值约为 11~14 V。

6. 检测读取收音机控制模块 CAN-H 线和 CAN-L 线的电压与波形

（1）使用万用表测量收音机控制模块 CAN-H 线和 CAN-L 线的电压。查询维修手册中控制单元针脚的定义，收音机控制模块 CAN-H 线为 G30-12 号端子，模块 CAN-L 线为 G30-13 号端子。使用万用表电压挡测量两端子，红表笔接端子针脚，黑表笔车身搭铁，高线标准整车通信电压为 2.5~3.5 V，低线标准整车通信电压为 1.5~2.5 V。万用表的显示值只能反映被测信号的主体信号电压值，不能反映被测信号的每个细节。

(2)使用示波器测量收音机控制模块 CAN－H 线和 CAN－L 线的波形。比亚迪秦 EV 车型中收音机控制模块总线属于舒适网。通道 CH1 测量 CAN－H 线,通道 CH2 测量 CAN－L 线。CAN－H 线的高电平是 3.6 V,低电平是 2.5 V,电压差为 1.1 V。CAN－L 线的高电平是 2.5 V,低电平是 1.4 V,电压差为 1.1 V。控制模块 CAN－H 线信号在总线空闲时的电压为 2.5 V,总线上的信号传输时总线上的电压值在 2.5 V 和 3.6 V 之间变换,控制模块 CAN－L 线信号在总线空闲时的电压为 2.5 V,总线上的信号传输时总线上的电压值在 2.5 V 和 1.4 V 之间变换。正常情况下,整车上电后,CAN－H 线和 CAN－L 线应该在额定电压范围对称性地显示信号波形。

7.1.2 新能源汽车音响系统

7.1.2.1 音响系统认知

车载音响系统最基本的条件就是有回放声音的功能。汽车车载音响系统主要有音源、前级讯号控制、功能、功率放大机构、扬声器等组成要素。

1. 音源

音源就是声音的来源,即声音来自何方。车载音响系统的音源主要指记录声音的载体,只有先把声音记录在某种载体上,才谈得上用音响设备把载体上的声音还原出来,这些载体是音响系统中声音的来源。常见的音源载体有 CD(小型激光唱片)、盒式磁带、LP(密纹唱片)等,或是音频 DVD、SACD(超级音频 CD)等更先进的新型载体。目前外接音源以及 MP5 主机已替代一般的车载 CD 音响系统,海量硬盘容量已取代传统的碟片,已然成为当今主流。

2. 前级讯号控制

前级就是在后级之前,我们一般将功放称为后级,所以在音源与功放之间,所有对于音乐讯号的处理机件,都称为前级。例如汽车音响主机上对于音量大小的控制,就是属于前级的部分,它控制的就是讯号的强弱度。

3. 功率放大器

前级控制的声音讯号强度大多都只有几伏特,还不足以驱动单体,因此必须让讯号的强度更强,这样将讯号强化成功率输出的机构,就叫做功率放大器,也就是俗称的功放。汽车功放的基础定义就是功率放大器,又叫汽车音响功率放大器。

4. 扬声器

将电能变成声波的机件称为扬声器。在汽车音响中使用动圈式扬声器还是主流。

7.1.2.2 新能源汽车音响控制模块的功能与元件

以比亚迪秦 EV 低配车型为例,和收音机系统一样,音响系统的控制模块也集成于多媒体控制模块中，但因音响系统还有外置功放部件，故在比亚迪秦 EV 车型上还含有外置功放控制模块完成对讯号的放大与优化音质。

1. 音响控制模块

音响控制模块集成于多媒体控制模块中，相关插接件参考多媒体控制模块插接件（图 7-1，图 7-2，图 7-3、图 7-4）。插接件端子定义如表 7-3 所示。

表 7-3　音响控制模块插接件端子定义（低配）

针脚	端子描述	针脚	端子描述
G29-1	右前门扬声器＋ 右前门高音扬声器＋	G29-2	左前门扬声器＋ 左前门高音扬声器＋
G29-5	右前门扬声器－ 右前门高音扬声器－	G29-6	左前门扬声器－ 左前门高音扬声器－
G30-12	舒适网 CAN-H	G30-13	舒适网 CAN-L
G55-1	右后中音扬声器＋	G55-2	左后中音扬声器＋
G55-3	右后中音扬声器－	G55-6	左后中音扬声器－

2. 外置功放

比亚迪秦 EV 音响系统也配备有外置功放模块，如图 7-5 所示，外置功放模块安装在副驾驶侧座椅下方。

图 7-5　比亚迪秦 EV 外置功放模块的安装位置

比亚迪秦 EV EPB 控制模块的线束插接件 K28、K27、K26 和 K37 如图 7-6 所示。比亚迪秦 EV EPB 控制模块各插接件端子定义如表 7-4 所示。

模块七
新能源汽车信息娱乐网关控制系统检测维修

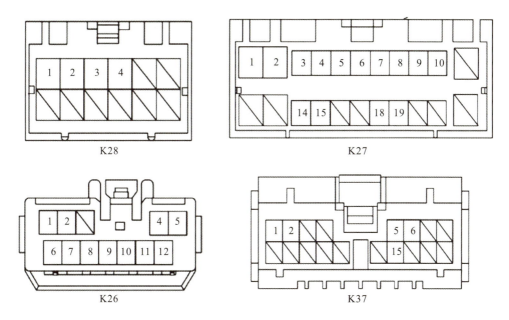

图 7-6 比亚迪秦 EV EPB 控制模块的线束插接件

表 7-4 比亚迪秦 EV EPB 控制模块各插接件端子定义

针脚	端子描述	针脚	端子描述
K26-1	电源正极	K26-2	电源正极
K26-4	ACC 电源	K26-5	电源接地
K26-6	电源正极	K26-7	电源正极
K26-8	电源正极	K26-9	电源接地
K26-10	电源接地	K26-11	电源接地
K26-12	电源接地	K27-1	左后门扬声器+ 左后门高音扬声器+
K27-2	左后门扬声器- 左后门高音扬声器-	K27-3	左前门扬声器+ 左前门高音扬声器+
K27-4	左前门扬声器- 左前门高音扬声器-	K27-5	右前门扬声器+ 右前门高音扬声器+
K27-6	右前门扬声器- 右前门高音扬声器-	K27-7	右后门扬声器+ 右后门高音扬声器+
K27-8	右后门扬声器- 右后门高音扬声器-	K27-9	中置扬声器+

续表

针脚	端子描述	针脚	端子描述
K27-10	中置扬声器-	K27-14	右后中音扬声器-
K27-15	右后中音扬声器+	K27-18	左后中音扬声器-
K27-19	左后中音扬声器+	K28-1	后部重低音扬声器+
K28-3	后部重低音扬声器-	K37-1	CAN-H
K37-2	CAN-L		

7.1.2.3 新能源汽车音响控制模块的检测维修

1. 读取和清除音响控制模块相关故障码并读取数据流

具有 OBD 系统的车辆，维修人员可以通过诊断仪迅速而准确地定位发生故障的部件，大大提高维修的效率和质量。以比亚迪秦 EV 混合动力车型为例，音响控制模块诊断仪诊断一般遵循如下步骤：

（1）将诊断测试设备连接至诊断接口，接通诊断测试设备；上至 ON 挡电；在诊断仪上进入诊断功能选择界面，选择车型诊断；进入诊断车型选择界面，选择需要诊断的车型；再进入诊断系统选择界面。

（2）在系统选择界面选择车身网模块选项，进入后选择多媒体模块，再选择读取故障码选项，读取故障相关信息（故障码、冻结帧等）。

（3）在全景方向盘模块选择界面选择读取数据流选项，读取模块数据流。

（4）在全景方向盘模块选择界面选择动作测试选项，选择原件动作测试对原件进行检测。

（5）清除故障存储器；适当运行车辆，运行方式须满足相应故障诊断的条件；读取故障信息，确认故障已经排除。

2. 检测音响控制模块终端电阻

以比亚迪秦 EV 为例，断开蓄电池负极，断开控制模块插接件 K37。查询维修手册中控制单元针脚的定义，控制模块 CAN-H 端子为 K37-1 号端子，CAN-L 端子为 K37-2 号端子。万用表校零后，测量控制模块端子 K37-1 与 K37-2 之间的电阻值。

3. 检测音响控制模块电源和搭铁端子电压

音响控制模块的供电与搭铁是保证控制模块能够正常工作的基础，检测控制模块供电端子和搭铁端子的电压，可以分析控制模块供电线路是否正常、搭铁线路是否正常。以比亚迪秦 EV 音响控制模块为例，首先要查询维修手册中控制单元针脚的定义，ACC 电源输入端子 K26-4 号端子，常电电源输入端子 K26-1、K26-2、K26-6、K26-7、K26-8 号端子，接地端子为 K26-5、K26-9、K26-10、K26-11、K26-

12号端子。上至 ON 挡电，使用背插法，万用表探针测量 K26-1、K26-2、K26-4、K26-6、K26-7、K26-8 号端子与车身搭铁之间的电压，电压值为额定电压时代表供电线路正常，反之则反向检查供电线路，标准电压值为 11~14 V；测量 K26-5、K26-9、K26-10、K26-11、K26-12 号接地端子与车身搭铁之间的电压，电压值为额定电压时代表搭铁线路正常，接地端电压值应小于 1 V。

4. 检测音响控制模块与电子元件或控制模块之间线束的导通性

以比亚迪秦 EV 为例，首先要断开蓄电池负极，断开音响控制模块相关低压线束插头，查询维修手册中控制单元针脚的定义，选择线束两端的端子进行测试，触发鸣叫即代表该段线束导通。表 7-5 为音响控制模块与电子元件之间部分信号线束的端子定义。

表 7-5 比亚迪秦 EV 音响控制模块端子部分线束针脚定义

线束名称	制动系统控制模块针脚	对应电子元件针脚	对应电子元件名称
外置功放模块 ACC 供电线	K26-4	K2G-9	配电盒
外置功放模块搭铁线	K26-5	蓄电池负极	蓄电池
外置功放模块供电线	K26-1	KK1-2	配电盒
外置功放模块供电线	K26-8	KK1-2	配电盒
扬声器控制信号线	K27-1	V01-1	扬声器 V01

5. 检测音响控制模块的 CAN-H 线和 CAN-L 线的电压与波形

(1) 使用万用表测量音响控制模块 CAN-H 线和 CAN-L 线的电压。查询维修手册中控制单元针脚的定义，音响控制模块 CAN-H 线为 K37-1 号端子，模块 CAN-L 线为 K37-2 号端子。使用万用表电压挡测量两端子，红表笔接端子针脚，黑表笔车身搭铁，CAN-H 线标准整车通信电压为 2.5~3.5 V，CAN-L 线标准整车通信电压为 1.5~2.5 V。万用表的显示值只能反映被测信号的主体信号电压值，不能反映被测信号的每个细节。

(2) 使用示波器测量音响控制模块 CAN-H 线和 CAN-L 线的波形。通道 CH1 测量 CAN-H 线，通道 CH2 测量 CAN-L 线。CAN-H 线的高电平是 3.6 V，低电平是 2.5 V，电压差为 1.1 V。CAN-L 线的高电平是 2.5 V，低电平是 1.4 V，电压差为 1.1 V。控制模块 CAN-H 线信号在总线空闲时的电压为 2.5 V，总线上的信号传输时总线上的电压值在 2.5 V 和 3.6 V 之间变换，控制模块 CAN-L 线信号在总线空闲时的电压为 2.5 V，总线上的信号传输时总线上的电压值在 2.5 V 和 1.4 V 之间变换。正常情况下，整车上电后，CAN-H 线和 CAN-L 线应该在额定电压范围对称性地显示信号波形。

任务实施

1. 作业说明

造成比亚迪秦 EV 收音机、音响控制模块出现故障的可能原因是线束端子接触不良、控制模块短接、CAN 总线故障等。需通过插接件测量，测量收音机、音响控制模块终端电阻、电源和搭铁端子电压、模块和电子元件间线束的导通性和 CAN 总线电压、波形分析来消除故障。本作业是在做好车辆准备及个人防护，安装警示装置和车内护件的基础上进行。

2. 技术标准与要求

项目	内容
CAN 模块终端标准电阻	
整个网络终端电阻	
收音机、音响控制模块供电端电压	
收音机、音响控制模块搭铁端子电压	
收音机、音响控制模块 CAN-H 端子电压	
收音机、音响控制模块 CAN-L 端子电压	
收音机、音响控制模块 CAN 总线的波形范围	

注：请学员查阅维修资料后填写。

3. 设备器材

(1) 设备。

_____

_____

(2) 工具。

_____

_____

(3) 资料与耗材。

_____

_____

注：请学员根据场地实际设备器材填写。

4. 作业流程

(1)做好车辆准备及个人防护,安装警示装置,安装车内车外保护件。

(2)读取和清除收音机、音响控制模块相关故障码并读取数据流。

(3)查询维修手册中控制单元针脚的定义以及收音机、音响控制模块位置,按照维修手册上的要求拆卸车身或车内饰附件,查询端子信息与标准阻值,按照维修要求拆卸控制模块插接件。

(4)检测收音机、音响控制模块插头端子的电阻。

(5)检测收音机、音响控制模块电源和搭铁端子电压。

(6)检测收音机、音响控制模块与电子元件或控制模块之间线束的导通性。

(7)检测收音机、音响控制模块与电子元件之间的供电电压。

(8)检测收音机、音响控制模块的 CAN-H 和 CAN-L 的电压与波形。

(9)作业完成后按照 7S 管理标准,整理工具和场地。

新能源汽车网关控制娱乐系统技术

5. 填写考核工单

一、车辆信息记录（结合具体车型答题）					
品牌		整车型号		生产日期	
发动机型号		驱动电机型号		工作电压	
车辆识别码				行驶里程	
二、进行新能源收音机、音响系统故障诊断、记录故障现象、相关信息及诊断过程（结合具体车型答题）					
故障现象					
故障码					
数据流					
相关电路图位置（记录所查询的电路图在维修手册的位置）					
可能故障原因分析：□元件本体　□电路线束　□模块 ECU　□其他＿＿＿＿＿					
检测项目		检测结果		判断	
				正常□　异常□	
				正常□　异常□	
				正常□　异常□	
				正常□　异常□	
故障说明					
故障点确认：					
故障机理分析：					
三、收音机、音响系统的整车 CAN 总线（读取到波形后需考官确认）					
波形采集插接器代号/针脚	电路图页码	与控制模块针脚是否导通		信号波形类型	
		正常□　异常□		CAN 波形	
检测通道		波形绘制			
检测工况	□ON　□怠速/上电				
每格电压					
最大信号电压值					
周期					
波形判断	□正常　□异常				

298

自我测试

（1）简述车载收音机、音响常见的故障现象。

_____

_____

（2）试分析当CAN总线出现故障或数据异常，收音机、音响系统会出现什么故障。

_____

_____

（3）简述新能源汽车收音机、音响控制模块检测流程及技术要点。

_____

_____

拓展学习

让数字信号直接推动音响——汽车音响新技术

中国造车新势力高合汽车已安装全球首个可进化数字音响系统。作为全球首个可进化的数字音响系统，新系统采用其颤振平滑技术，最大程度还原数字音频的每一个声音细节；利用其隔间修复技术，优化车内音响环境，来提高音频的清晰度和解析度；利用上混技术，实现多通道的混音，创造环绕和沉浸式声音体验；数据驱动均衡和响度补偿技术则会根据车辆各种状态和外界环境，动态优化车内音响环境，对低频和高频进行适当的补偿，创造听觉盛宴。

从原理上来讲，数字音响技术首先是原声信号的数字化，其次才是音响设备的数字化。原声信号的数字化是将音频模拟信号转换成音频数字信号，进行传送或储存，然后将这些音频数码信息又还原成音频模拟信号，其间实行了两次转换，即模数转换A/D和数模转换D/A，现在一般由数字功率放大器完成。

而音响设备的数字化指的是为适应数字音频信号的传送或储存，对设备整体电路进行调整或改进，使之能够传递、储存或处理数字音频信号。数字音响技术具有高音质、高码速、高集成、低功耗等特点。有了数字音响的加持，汽车音响在音色、操作和防振等各方面均达到了较高的标准，不但能应付汽车在崎岖的道路上颠簸，保证性能的稳定和音质的完美，还能提升汽车的用户体验感。

任务 7.2

车载导航系统控制模块检测维修

任务引入

一客户的比亚迪秦 EV 轿车，在行驶的过程中，出现车载导航失效现象，经省级技能大师杨师傅综合诊断后，将问题锁定在车载导航系统控制模块的 CAN 总线故障上，请大家按作业规范使用专业诊断工具锁定具体故障点，对汽车音响线路进行检测维修。

学习目标

(1) 能理解并掌握导航系统控制模块插头端子的电阻、电压、线束导通性方法。
(2) 能理解并掌握导航系统控制模块相关数据流标准范围。
(3) 能理解并掌握导航系统控制模块总线标准波形图。
(4) 能理解并掌握导航系统控制模块插头的断开和插接方法、线束的检查与修复方法。
(5) 能使用示波器检测并分析导航系统控制模块的总线波形。

素质目标

(1) 通过学习、使用维修手册与国家标准规范资料，强化职业规范。
(2) 增强团队合作意识，合理分工、高效合作，提升集体荣誉感。
(3) 培养严谨细致的工匠精神和善于探索的创新意识。

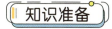

7.2.1 新能源汽车导航系统

车载导航系统就是车载导航的信号接收及处理系统。该系统通过卫星定位系统天线，接受来自环绕地球的若干人造卫星传来的数据信息，经计测速度回传仪对车速的计算，解析出目前自己所处位置的数据，结合储存在车载导航仪内的电子地图，通过卫星信号确定的位置坐标与此相匹配，进行确定汽车在电子地图中的准确位置，最终在显示屏中显示车辆所处的位置、周围的道路交通路况、到达目的地的最佳路线以及通常情况下所需的时间。目前，随着计算机技术的快速发展，该系统可通过人工智能技术模仿人的声音，实现直接交流，及时地给驾驶者提供语音提示和路况更新。

汽车导航系统大多由两部分组成：一部分由安装在汽车内的卫星定位系统接收机和显示设备组成；另一部分由计算机控制中心组成。这两部分通过定位卫星进行联系。计算机控制中心是由机动车管理部门授权和组建的，它负责随时观察辖区内指定监控的汽车的动态和交通情况，因此整个汽车导航系统有两大基本功能：一个是汽车踪迹监控功能，只要将已编码的卫星定位系统接收装置安装在汽车上，该汽车无论行驶到任何地方都可以通过计算机控制中心的电子地图指示出它所在的方位；另一个是驾驶指南功能，车主可以将各个地区的交通线路电子图存储在软盘上，只要在车内接收装置中插入软盘，显示屏上就会立即显示出该车所在地区的位置及目前的交通状态，既可输入要去的目的地，预先编制出最佳行驶路线，又可接受计算机控制中心的指令，选择汽车行驶的路线和方向。

从应用的角度，汽车导航系统可分为两类。第一种是汽车拥有独立的导航装置，可以进行自主导航。第二种是公众信息服务性质的车辆定位跟踪、监控系统。它由车载卫星定位系统接收部分和监控中心卫星定位系统定位导航部分组成，使用专线或公共网络进行通信，为行驶的车辆提供导航信息、跟踪调度、保全防盗、信息查询与救援等项服务。

车载导航系统利用无线技术，接收车载 GPS 传送过来的信号，这样，车载系统只需要接收和处理卫星信号，显示装置则负责地图的存储和位置的重叠。一套功能完整的导航系统通常由以下功能模块组成，如图 7-7 所示。

各功能模块简要概述如下：

（1）导航电子地图数据库。这是车载导航系统必不可少的组成部分，它包含以预定格式存储的数字化导航地图，为系统提供诸如地理特征、道路位置及坐标、交通规则、基础设施等多种重要信息。

（2）地理信息系统引擎。地理信息引擎是操作和查询电子地图数据库的接口，提供

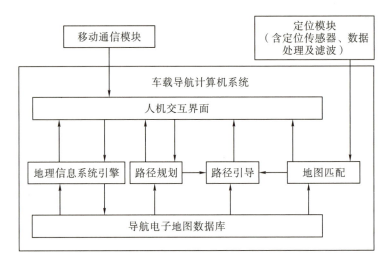

图 7-7 车载导航系统原理框图

电子地图的显示、浏览、动态刷新、缩放等功能和相关的信息检索与查询服务。

(3)定位模块。由定位传感器和数据处理电路组成,功能是提供实时、连续的车辆位置估计,以使系统能够正确辨别车辆当前的行驶路段和正在接近的交叉路口。

(4)地图匹配模块。将定位模块输出的位置估计与地图数据库提供的道路位置信息进行比较,并通过适当的模式匹配和识别过程确定车辆当前的行驶路段以及在路段中的准确位置。如果数字地图具有较高的位置坐标精度,这一技术将极大地改善系统的整体定位精度,并为实现路径引导提供可靠依据。

(5)路径规划。路径规划是帮助车辆驾驶员在旅行前或途中选择合适的出行路线的过程,通常是依据电子地图中的交通路网信息,提供从车辆当前位置到目的地之间总旅行代价最小的路线供用户参考。在进行路径规划时还从无线通信网络(4G/3G 网络)中获取实时的交通信息,以便对道路交通状况的变化做出及时反应。

(6)路径引导。路径引导是帮助驾驶员沿预定路线行驶从而顺利到达目的地的过程,它根据地图数据库中的道路信息和由定位模块及地图匹配模块提供的当前车辆位置产生适当的实时驾驶指令。

(7)移动通信模块。移动通信模块能够进一步增强车载导航系统的功能。通过移动通信网络(目前有多达 12 种不同的技术),车辆及其使用者和交通管理系统之间能够互相交换实时交通信息,使车载系统和公路网络工作得更加安全和有效。

(8)人机交互界面。人机交互界面提供用户与车载计算机系统间的交互接口,用户通过它将地图显示、信息查询、路径规划等操作指令输入到计算机系统,计算机系统也通过它将以数字地图为背景的车辆位置、最优路径规划结果、实时驾驶引导指令等用户需要的信息以语音提示、可视图形等多媒体方式返回。

除定位和无线通信模块外,其他功能模块都必须以车载导航计算机系统为硬件平台、借助应用软件来实现。另外，车载计算机系统也是包括定位和通信装置在内的所有车载设备的控制平台。

7.2.2　新能源汽车导航系统控制模块的功能与元件

以比亚迪秦 EV 为例，其导航系统的组成部件与传统汽车大致相同。其导航系统由车载终端和天线组成，如图 7-8 所示，位于后排座椅后方与行李箱中。车载终端主要作用是数据通信，采集整车 CAN 信息并通过 3G 模块上传服务器，为车主提供车辆轨迹、车辆状态服务等。包含数据通信、GPS 全球定位、3G 三个部分内容。

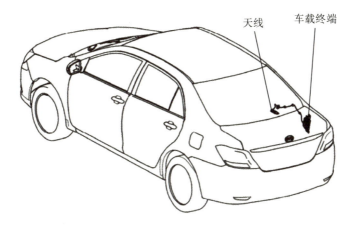

图 7-8　比亚迪秦 EV 导航系统组成

比亚迪秦 EV 导航控制模块的线束插接件 K58 如图 7-9 所示。

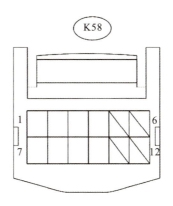

图 7-9　比亚迪秦 EV 导航控制模块的线束插接件

比亚迪秦 EV 导航模块插接件端子定义如表 7-6 所示。

新能源汽车网关控制娱乐**系统技术**

表 7-6 比亚迪秦 EV 导航模块插接件端子定义

针脚	端子描述	针脚	端子描述
K58-1	舒适网 CAN-H	K58-2	舒适网 CAN-L
K58-3	动力网 CAN-H	K58-4	动力网 CAN-L
K58-8	接地	K58-10	电源

7.2.3 新能源汽车导航系统控制模块的检测维修

1. 检测导航系统控制模块动力网总线的终端电阻

以比亚迪秦 EV 为例，断开蓄电池负极，断开导航系统控制模块插接件 K58。查询维修手册中控制单元针脚的定义，电动转向控制模块 CAN-H 端子为 K58-1 号端子，CAN-L 端子为 K58-2 号端子。万用表校零后，测量控制模块端子 K58-1 与 K58-2 之间的电阻值。测量值为导航系统控制模块的终端电阻。单个 CAN 模块终端标准电阻：120 Ω，整个网络终端电阻：60 Ω。

2. 检测导航系统控制模块电源和搭铁端子电压

导航系统控制模块的供电与搭铁是保证控制模块能够正常工作的基础，检测控制模块供电端子和搭铁端子的电压，可以分析控制模块供电线路是否正常、搭铁线路是否正常。以比亚迪秦 EV 导航系统控制模块为例，首先要查询维修手册中控制单元针脚的定义，电源输入端子为 K58-10 号端子，接地端子为 K58-8 号端子。上至 ON 挡电，使用背插法，万用表探针测量 K58-10 号端子与车身搭铁之间的电压，电压值为额定电压时代表供电线路正常，反之则反向检查供电线路，标准电压值为 11~14 V；测量 K58-8 号接地端子与车身搭铁之间的电压，电压值为额定电压时代表搭铁线路正常，接地端电压值应小于 1 V。

3. 检测导航系统控制模块与电子元件或控制模块之间线束的导通性

以比亚迪秦 EV 为例，首先要断开蓄电池负极，断开导航系统控制模块相关低压线束插头，查询维修手册中控制单元针脚的定义，选择线束两端的端子进行测试，触发鸣叫即代表该段线束导通。表 7-7 为制动系统控制模块与电子元件之间部分信号线束的端子定义。

表 7-7 比亚迪秦 EV 导航系统控制模块端子部分线束针脚定义

线束名称	导航系统控制模块针脚	对应电子元件针脚	对应电子元件名称
舒适网 CAN-H 线	K58-1	K2G-7	配电盒
舒适网 CAN-L 线	K58-2	K2G-19	配电盒

续表

线束名称	导航系统控制模块针脚	对应电子元件针脚	对应电子元件名称
动力网 CAN-H 线	K58-3	G08(C)-4	仪表短接器
动力网 CAN-L 线	K58-4	G08(C)-14	仪表短接器
控制模块供电线	K58-10	G2I-35	配电盒
控制模块接地线	K58-8	接地	接地

4. 检测车载导航系统控制模块的 CAN-H 线和 CAN-L 线的电压与波形

(1) 使用万用表测量车载导航系统控制模块的 CAN-H 线和 CAN-L 线的电压。查询维修手册中控制单元针脚的定义,导航系统控制模块舒适网 CAN-H 线为 K58-1 号端子,模块舒适网 CAN-L 线为 K58-2 号端子;模块动力网 CAN-H 线为 K58-3 号端子,模块动力网 CAN-L 线为 K58-4 号端子。使用万用表电压挡测量两端子,红表笔接端子针脚,黑表笔车身搭铁,高线标准整车通信电压为 2.5～3.5 V,低线标准整车通信电压为 1.5～2.5 V。万用表的显示值只能反映被测信号的主体信号电压值,不能反映被测信号的每个细节。

(2) 使用示波器测量车载导航系统控制模块 CAN-H 线和 CAN-L 线的波形。通道 CH1 测量 CAN-H 线,通道 CH2 测量 CAN-L 线。CAN-H 线的高电平是 3.6 V,低电平是 2.5 V,电压差为 1.1 V。CAN-L 线的高电平是 2.5 V,低电平是 1.4 V,电压差为 1.1 V。控制模块 CAN-H 线信号在总线空闲时的电压为 2.5 V,总线上的信号传输时总线上的电压值在 2.5 V 和 3.6 V 之间变换,控制模块 CAN-L 线信号在总线空闲时的电压为 2.5 V,总线上的信号传输时总线上的电压值在 2.5 V 和 1.4 V 之间变换。正常情况下,整车上电后,CAN-H 线和 CAN-L 线应该在额定电压范围对称性地显示信号波形。

任务实施

1. 作业说明

造成比亚迪秦 EV 车载导航控制模块出现故障的可能原因是线束端子接触不良、控制模块短接、CAN 总线故障等。需通过插接件测量,测量车载导航控制模块终端电阻、电源和搭铁端子电压、模块和电子元件间线束的导通性和 CAN 总线电压、波形分析来消除故障。本作业是在做好车辆准备及个人防护,安装警示装置和车内护件的基础上进行。

2. 技术标准与要求

项目	内容
CAN 模块终端标准电阻	
整个网络终端电阻	
车载导航控制模块供电端电压	
车载导航控制模块搭铁端子电压	
车载导航控制模块 CAN-H 端子电压	
车载导航控制模块 CAN-L 端子电压	
车载导航控制模块 CAN 总线的波形范围	

注：请学员查阅维修资料后填写。

3. 设备器材

（1）设备。

（2）工具。

（3）资料与耗材。

注：请学员根据场地实际设备器材填写。

4. 作业流程

（1）做好车辆准备及个人防护，安装警示装置，安装车内车外保护件。

（2）读取和清除车载导航控制模块相关故障码并读取数据流。

（3）查询维修手册中控制单元针脚的定义以及车载导航控制模块位置，按照维修手册上的要求拆卸车身或车内饰附件，查询端子信息与标准阻值，按照维修要求拆卸控制模块插接件。

（4）检测车载导航控制模块插头端子的电阻。

（5）检测车载导航控制模块电源和搭铁端子电压。

（6）检测车载导航控制模块与电子元件或控制模块之间线束的导通性。

（7）检测车载导航控制模块与电子元件之间的供电电压。

（8）检测车载导航控制控制模块的 CAN-H 和 CAN-L 的电压与波形。

（9）作业完成后按照 7S 管理标准，整理工具和场地。

5. 填写考核工单

一、车辆信息记录（结合具体车型答题）					
品牌		整车型号		生产日期	
发动机型号		驱动电机型号		工作电压	
车辆识别码				行驶里程	
二、进行车载导航系统故障诊断、记录故障现象、相关信息及诊断过程（结合具体车型答题）					
故障现象					
故障码					
数据流					
相关电路图位置 （记录所查询的电路图在维修手册的位置）					
可能故障原因分析：□元件本体　□电路线束　□模块 ECU　□其他_____					
检测项目		检测结果		判断	
				正常□　异常□	
				正常□　异常□	
				正常□　异常□	
				正常□　异常□	
故障说明					
故障点确认： 故障机理分析：					
三、车载导航系统信号针脚波形检测（读取到波形后需考官确认）					
波形采集插接器代号/针脚		电路图页码	与控制模块 针脚是否导通	信号波形类型	
			正常□　异常□	CAN 波形	
检测通道			波形绘制		
检测工况	□ON　□怠速/上电				
每格电压					
最大信号电压值					
周期					
波形判断	□正常　□异常				

新能源汽车网关控制娱乐**系统技术**

自我测试

（1）简述车载导航控制常见的故障现象。

（2）试分析当 CAN 总线出现故障或数据异常，车载导航系统会出现什么故障。

（3）简述新能源汽车车载导航控制模块检测流程及技术要点。

拓展学习

车道级导航更懂中国路——汽车导航新趋势

车道级导航是指应用北斗系统亚米级的高精度定位技术，结合参考站修正信息，经过融合和解算后，实现定位精度从 5~10 m 的道路级，进化到 1 m 以内的车道级别，从而实现更精细的引导服务。车道级导航的关键技术之一就是高精度定位。

目前，比较成熟的卫星定位系统有 GPS、GLONASS、Galileo 和 BDS，但是，单纯依赖卫星单点定位其定位精度最高都只能达到米级，实际定位结果往往偏离真实位置数米到十几米，远远不能满足车道级导航的精度要求。要实现车载导航设备的实时高精度定位，就必须借助其他方法对车载导航设备的卫星定位数据进行改正，通过误差改正提高定位精度。

比较常用的一种方法是差分改正，通过差分解算消除或减少误差，使其达到车道级导航的亚米级定位精度要求。北斗地基增强系统是一种结合地理信息技术、计算机技术、通信技术等形成的高科技综合应用系统，其主要功能是实现定位、导航服务，即利用卫星定位系统提供的位置、速度、时间等信息，完成对各种目标的定位、导航以及监测和管理服务。基于北斗地基增强的差分算法，可以用最少的地基增强站点，获得最高精度的定位信息。

作为我国自主建设、独立运行的卫星导航系统，北斗系统能为全球用户提供全天候、全天时、高精度的定位、导航和授时服务，是国家极为重要的时空基础设施。自 2000 年第一颗"北斗一号"实验导航卫星升空，至 2020 年"北斗三号"全球组网成功，解决了我国车辆高精度定位和车道级地图制作的难题，使我国摆脱了目前市面上的车辆监控和导航类产品依赖美国的 GPS 导航的时代。

任务 7.3

车载电话控制模块检测维修

任务引入

一客户的比亚迪秦EV轿车最近出现车载电话无法连接的问题，经省级技能大师综合诊断后，将问题锁定在多媒体主机控制模块上，需对故障进行详细排查，必要时需要对元件进行更换。

学习目标

(1) 正确描述车载电话系统的功能和组成。
(2) 正确描述车载电话系统的工作原理。
(3) 学会查看车载电话系统的电路图。
(4) 能使用诊断仪读取车载电话控制模块故障码、数据流，并执行动作测试。
(5) 掌握车载电话控制模块插头端子的电阻、电压、线束导通性方法。

素质目标

(1) 培养自主学习能力。
(2) 培养精益求精的车辆诊断与维修理念。

知识准备

7.3.1 新能源汽车车载电话系统概述

7.3.1.1 新能源汽车车载电话系统的类型

1. SIM卡插在车载电话控制模块内

这种模式的车载电话系统中，SIM卡可以插在电话控制单元内也可以插在手持话机内。免提模式和隐私模式都可以选择，通过车载天线接收通信信息，如图7-10所示。

图7-10　SIM卡插在车载电话控制模块内

2. 带有SIM卡接入模式的蓝牙车载电话

这种模式的车载电话系统，SIM无法在电话模块上插入，但可以通过蓝牙SAP相关协议将SIM卡所有信息读入电话模块内。在信息娱乐主功能菜单和手机上都可以操作电话，通过车载电话天线接收相关信息。此时手机耗电量很低，仅需支持蓝牙通信所需电量即可，如图7-11所示。

3. 蓝牙免提手机免提系统

此模式下使用手机本身的天线接收相关信息，电话控制单元仅相当于手机的麦克风和扬声器。可以使用车载信息娱乐控制单元拨打电话，如图7-12所示。

4. 车载互联网

装配该功能的车辆将上网用的数据SIM卡插入电话模块内，来实现在线帮助（比如救援）、互联网服务和创建车载WLAN热点。此配置的车辆由于电话模块内已插入上网用的SIM卡，所以电话功能就通过远程SIM卡接入或是蓝牙免提接入。

目前的车载电话系统大部分采用上述第三种方式。

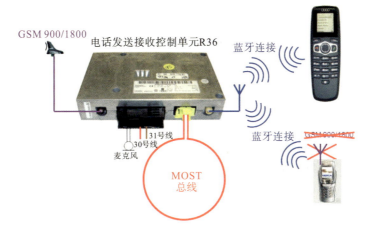

图 7-11 带有 SIM 卡接入模式(SAP)的蓝牙车载电话

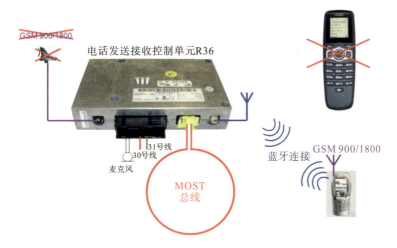

图 7-12 蓝牙免提手机免提系统

7.3.1.2 车载蓝牙电话系统的功能与组成

1. 功能

车载蓝牙电话可以保证良好的通话效果,并支持任何厂家生产的内置蓝牙模块的手机。车载蓝牙电话系统包括以下主要功能:

(1) 自动辨识移动电话,不需要电缆或电话托架便可与手机联机。
(2) 驾驶人不需要触碰手机便可控制手机,用语音指令控制接听或拨打电话。
(3) 驾驶人可以通过车上的音响或蓝牙无线耳麦进行电话通信。

2. 组成

图 7-13 所示为宝马某车型的电话系统示意图,图中 8 为适配装置,可将电话放置

在其中,用以接收外部的电话信号;7为蓝牙天线,用以在电话和控制单元之间的信息传递,麦克风可将乘客或驾驶员的语音信号送入控制单元,再通过蓝牙送到电话,再通过天线向外传送。

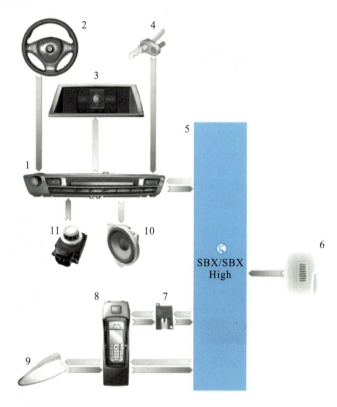

1—主控单元;2—多功能转向盘;3—中央信息显示屏;4—车轮转速传感器;5—接口盒或高级接口盒;6—车顶功能中心内的话筒;7—蓝牙天线;8—插有移动电话的卡扣式适配装置;9—车顶天线(移动电话);10—音响扬声器;11—控制器。

图7-13 宝马某车型电话系统示意图

7.3.2 新能源汽车车载电话系统故障诊断分析

车载电话系统在售后中故障率极低,当现故障时可通过替换方式来确定当前SIM卡是否正常、然后可以将不同电话接入车载电话系统内来判断是手机话机故障还是电话模块故障。

如果不是SIM卡故障,则按照如下诊断流程进行故障排除。

(1)做好安全防护,清洁工具。

(2)检查蓄电池电压。标准电压值:11~14 V,如果电压值低于11 V,在下一步之前请检查电控故障或进行充电亦可更换蓄电池。

(3)参考故障诊断表。

(4)如果现象不在故障诊断表中，则进行全面分析与诊断。如果现象在故障诊断表中，则调整，维修或更换。

(5)确认测试。

(6)维修结束。

任务实施

1. 作业说明

比亚迪秦车载电话无法链接的故障原因可能是线束端子接触不良、控制模块故障等。需通过对插接件、多媒体系统控制模块及电子元件间线束的导通性测量及分析来排除故障。本作业是在整车未断电的情况下进行，所以务必严格遵循比亚迪厂家维修工艺要求，做好安全防护。

2. 技术标准与要求

项目	内容
车载电话系统控制模块网络终端电阻标准	
CAN-H 端子工作电压	
CAN-L 端子工作电压	

注：请学员查阅维修资料后填写。

3. 设备器材

(1)设备与零件总成。

_____

_____

(2)常用工具。

_____

_____

(3)耗材及其他。

_____

_____

注：请学员根据场地实际设备器材填写。

4. 作业流程

(1) 读取和清除车载电话系统控制模块相关故障码并读取数据流。

(2) 查询维修手册中控制单元针脚的定义以及车载电话系统控制模块的位置，按照维修手册上的要求拆卸车身或车内饰附件，查询端子信息与标准阻值，按照维修要求拆卸控制模块插接件。

(3) 检测控制模块插头端子的电阻。

(4) 检测控制模块电源和搭铁端子电压。

(5) 检测控制模块与电子元件或控制模块之间线束的导通性。

(6) 检测控制模块与电子元件之间的供电电压。

(7) 检测控制模块 CAN-H 和 CAN-L 的电压与波形。

5. 填写考核工单

一、查询并记录车辆信息								
品牌		整车型号		生产日期		行驶里程		驱动电机型号	
额定功率		动力电池额定电压		额定容量		车辆识别码			

二、进行控制模块故障诊断、记录故障现象、相关信息及诊断过程

1. 读取和清除车载电话系统控制模块相关故障码，记录并判断

故障代码	故障描述	临时故障	永久故障
		□	□
		□	□
		□	□
		□	□

2. 读取车载电话系统控制模块相关数据流，记录并判断

参数名称	参数值	单位	判定
			正常□　异常□
			正常□　异常□
			正常□　异常□
			正常□　异常□

三、查询电路、记录控制模块有关端子信息

元件名称	针脚	线束颜色/导线编码	线束说明
控制模块			□信号线　□接地线　□供电线
			□信号线　□接地线　□供电线
			□信号线　□接地线　□供电线
			□信号线　□接地线　□供电线
			□信号线　□接地线　□供电线

四、控制模块故障原因分析
可能故障原因分析　□元件本体　□电路线束　□模块ECU　□其他_____

续表

五、检测控制模块插头端子的电阻		
项目	检查结果	结果判断
控制模块终端电阻		正常□ 异常□

六、检测控制模块的供电线路和搭铁线路		
项目	检查结果	结果判断
控制模块电源端子与车身搭铁之间的电压		正常□ 异常□
控制模块电源端子与蓄电池负极之间的电压		正常□ 异常□
控制模块搭铁端子与车身搭铁之间的电压		正常□ 异常□
控制模块搭铁端子与蓄电池负极之间的电压		正常□ 异常□

七、检测控制模块与电子元件或控制模块之间线束的导通性		
项目	检查结果	结果判断
		正常□ 异常□
		正常□ 异常□
		正常□ 异常□
		正常□ 异常□

八、检测控制模块CAN总线接口CAN-H和CAN-L电压与波形		
项目	检查结果	结果判断
检查控制模块CAN-H的电压		正常□ 异常□
检查控制模块CAN-L的电压		正常□ 异常□
测量控制模块CAN-H和CAN-L的波形		正常□ 异常□

自我测试

(1) 说明车载电话系统包含哪些元件。

(2) 分析车载电话系统 CAN 总线网线短路故障对系统的影响。

(3) 简述新能源汽车车载电话系统中蓝牙通话的工作过程。

拓展学习

V2V 技术——为生命安全保驾护航

车对车(vehicle-to-vehicle communication，V2V)通信使车辆能够无线交换有关其速度、位置和航向的信息，就像两个行走的人，在狭窄的十字路口相遇，如果你低头看手机，就容易碰到一起，但如果正常行走，打声招呼，就可以避免碰撞。

V2V 通信就是将车辆"拟人化"，其背后的技术允许车辆广播和接收全方位消息(每秒最多 10 次)，从而对附近的其他车辆产生 360 度"感知"。通过配套软件，可以确定潜在的碰撞威胁。当两台车通信后，出现碰撞的危险，车辆就可以使用视觉、触觉和听觉警报来警告驾驶者，这些警报使驾驶员能够采取措施避免撞车。

带有 V2V 的车辆将形成网状网络，专用短程通信(DSRC)是 ISO 等组织提出的一项技术。类似于 Wi-Fi，因为它的工作频率为 5.9 GHz，范围约为 300 m，相当于在高速公路上行驶 10 s，这 10 s 的时间可以告知危险，避免碰撞。

由于网格上最多有 10 个"跳跃"，V2V 系统的可见性可以延伸到大约 1.6 km，也就是说，这 1.6 km 范围内的车辆可以互相对话通信，减少交通事故的发生。尤其在雨雪或者大雾天气，当你看不清前方路况时，最容易出现追尾等情况，如果两台车都有 V2V，就可以实现 300 m 范围内的对话，提前告知位置等，即使你不会做出反应，车辆自带的主动刹车也可以完成急停。

目前大多数车辆的防撞系统采用雷达和摄像头检测碰撞威胁，但车辆之间没有任何联系，就像你在跑步，另一个跑步的人从对面冲了过来，你发现了对方，但是对方没有发现你，短距离内很难避开，V2V则是两人在远处就会互相打招呼，结合雷达和摄像头，将事故发生率降到最低。

V2V通信技术是未来的发展方向，据统计，去年全球大约有680万起带有报告的车祸，造成超过3万人死亡，270万人受伤，而V2V可以减少事故，挽救无数人的生命。

任务 7.4

人机交互系统控制模块检测维修

任务引入

一客户的比亚迪秦 EV 轿车最近出现语音无法输入的问题，经维修技师初步诊断后，将问题锁定在人机交互系统控制模块以及麦克风至控制模块电路的问题上，需对故障进行逐一排查，必要时需对元件进行更换。

学习目标

（1）正确描述人机交互系统的功能和组成。
（2）学会查看人机交互系统的电路图。
（3）能使用诊断仪读取人机交互控制模块故障码、数据流。
（4）掌握人机交互控制模块插头端子的电阻、电压、线束导通性方法。

素质目标

（1）培养自主学习能力。
（2）通过维修手册与标准规范资料的查询，提升规范意识。

知识准备

7.4.1 新能源汽车人机交互系统概述

人机交互系统是信息化技术发展的产物，该系统实现了人与车之间的对话功能。车主可通过该系统，轻松把握车辆状态信息（车速、里程、当前位置、车辆保养信息等）、路况信息、定速巡航设置、蓝牙免提设置、空调及音响的设置。

目前，大多数汽车企业都推出人机交互系统，交互方式基本以触摸显示屏、物理按键、物理旋钮、语音控制等方式为主。基于各厂家的不同设计理念，控制方式、操作流程和控制区的设计各有特色，部分厂家支持后台人工远程控制和售后支持等深度服务，国内外部分汽车人机交互系统如表7-8所示。

表7-8 国内外部分汽车人机交互系统

人机交互系统	应用车企
iDrive 系统	宝马
COMAND 系统	奔驰
MMI 系统	奥迪
安吉星系统	通用汽车、上汽集团、上海通用汽车
MyFordTouch 系统	福特
SENSUS 系统	沃尔沃
CARWINGS 系统	日产
G-book 系统	丰田
inkaNet 系统	荣威
DiLink 智能网联系统	比亚迪
MMCS 系统	三菱
CF-Net 系统	马自达
D-Partner 车联网系统	中国一汽

1. 人机交互系统的主要组成

随着新能源汽车智能网联技术的发展，目前的人机交互相比之前，无论是从硬件和软件方面都有了巨大的提升，同时也让用户的使用越来越便捷。以第四代自然交互与通信为例，人机交互系统主要包含以下子系统。

(1)多模态输入/输出。多模态输入包括键盘、鼠标、文字、语音、手势、表情、注视等多种输入方式。多模态输出包括文字、图形、语音、手势、表情等多种交互信息。

(2)视觉获取。视觉系统主要用于实时获取外部视觉信息。

(3)视觉合成。使人机交互能够在一个仿真或虚拟的环境中进行，仿佛现实世界中人与人之间的交互。

(4)对话系统。主要由两种研究趋势，一种以语音为主，另一种从某一特定任务域入手，引入对话管理概念，建立类似于人与人对话的人机对话。可通过该系统，轻松把握状态信息。

（5）知识处理。自动提取有组织的、可为人们利用的知识。

（6）智能接口代理。智能接口代理为实现人与计算机交互的媒介。

（7）Internet 信息服务。扮演信息交流媒介的角色。

2. 人机交互系统的功能

该系统的主要功能为多模感知功能、智能代理交互功能、知识处理功能、可视化显示功能。

7.4.2 新能源汽车人机交互系统控制模块简介

以比亚迪秦 EV 汽车为例，其人机交互系统集成于多媒体系统中，通过 CAN 总线与动力网总线连接。比亚迪秦 EV 汽车的人机交互功能的交互操控装置主要是语音、多媒体触摸屏、多功能方向盘按键。比亚迪秦 EV 多媒体界面如图 7-14 所示。

比亚迪秦 EV 汽车的人机交互系统采用滑动触摸屏，共有五个界面可切换。它包含仪表显示、日程显示、天气显示、车队管理、应用下载、仪表设置、空调设置、系统设置、车辆设置、音响设置等功能。

图 7-14　比亚迪秦 EV 多媒体界面

比亚迪秦 EV 汽车的非低配版人机交互系统控制模块的线束插接件 G29、G30 如图 7-15 所示。

比亚迪秦 EV（非低配）人机交互系统控制模块插接件端子定义如表 7-9 所示。

表 7-9　比亚迪秦 EV（非低配）人机交互系统控制模块接插件部分端子定义

针脚	端子描述	针脚	端子描述
G29-16	ACC 电源	G29-17	常电电源
G29-18	常电电源	G29-5	接地
G29-25	接地	G29-26	CAN-L
G29-27	CAN-L	G29-28	CAN-L

续表

针脚	端子描述	针脚	端子描述
G29-6	CAN-H	G29-7	CAN-H
G29-8	CAN-H	G30-10	语音识别麦克风信号-
G30-10	语音识别麦克风信号+	G30-12	蓝牙麦克风输入+
G30-28	蓝牙麦克风输入-		

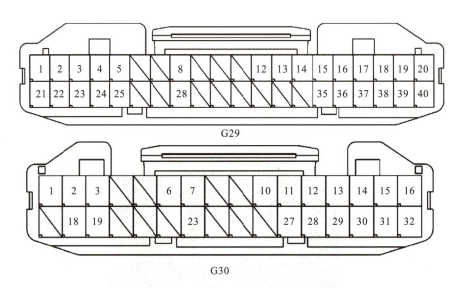

图 7-15　比亚迪秦 EV(非低配)人机交互系统控制模块的线束插接件 G29、G30

7.4.3　新能源汽车人机交互系统控制模块检修

1. 检测控制模块 CAN 网络的终端电阻

断开蓄电池负极，断开控制模块插接件。查询维修手册中控制模块 CAN-H 端子与 CAN-L 端子。CAN-H 与 CAN-L 端子之间的电阻应为 60 Ω。

2. 检测控制模块电源和搭铁端子电压

检测控制模块供电端子和搭铁端子的电压，可以分析控制模块供电线路是否正常、搭铁线路是否正常。首先要查询维修手册中控制模块电源和搭铁端子的针脚定义，上至 ACC 挡电，使用背插法，用万用表探针测量电源端子与车身搭铁之间的电压，电压值为额定电压时代表供电线路正常，反之则反向检查供电线路。用万用表测量接地端子与车身搭铁之间的电压，电压值为额定电压时代表搭铁线路正常，接地端电压值应小于 1 V。

3. 检测控制模块 CAN-H 线与 CAN-L 线的电压与波形

使用万用表测量人机交互系统控制模块 CAN-H 线与 CAN-L 线的电压。查询维修手册中控制单元针脚的定义，使用万用表电压挡测量 CAN-H 端子、CAN-L 端子，红表笔接端子针脚，黑表笔车身搭铁，CAN-H 线标准整车通信电压为 2.5~3.5 V，CAN-L 线标准整车通信电压为 1.5~2.5 V。万用表的显示值只能反映被测信号的主体信号电压值，不能反映被测信号的细节。

使用示波器功能测量人机交互系统控制模块 CAN-H 线与 CAN-L 线的波形，示波器通道 CH1 测量 CAN-H 线，通道 CH2 测量 CAN-L 线。CAN-H 线的高电平是 3.6 V，低电平是 2.5 V，电压差为 1.1 V。CAN-L 线的高电平是 2.5 V，低电平是 1.4 V，电压差为 1.1 V。控制模块 CAN-H 线信号在总线空闲时的电压为 2.5 V，总线上的信号传输时总线上的电压值在 2.5 V 和 3.6 V 之间变换，控制模块 CAN-L 线信号在总线空闲时的电压为 2.5 V，总线上的信号传输时总线上的电压值在 2.5 V 和 1.4 V 之间变换。正常情况下，整车上电后，CAN-H 线和 CAN-L 线应该在额定电压范围对称性地显示信号波形。

任务实施

1. 作业说明

比亚迪秦 EV 汽车语音无法输入的故障原因是线束端子接触不良、控制模块故障、CAN 总线故障等。需通过插接件测量，测量人机交互系统控制模块终端电阻、电源和搭铁端子电压、模块和电子元件间线束的导通性和 CAN 总线电压、波形分析来消除故障。本作业是在做好车辆准备及个人防护，安装警示装置和车内护件的基础上进行的。

2. 技术标准与要求

项目	内容
人机交互系统控制模块网络终端电阻标准	
CAN-H 端子工作电压	
CAN-L 端子工作电压	

注：请学员查阅维修资料后填写。

3. 设备器材

(1) 设备与零件总成。

(2)常用工具。

_____

_____

(3)耗材及其他。

_____

_____

注：请学员根据场地实际设备器材填写。

4. 作业流程

(1)读取和清除人机交互系统控制模块相关故障码并读取数据流。

(2)查询维修手册中控制单元针脚的定义以及人机交互系统控制模块位置，按照维修手册的要求拆卸车身或车内饰附件，查询端子信息与标准阻值，按照维修要求拆卸控制模块插接件。

(3)检测控制模块终端电阻。

(4)检测控制模块电源和搭铁端子电压。

(5)检测控制模块与电子元件或控制模块之间线束的导通性。

(6)检测控制模块与电子元件之间的供电电压。

(7)检测控制模块 CAN-H 和 CAN-L 的电压与波形。

5. 填写考核工单

一、查询并记录车辆信息							
品牌		整车型号		生产日期		行驶里程	驱动电机型号
额定功率		动力电池额定电压		额定容量		车辆识别码	
二、进行控制模块故障诊断、记录故障现象、相关信息及诊断过程							
1. 读取和清除人机交互系统控制模块相关故障码，记录并判断							
故障代码		故障描述		临时故障		永久故障	
				□		□	
				□		□	
				□		□	
				□		□	
2. 读取人机交互系统控制模块相关数据流，记录并判断							
参数名称		参数值		单位		判定	
						正常□ 异常□	
						正常□ 异常□	
						正常□ 异常□	
						正常□ 异常□	
三、查询电路、记录控制模块有关端子信息							
元件名称		针脚		线束颜色/导线编码		线束说明	
控制模块						□信号线 □接地线 □供电线	
						□信号线 □接地线 □供电线	
						□信号线 □接地线 □供电线	
						□信号线 □接地线 □供电线	
						□信号线 □接地线 □供电线	
四、控制模块故障原因分析							
可能故障原因分析		□元件本体 □电路线束 □模块ECU □其他					

续表

五、检测控制模块插头端子的电阻		
项目	检查结果	结果判断
控制模块终端电阻		正常□ 异常□

六、检测控制模块的供电线路和搭铁线路		
项目	检查结果	结果判断
控制模块电源端子与车身搭铁之间的电压		正常□ 异常□
控制模块电源端子与车身搭铁之间的电压		正常□ 异常□
控制模块搭铁端子与蓄电池负极之间的电压		正常□ 异常□
控制模块搭铁端子与蓄电池负极之间的电压		正常□ 异常□

七、检测控制模块与电子元件或控制模块之间线束的导通性		
项目	检查结果	结果判断
		正常□ 异常□
		正常□ 异常□
		正常□ 异常□
		正常□ 异常□

八、检测控制模块CAN总线接口CAN-H和CAN-L电压与波形		
项目	检查结果	结果判断
检查控制模块CAN-H的电压		正常□ 异常□
检查控制模块CAN-L的电压		正常□ 异常□
测量控制模块CAN-H和CAN-L的波形		正常□ 异常□

自我测试

(1) 举例说明人机交互系统的主要厂家及功能特点(列举3个)。

_____

_____

(2) 试分析 CAN 总线 CAN-H 与 CAN-L 短路故障对人机交互系统的影响。

_____

_____

(3) 简述新能源汽车人机交互系统控制模块的检测流程及技术要点。

_____

_____

拓展学习

多模交互万物互联——人机交互系统发展新趋势

未来的汽车正在成为类似于智能手机一样的移动终端，汽车不再是简单的代步工具，在不久的将来，汽车更是生活的第三空间，在其自动驾驶期间，人类完全可以充分利用时间来做一些其他的事情，如办公、娱乐等。人机交互(Human Machine Interface，HMI)是确保用户理解和操作新技术的关键。近年来随着智能汽车的不断推出和技术升级，有人把人机交互设计未来的发展归纳出以下几大趋势。

(1) 无处不在的显示。智能汽车车载显示将会朝着大尺寸、高分辨率、创新的外形设计、多方位布局等方向发展，将不再仅仅局限于中央仪表盘等位置，而是朝着多方位、多维度方向发展。多维度、多显示设备的系统架构将成为未来汽车人机交互设计的重要发展方向。

(2) 个性化。个性化需求与定制一直都是各行各业用户所追求的趋势，千人千面，打造最懂你的智能汽车已然成为各大车企最为认可的基础开发逻辑。目前不少企业都推出了生物识别技术来为用户服务，如语音识别、面部识别、指纹解锁等技术。所以基于生物识别技术、感知技术的智能汽车人机交互方式仍然是未来智能汽车人机交互设计的发展方向之一。

(3) 多通道融合交互。多通道融合交互技术将人的多个感官有机融合在一起，与汽车形成交互行为，全面提升用户的驾驶体验。在用户驾驶汽车的时候，视觉仍占了接收信息内容的五分之四，视觉通道技术仍然是未来智能汽车人机交互设计的基础，再加之语音交互等技术,形成了未来多通道融合交互的发展趋势。

(4)智能情感交互。智能汽车人机交互设计未来的发展趋势将汽车从高智能的执行机器向高智商的情感机器人方向发展。随着智能技术的发展,利用机器学习以及深度学习等技术,未来的智能汽车将通过研究车主的行为方式来与车主进行交流,成为车主情感上的伙伴。除此之外,还会利用车联网技术、智能交通系统等,与周边环境、车辆等进行实时互动,达到智能情感的交互。

汽车 HMI 的设计,其最终目的在于为用户提供好的用户体验,增强用户的驾驶乐趣和驾驶过程中的操作体验。汽车 HMI 的设计最为不同的是其独特的环境,这个环境更加注重驾驶的安全性,这样使得 HMI 的设计必须在好的用户体验和安全之间做平衡,很大程度上安全始终是第一位的。因此,交互设计必须以驾驶任务为中心。更好的设计方案一定是尽量少地占用"手-眼"资源,智能座舱需要的终极交互方案,应该是车对人的主动式交互,即结合车外环境、车内视觉、语音识别、AR、触屏等多模态感知手段,将车辆打造成为人工智能管家,全方位提升车主体验。未来汽车 HMI 设计要学习用户的习惯,迎合使用需求,不断更新,通过简单易操作的交互方式,使信息传达更加准确、清晰、便捷、有力。

任务 7.5

车载多媒体系统控制模块检测维修

任务引入

某顾客的奥迪 e-tron 纯电动车最近出现多媒体交互系统打开时无法工作的情况。经维修技师初步分析认为，系统无法开机说明光纤系统中的个别控制单元无法正常工作，或各控制单元间的光纤出现了断路、破损等情况，使光纤环路不能形成回路，需对故障进行逐一排查，必要的时候需要对元件进行更换。

学习目标

（1）正确描述 MOST 总线的拓扑结构、组成及工作原理。
（2）能正确分析 MOST 总线系统的故障。
（3）能识读和分析 MOST 总线系统电路。
（4）掌握 MOST 总线电压和波形的检测方法。
（5）能用诊断仪读取和分析多媒体系统控制模块的相关数据流。
（6）能够具备资料搜集能力和学习能力。

素质目标

通过对新技术的学习，培养终身学习的习惯。

知识准备

7.5.1 新能源汽车多媒体系统概述

随着技术进步和人们对车辆的舒适性要求越来越高，新能源汽车上的车载多媒体系统配置也越来越丰富。奥迪的多媒体交互系统（multi media interface，MMI）于 2002 年首次在奥迪 A8 上推出。多年来，MMI 系统历经多次更新迭代。最新一代 MMI 信息娱乐系统是奥迪基于安卓平台专为国内用户开发的产物，于 2020 年推出，现已广泛应用于奥迪品牌旗下车型之中。2021 年 4 月 11 日正式上市的一汽-大众奥迪 e-tron 纯电动车型便搭载了该系统。

本任务以奥迪第三代 MMI 为例介绍了车载多媒体系统。为了在控制单元之间进行数据交换，第三代 MMI 系统采用了 MOST 总线。这种总线能实现非常高的数据传输率，可以满足传输音视频数据的需要。

7.5.2 MOST 总线的认知

1. MOST 总线系统的定义

MOST（media oriented systems transport）称为多媒体定向系统传输，它是媒体信息传送的网络标准，可高效传输音频、视频、数据包和控制数据。大部分车型的 MOST 网络通常使用光纤传输数据。MOST 总线具有超快速网络启动功能，终端用户可以即时访问车载信息娱乐系统。

2. MOST 总线特点

MOST 总线用光纤将音响装置、电视、全球定位系统以及电话等视频、音频和多媒体设备相互连接起来。MOST 总线按照速度的不同有 MOST25、MOST50、MOST150 三种规格，分别对应 25 Mb/s、50 Mb/s、150 Mb/s 三种不同的传输速率。目前主流车型，例如大众、沃尔沃、奥迪、奔驰等车型使用 MOST150 构架，最高速率可达 150 Mb/s。除了传输速度快之外，MOST 总线还具有无论是否有主控计算机都可以工作，支持声音和压缩图像的实时处理，支持数据的同步和异步传输，支持多种网络连接方式，不受电磁干扰等特点。

3. MOST 总线的结构组成

MOST 总线由光学传输控制单元和光导纤维组成，如图 7-16 所示。

光学传输控制单元由内部电源、发射接收机（光导纤维发射器）、MOST 发射接收机、标准微控制器（CPU）、电气插头等组成，其中光导纤维发射器（fiber optic transmitter，FOT）由一个发光二极管和一个光敏二极管构成。

① 发射接收机——光导纤维发射器（FOT）。由一个发光二极管和一个光敏二极管组成，发光二极管可以把 MOST 发射接收机中的电压信号转化为光信号发送出去。光敏二极管可以将接收到的光信号转化为电压信号后传递给 MOST 发射接收机。实现光电信号之间的转化。

② MOST 发射接收机。MOST 发射接收机由发射器和接收器两个部件组成。发射器将需要被发送的信息以电压信号传输到光线导体。接收器从光纤发射机接收电压信

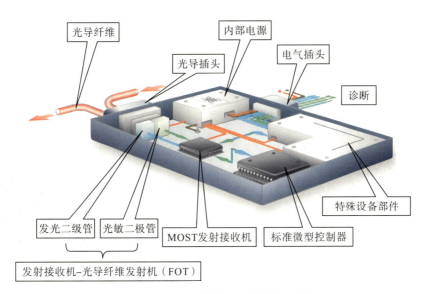

图 7-16　MOST 光学传输控制单元内部结构

号并将需要的数据继续导向控制单元的标准微型控制单元。

③电气插头。电气插头用于供电、环断路自诊断和输入/输出信号。

光导纤维（又称光缆）的作用是将在某一控制单元发射器内产生的光波传送到另一控制单元的接收器，如图 7-17 所示。光导纤维由几层构成，其结构如图 7-18 所示。

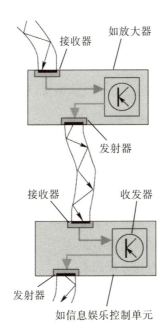

图 7-17　光导纤维

纤芯是光导纤维的核心部分，是光波的传输介质，也可以称为光波导线。纤芯一般用有机玻璃或塑料制成，纤芯内的光波根据全反射原理几乎无损失地传输。

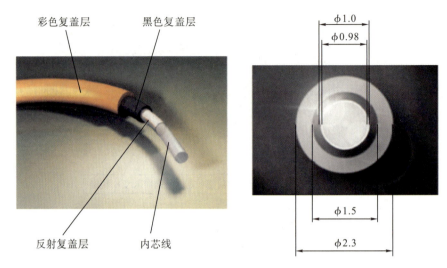

图 7-18　光导纤维的结构

4. MOST 总线工作原理

MOST 总线进行数据传输过程：各控制元件将电磁脉冲信号转化为光脉冲信号，传送到光纤上，而后相应的接收电脑又将光脉冲信号转换回电磁脉冲信号，完成数据传输和控制功能，如图 7-19 所示。

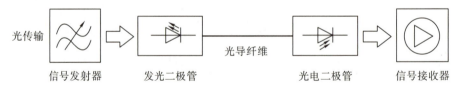

图 7-19　MOST 总线工作原理

5. MOST 总线拓扑结构

以奥迪第三代 MMI 为例，MOST 总线拓扑结构呈环形（图 7-20）。控制单元通过光导纤维沿环形方向将数据发送到下一个控制单元。这个过程一直在持续进行，直至首先发出数据的控制单元又接收到这些数据为止。可以通过数据总线自诊断接口和诊断 CAN 总线来对 MOST 系统进行故障诊断。

在 MOST 总线中，一个控制单元拥有两根光导纤维，一根光导纤维用于发射器，一根光导纤维用于接收器。在 MOST 控制单元中进行纯粹的光导纤维连接。每个终端设备（节点、控制单元）在一个具有环形结构的网络中通过光导纤维相互连接，如图 7-21 所示。音频、视频、控制等数据信息在环形总线上循环。

模块七
新能源汽车信息娱乐网关控制系统检测维修

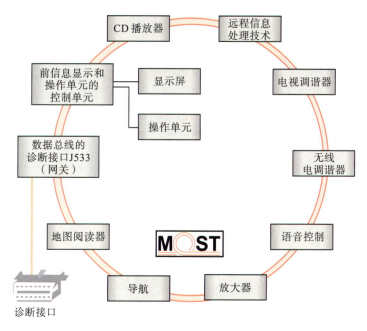

图 7-20　MOST 总线拓扑结构

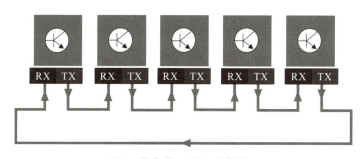

RX—接收器；TX—发射器。

图 7-21　信息在 MOST 环形网络中的传输

6. MOST 总线的工作状态

MOST 总线的工作状态包括 3 种模式：工作模式，休眠模式和备用模式。

①工作模式。当 MOST 总线系统处于通电工作模式时，控制单元完全接通，MOST 总线上有数据交换，用户可使用影音娱乐、通信、导航等所有功能，如图 7-22 所示。

②休眠模式。当系统处于休眠状态时，MOST 总线内没有数据交换，静态电流降至最小值，系统处于待命状态，只能由系统管理器发出的光波启动脉冲来激活，如图 7-23 所示。

③备用模式。当 MOST 总线系统处于备用模式时，无法为用户提供任何服务，不显示图像也不发出声音，但这时 MOST 总线系统仍在后台运行，如图 7-24 所示。

新能源汽车网关控制娱乐**系统技术**

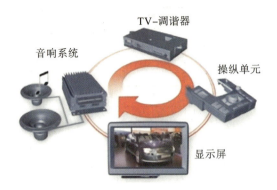

图 7-22　MOST 总线的工作模式

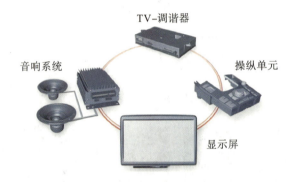

图 7-23　MOST 总线的休眠模式

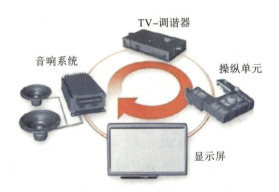

图 7-24　MOST 总线的备用模式

7.5.3　新能源汽车多媒体系统的故障诊断与检修

多媒体系统的故障可能出现在控制模块、插接件或者线束。控制模块或者插接件的检测方法与其他系统诊断思路类似,此处着重介绍 MOST 总线的诊断与检修方法。

在奥迪第三代 MMI 系统中采用 MOST150 系统,这里以奥迪 Q7 车型为例。如图

7-25 所示为奥迪 Q7 车型上的 MMI 系统诊断管理示意图。

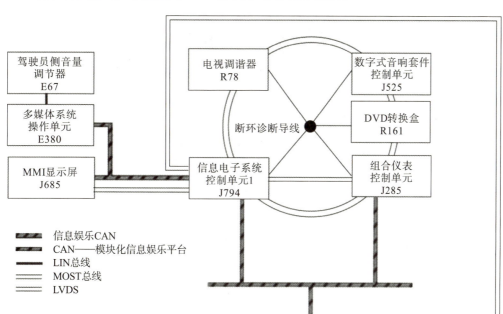

图 7-25 奥迪 Q7 MOST 诊断管理原理图

MMI 显示屏 J685 和操作单元 E380 通过一根专用的 CAN 总线与信息电子系统控制单元 1 J794 相连，这根 CAN 总线的速率为 500 kB/s。有了 MOST150 总线，可以通过光学数据总线直接传输电视调谐器 R78 或 DVD 转换盒 R161 的视频图像，不再像之前使用 MOST25 的车型上那样在 J794 上单独安装 FBAS 接口。

信息电子系统控制单元 1 J794 除承担 MOST 总线主控制器的任务外，还替代原 J533 负责的诊断功能。使用新型的 MOST 系统诊断地址码都是"5F-信息电子系统"。

1. MOST 断路诊断

如果在 MOST 总线上发生数据传输中断，就无法完成正常的数据传输任务。由于 MOST 总线是环形结构，因此将这种数据传输中断称为环路断开，即总线断路，如图 7-26 所示。

MOST 总线断路的可能原因如下。

①模块内无电压供给或搭铁断路。

②环断路。主要是由于光缆挤压、偏转或者插头未插导致的。

③光缆老化，信号传递效率下降。

④发射器二极管或接收器二极管损坏。

MOST 总线断路可能产生如下影响。

①音频和视频播放终止。

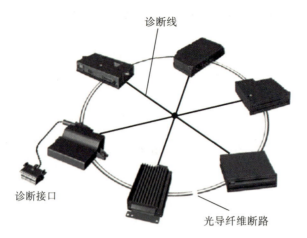

图 7-26 MOST 总线断路

②通过多媒体操纵单元无法控制和调整。

③诊断管理器的故障存储器中存有故障"光纤数据总线断路"。

MOST 总线断路的诊断流程如下。

①环形中断诊断开始后，诊断管理器通过诊断线向各控制单元发送一个脉冲。这个脉冲使得所有控制单元用发射接收机—光导纤维发射器（FOT）内的发射单元发出光信号。在此过程中，所有控制单元从环形总线上的前一个控制单元接收光信号，检查自身的供电及其内部的电控功能。

②MOST 总线上的控制单元在一定时间内会应答，环形中断诊断开始后到控制单元做出应答有一段时间间隔，诊断管理器根据这段时间的长短就可判断出哪一个控制单元已经做出了应答。并据此判断系统是否有电气故障（供电故障）以及哪两个控制单元之间的光导数据传递中断。

③若要确定断路故障是否是由于某个控制单元造成的，可利用备用的控制单元 VAS6186 来替换可疑控制单元，然后观察 MOST 系统是否恢复正常。若替换后，系统恢复正常，则可确认故障确系可疑控制单元损坏所致。如图 7-27 所示，该专用工具实际相当于一根跳线，即通用标准插接器用一根光纤将接收端和发射端连接起来，光信号可以直接传递至下一个控制单元。

在诊断总线的光学故障时，必须要使用专用工具——光学替换控制单元 VAS6778 来进行，如图 7-28 所示。

2. MOST 总线光纤的维修

光纤常见的故障如图 7-29 所示。具体解释见①～⑧。

①光导纤维弯曲半径太小。光导纤维的弯曲半径小于 5 mm（扭绞）使得内芯线在弯曲点产生出阴影（与弯曲的有机玻璃相比较）。必须更换光导纤维。

②光导纤维的覆盖层损坏。

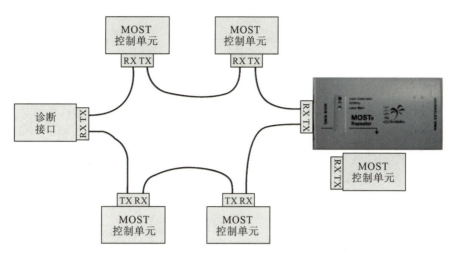

图 7-27 用备用控制单元 VAS6186 进行替换诊断

图 7-28 光学替换控制单元 VAS6778

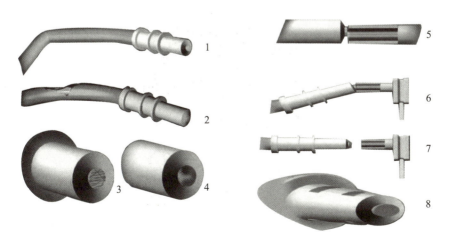

图 7-29 光纤常见的故障

③端面刮伤。

④端面变脏。

⑤端面移位（插头外壳破裂）。

⑥端面不成直线（角度误差）。

⑦光导纤维的端面和控制单元的接触面之间有缝隙（插头外壳破裂或未啮合）。

⑧套圈未正确地压接。

对于损坏的光纤或光纤接头，需要使用专用的维修工具进行重新修理。用到的工具如图7-30、图7-31。

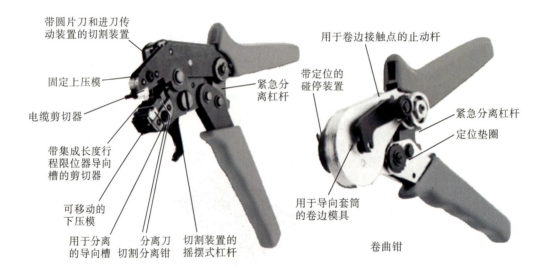

图7-30 光纤钳结构

图7-31 光纤修理套件

模块七
新能源汽车信息娱乐网关控制系统检测维修

维修操作步骤如下。

①预切割光纤并剥除橙色的外壳。粗略预切割光纤电缆（侧边切割功能），为切割面的后续（精度切制）工作面备用，如图 7-32 所示。将光纤电缆放在剥除绝缘外壳器的缺口里并且剥除绝缘外壳（橙色外壳），严禁弯折或夹住光纤电缆，如图 7-33 所示。

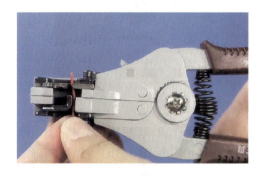 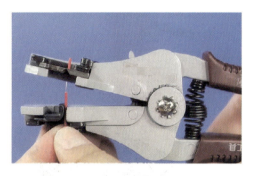

图 7-32　预切割光纤电缆　　　　　　　图 7-33　剥除绝缘外壳

②将光纤放入夹钳，用切割轮慢速切割光纤。将光纤电缆放入夹钳（注意适用于外部外壳的缺口，参见图 7-34 上的箭头）并闭合夹钳。用切割轮切割光缆（精度切割），为了避免折断光缆，切割不要太快，如图 7-35 所示。

图 7-34　光纤电缆放入夹钳　　　　　　图 7-35　切割光缆

③放入黄铜插接套件，将剪切好的光纤装入套件。用第一个夹钳将光纤加工成干净定长的、带光滑切制面的光纤电缆，将黄铜制压紧套件放到第二个夹钳里（注意：压紧套件不可以歪斜），如图 7-36、图 7-37 所示。

④压紧套件和光纤插头。放上压紧锁止件，注意不要用力过大，如图 7-38 所示。将已剥除绝缘外壳的光纤电缆插入在压紧套件中，直到感受到很小的弹力为止，如图 7-39 所示。

⑤压好后对插头的轴套进行检查，确认黄铜轴套应在光纤端面前 0.01~0.1 mm，如图 7-40 所示。

图 7-36　用第一个夹钳加工光纤电缆　　图 7-37　将黄铜制压紧套件放入第二个夹钳

图 7-38　放上压紧锁止件　　图 7-39　将光纤电缆插入压紧套件

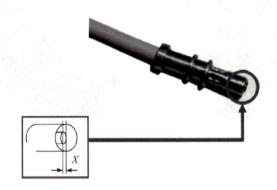

图 7-40　检查轴套

任务实施

1. 作业说明

奥迪 e-tron 纯电动车 MMI 系统无法工作的故障原因可能是控制模块故障、各控制单元间的光纤故障等情况。需通过诊断仪进行诊断，分析测量相关参数确定具体故障点，然后进行维修或者更换元件排除故障。本作业是在做好车辆准备及个人防护，安装警示装置和车内护件的基础上进行。

2. 技术标准与要求

项目	内容
MOST 总线的工作电压	
MOST 总线环路中断诊断导线的工作电压	

注：请学员查阅维修资料后填写。

3. 设备器材

(1)设备与零件总成。

_____

_____

(2)常用工具。

_____

_____

(3)耗材及其他。

_____

_____

注：请学员根据场地实际设备器材填写。

4. 作业流程

(1)读取和清除多媒体系统控制模块相关故障码并读取数据流。

(2)测量 MOST 总线的工作电压。

(3)测量 MOST 总线环路中断诊断导线的电压。

(4)利用诊断仪进行 MOST 总线诊断。

(5)利用诊断仪进行 MOST 总线环路中断诊断操作。

(6)查询维修手册找到 MOST 总线维修方法及所需的工具，维修一小段光纤线缆。

(7)作业完成后按照 5S 管理标准，整理工具和场地。

5. 填写考核工单

一、查询并记录车辆信息								
品牌		整车型号		生产日期		行驶里程		驱动电机型号
额定功率		动力电池额定电压		额定容量		车辆识别码		

二、读取和清除多媒体系统控制模块相关故障码,记录并判断			
故障代码	故障描述	临时故障	永久故障
		☐	☐
		☐	☐
		☐	☐
		☐	☐

三、测量MOST总线的工作电压,记录并判断		
项目	测量结果	结果判断
工作电压		正常☐ 异常☐

四、测量MOST总线环路中断诊断导线的电压,记录并判断		
项目	测量结果	结果判断
诊断导线工作电压		正常☐ 异常☐

五、利用诊断仪进行MOST总线诊断,记录操作步骤和结果

六、利用诊断仪进行MOST总线环路中断诊断操作,并记录操作步骤和结果

模块七
新能源汽车信息娱乐网关控制系统检测维修

自我测试

(1) 说明多媒体系统包含哪些功能。

(2) 试分析多媒体系统 MOST 总线断路故障对系统的影响。

(3) 简述新能源汽车多媒体系统控制模块的检测流程及技术要点。

拓展学习

智享未来——车载信息娱乐系统发展新趋势

车载信息娱乐系统是提供娱乐和车辆信息的车载系统的组合。它主要提供导航系统、音乐和视频流播放、娱乐系统(如游戏、电视)和通话功能,是现代汽车的主要控制中心。

车载信息娱乐(in-vehicle infotainment,IVI)系统不仅作为车载娱乐媒体,而且在汽车智能化发展下成为智能汽车主被动安全功能的控制中心,并提供各种无线和有线传输方案,实现汽车的智能化。

除了原有汽车电子的高稳定性和耐用性外,车外多媒体娱乐、车联网、智能交互资源和 AI 引入等对 IVI 系统的需求也在逐渐增加。

车载多媒体终端的技术融合,使用触摸屏代替机械按键控制成为主流,注重人机界面交互体验。从用户体验的角度进行设计考虑,提供丰富的图像效果。

高分辨率触摸屏:触摸屏主要由 LCD 或 TFT 组成,以提供高质量的图像显示。

智能手机配对:智能手机可以通过蓝牙连接与车辆信息娱乐系统配对,将智能手机与系统配对后,用户可以通过 IVI 系统访问手机的功能。

多媒体支持:系统通过蓝牙、HDMI 电缆和 USB 将音频和视频内容传输到显示屏、扬声器和耳机。

高级车辆功能:IVI 系统支持停车辅助、日间行车灯指示灯、车内气候控制、控制系统功能的语音助手等功能。

Android Auto 和 Apple CarPlay 兼容性：支持 Carplay 功能的设计和集成，并完成 Apple 认证。支持 Android 汽车手机互联形式的设计与集成。

控制元素：最新车载信息娱乐系统中的所有功能都可以使用主机的触摸屏面板、按钮面板、方向盘控制和语音命令进行访问和控制。

它受到多种通信技术的支持，包括移动网络（LTE－A／LTE／UMTS／GSM）、蓝牙、WLAN、数字/音频广播和语音控制，在通信技术集成方面更为复杂。网络和电子系统设备之间的互联和通信。

根据各种操作系统内核运行机制的不同，对设备快速启动进行优化，可以满足汽车电子中各种场合的需求。例如：2 s 后开启倒车摄像头；CAN 总线 50 ms 响应；全数字仪表快速启动等。

当检测到平台有新的软件版本时，可以安全可靠地自动升级系统。以集成各种导航应用程序。

随着信息处理和显示量的不断增加，车载信息娱乐系统未来需要采用强大灵活的硬件解决方案，具有高效的图形功能和丰富的界面，包括导航系统的使用或高品质的视听享受。未来，将朝着高速 CPU 处理、高速无线通信、高分辨率图像呈现方向发展，以提供更快、更多样化的丰富的视听娱乐体验。

参考文献

[1] 赵文博．岚图 FREE 增程版：不惧油价贵、充电难[N]．新能源汽车报，2022-04-18(009)．

[2] 蔺宏良，张光磊．底盘电控系统检修[M]．北京：人民交通出版社，2016．

[3] 汲安志．智能"三板斧"，长城汽车大"冲关"[J]．智能网联汽车，2021(05)：91-93．

[4] 欧阳全胜，杨学易．新能源汽车网关控制与娱乐系统检修[M]．北京：机械工业出版社，2021．

[5] 宫英伟，张北北．混合动力电动汽车结构原理与检修[M]．北京：机械工业出版社，2018．

[6] 吉祥，曾国建，余铿，等．MOST150 网络及其在车载电控系统中的应用[J]．电子测试，2019(08)：63-66．

[7] 曹阳．基于远程信息服务的车载多媒体系统的设计与研究[D]．长春：吉林大学，2015．

[8] 林嘉涛，陈飞龙，张璘，等．基于 Android 平台的车载蓝牙电话免提系统的研究[J]．电子测量技术，2018，41(10)：7-12．

[9] 张睿，王谦．新能源汽车总线控制技术[M]．成都：西南交通大学出版社，2018．